von Dultzig
Marketing kompakt

Marketing kompakt

Das moderne Marketing-Wissen für Studium und Praxis

von

Dr. Kay von Dultzig

Verlag Franz Vahlen München

Die Deutsche Bibliothek – CIP-Einheitsaufnahme

Dultzig, Kay von:
Marketing kompakt : das moderne Marketing-Wissen für
Studium und Praxis / Kay von Dultzig. – München : Vahlen,
1999
ISBN 3 8006 2420 6

ISBN 3 8006 2420 6

© 1999 Verlag Franz Vahlen GmbH, München
Satz: DTP-Vorlagen des Autors
Druck und Bindung: C. H. Beck'sche Buchdruckerei Nördlingen
Umschlag: DYADEsign, Düsseldorf
Gedruckt auf säurefreiem, alterungsbeständigem Papier
(hergestellt aus chlorfrei gebleichtem Zellstoff)

Über dieses Buch

Modernes Marketing beginnt mit der Ideensuche nach neuen Produkten bzw. Dienstleistungen und endet mit der Kontrolle des erzielten Erfolges, an die sich in der Regel ein steuerndes Eingreifen in den Marketing-Prozeß anschließt. In die Überlegungen miteinbezogen werden Entwicklungen auf den Beschaffungsmärkten und erforderliche Anpassungen der Organisationsstrukturen.

Von Marketing in diesem modernen und umfassenden Sinn handelt mein Buch in knapper und leicht verständlicher Form. Ziel ist die schnelle und effiziente Vermittlung aller relevanten Inhalte des Marketing. Ich habe dieses Buch geschrieben, weil ich mir ein solches Werk während meines Marketing-Studiums gewünscht hätte. Es ist die Essenz aus meiner langjährigen Erfahrung mit Marketing-Seminaren für wirtschaftliche Führungskräfte, wobei die Zeit zur Vermittlung des Inhaltes bei 130 Stunden (à 45 Minuten) liegt. Unter derartigen Voraussetzungen lernt man es als Trainer, komplexe Zusammenhänge auf den Punkt zu bringen.

„Marketing kompakt" richtet sich an Marketing-Fachleute aus der Wirtschaft, die rasche Antworten suchen, an Mitarbeiter in Unternehmen, die ins Marketing wechseln, an Werbetreibende, an Marktforscher, an Lehrkräfte, die Marketing dozieren und schließlich an alle diejenigen, die Marketing studieren: Fachkaufleute für Marketing, Fachhochschul- und Hochschulstudenten.

Allen am Marketing Interessierten wünsche ich viel Spaß beim Lesen und Lernen und eine erfolgreiche Zukunft.

Mein herzlicher Dank gilt *Prof. Dr. Gerold Behrens*, *Judith Burhans*, *Edith von Dultzig* und *Silvia Moormann*, die mir bei der Arbeit an diesem Buch sehr behilflich waren, sowie allen Teilnehmern an meinen Marketing-Seminaren.

Düsseldorf, im März 1999   *Kay von Dultzig*

Inhalt

Abbildungen

1 Begriffsbestimmung: Was ist Marketing?

Um **Marketing** als Disziplin der Wirtschaftswissenschaften zu definieren, sollen zunächst die beiden Hauptkomponenten der Wirtschaftswissenschaften voneinander abgegrenzt werden:

- Volkswirtschaftslehre (siehe 1.)
- Betriebswirtschaftslehre (siehe 2.)

1. Die **Volkswirtschaftslehre**, die früher Nationalökonomie genannt wurde, bezeichnet man auch als die **Lehre von der Knappheit**. Sie wird in die folgenden beiden Bereiche unterteilt:

- Mikro-Ökonomie (siehe a.)
- Makro-Ökonomie (siehe b.)

a. In der **Mikro-Ökonomie** blickt man auf das einzelne **Wirtschaftssubjekt**. Aus dem Zusammenspiel der Wirtschaftssubjekte ergibt sich die Funktionsweise von Volkswirtschaften. Große Mikro-Ökonomen waren vor allem Hermann Gossen, Leon Walras, Vilfredo Pareto, William Jevons und Carl Menger. Diese Wissenschaftler, die im vergangenen Jahrhundert lebten und wirkten, bilden die sogenannte **Neoklassik**, nach der sich der Wert eines Gutes aus dem Nutzen dieses Gutes für den Käufer ergibt.

b. In der **Makro-Ökonomie** blickt man aus der **Vogelperspektive** auf die Volkswirtschaft. Von dieser Position aus werden vor allem Geldkreisläufe, aber auch die Ursachen von Arbeitslosigkeit etc. untersucht. Große Makro-Ökonomen waren vor allem Adam Smith und David Ricardo. Smith, der im 18. Jahrhundert lebte und arbeitete, und Ricardo, der zu Beginn des 19. Jahrhunderts wirkte, sind als die wichtigsten Vertreter der **Klassik** anzusehen, nach der die in ein Gut investierte Arbeit den Wert dieses Gutes definiert. Neben diesen beiden Wissenschaftlern sind im 20. Jahrhundert besonders hervorzuheben: John Maynard Keynes, der Eingriffe des Staates in das Wirtschaftsleben propagierte, und der als wichtigster **Monetarist** zu betrachtende Milton Friedman, dem es um die Heraushaltung des Staates aus dem Wirtschaftsleben und um eine sinnvolle Geldmengensteuerung geht.

Die Unterscheidung zwischen Mikro- und Makro-Ökonomie ist oft rein definitorischer Art. Es war beispielsweise eines der zentralen Anliegen von Adam Smith, den Armen zu helfen. Um das zu erreichen, nahm er die Vogelperspektive ein.

Auf der anderen Seite interessieren sich die Mikro-Ökonomen natürlich ebenso wie die Makro-Ökonomen für die Gesamtzusammenhänge. Beide Seiten haben somit einen Schwerpunkt, sie nehmen jedoch auch die Betrachtungsweise der jeweils anderen Seite an.

2. In der **Betriebswirtschaftslehre** beschäftigt man sich mit **Wirtschaftseinheiten**, also Unternehmen. Die Betriebswirtschaftslehre ist zu beachtlichen Teilen eine deutsche Erfindung. Große deutsche BWLer waren Eugen Schmalenbach, Heinrich Nicklisch und Erich Gutenberg. Die BWL wird meist in die folgenden Disziplinen unterteilt:

- Marketing
- Planung und Organisation
- Finanzen
- Arbeit und Produktion

Den Bereich Arbeit und Produktion bieten nur sehr wenige Universitäten an. Es handelt sich dabei um ein Studium sozialwissenschaftlicher Art. Eines der Untersuchungsfelder ist z.B. der Wertewandel bzw. -verfall.

Wir kommen nun zu der interessanten Frage, was Marketing eigentlich ist. Im Grunde wäre es einfacher, Marketing darüber zu definieren, was es *nicht* ist, aber lassen Sie uns bei der klassischen Art der Definition bleiben:

Marketing ist die Lehre von der Absatzwirtschaft; Marketing beginnt bei der Frage, mit welcher Methode man zu Produktideen gelangt; dann folgt der Test dieser Ideen, die Auswahl brauchbarer Ideen, der Prototypenbau bzw. die Prototypenkonzeption (bei Dienstleistungen), der Prototypentest, die Entscheidung für eine Strategie inklusive der Anpassung der Organisationsstruktur (die „Marketing-Organisation"), die Markteinführung, d.h. die Entscheidung über die Marktstrategien (der „Marketing-Mix"), die Markt-Erfolgskontrolle und die daraus resultierende Steuerung (das „Controlling").

Ein weiterer Bereich des Marketing ist die - in den USA bereits zur selbständigen Wissenschaft erhobene - experimentalpsychologische Disziplin

„Konsumentenverhalten" (Fragestellung z.B.: Was sagen Hautleitfähigkeitswerte über die Wirkung von Werbung aus? Welche Wirkung haben bestimmte Töne, Farben, Gerüche etc.?).

Abbildung 1 gibt einen Überblick über das Marketing.

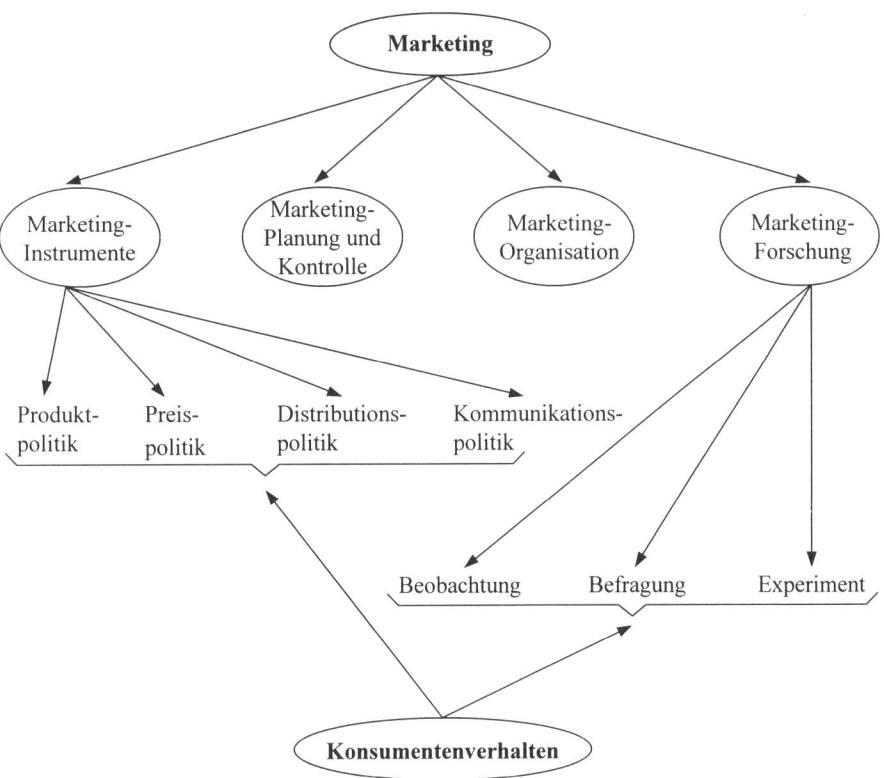

Abbildung 1: Die Elemente des Marketing und die Verbindungspunkte zum Konsumentenverhalten

Marketing ist untrennbar verknüpft mit dem Begriff **Käufermarkt**. In den Jahren nach dem 2. Weltkrieg herrschte allgemeiner Mangel. Die Hersteller fanden aufnahmebereite Märkte vor, denn das Angebot war kleiner als die Nachfrage. Das war die Zeit des **Verkäufermarktes**. Anfang der 50er Jahre erreichten die Märkte ihre Sättigungsgrenze (Angebot und Nachfrage befanden sich im Gleichgewicht). Das Überschreiten dieser Grenze markierte die Wende vom Verkäufermarkt zum Käufermarkt (das Angebot überstieg nun die Nachfrage). Die grundlegenden Konsumbedürfnisse waren befriedigt, was zur Folge hatte, daß die Hersteller ihre Produkte bzw. Produktprogramme differenzieren mußten (ein Waschmaschinenhersteller bot nun statt einem Modell z.B. fünf verschiedene Ausführungen an). Die Sättigung der Märkte schritt seitdem stetig weiter fort, und der Zwang zur Heterogenisierung von Produktprogrammen verstärkte sich. Auf der Herstellerseite wurde zudem die Konkurrenz immer härter. Der weltweit feststellbare Trend zur Oligopolisierung bzw. Monopolisierung läßt sich direkt daraus ableiten. Diese Entwicklungen führten in den 50er Jahren in den USA zur Etablierung des Marketing als Wissenschaft. Die späten 50er und frühen 60er Jahre markierten auch in Deutschland die Einführung des Marketing, das seitdem ständig weiterentwickelt wurde. Wie bereits ausgeführt, zählt in Deutschland das Konsumentenverhalten seit den 60er Jahren im Gegensatz zu den USA unverändert als verhaltenswissenschaftliche Disziplin zum Marketing.

Umgangssprachlich wird Marketing nach wie vor als wissenschaftliche Anleitung zu gutem Verkaufen verstanden, es geht jedoch weit darüber hinaus: *Marketing ist die Wissenschaft von der Behauptung bzw. vom Wachstum von Unternehmen auf ihren Märkten* und damit ein grundlegendes Überlebens- und Erfolgsinstrument. Neben diesem Bereich des klassischen Marketing, bei dem es um Investitionsgüter, Konsumgüter und Dienstleistungen geht, spielt auch der Bereich des **Sozio-Marketing** (auch **Social Marketing**) eine immer größere Rolle. Sozio-Marketing umschreibt alle Aktivitäten von Behörden, Verbänden u.ä., die soziale Belange zum Inhalt haben, beispielsweise eine Marketing-Kampagne für saubere Stadtparks, ein Spendenaufruf für Notleidende, ein Aufruf zur Geburtenkontrolle etc.

2 Die Marketing-Instrumente

Marketing beinhaltet vier Instrumente:

- Produktpolitik (siehe Kapitel 2.1)
- Preispolitik (siehe Kapitel 2.2)
- Distributionspolitik (siehe Kapitel 2.3)
- Kommunikationspolitik (siehe Kapitel 2.4)

Den Verbund dieser vier Instrumente bezeichnet man als **Marketing-Mix,** den Verbund der Einzelkomponenten innerhalb der einzelnen Instrumente nennt man **Instrumental-Submix**: z.B. Submix der Produktpolitik etc. (siehe Abbildungen 2 - 6).

Ein beliebiger Marketing-Mix soll an einem Beispiel verdeutlicht werden: Ein Produkt - nennen wir es Produkt A - sei eine **Markt-Innovation**, also ein neues Produkt auf dem Markt. Preispolitisch beabsichtigt man den oberen Preisbereich auszuschöpfen. Das Produkt soll also relativ teuer sein, was sich auf die zu verkaufende Menge auswirken wird, und es soll ausschließlich über den Fachhandel vertrieben werden. Schließlich soll die Existenz dieses neuen Produktes in der Hauptsache durch Fernsehwerbespots publiziert werden.

Als Beispiel für einen Instrumental-Submix soll ein für den obigen Fall ebenso hypothetischer Submix der Produktpolitik dienen: Produkt A sei eine **laterale Variation**, also ein neues Produkt mit sachlichem Zusammenhang zum bisherigen Produktprogramm, welches sich durch **Produktbreite** auszeichnet (z.B. viele verschiedene Arten von Unterhaltungselektronik). Im Rahmen der generellen Strategie soll gezielt nur ein Marktsegment bedient werden (**konzentrierte Strategie**). Die vornehmliche Zielgruppe in der Einführungsphase des Produktes seien die **Opinion leader**, die sich per Definition durch Risikobereitschaft und Extravertiertheit auszeichnen.

Für die weiteren drei Instrumente gibt es jeweils einen Instrumental-Submix, so daß schlußendlich der synergetische Verbund (Synergie: *Das Ganze ist mehr als die Summe der Teile*) der vier Instrumental-Submix-Komponenten den Marketing-Mix formt. Die Güte der Einzelkomponenten und deren

Abstimmung aufeinander entscheiden über Erfolg oder Mißerfolg des neuen Produktes A (vorausgesetzt natürlich, daß die Entscheidung für die Markteinführung des Produktes A anhand der Vorgaben der **Marketing-Forschung** richtig war).

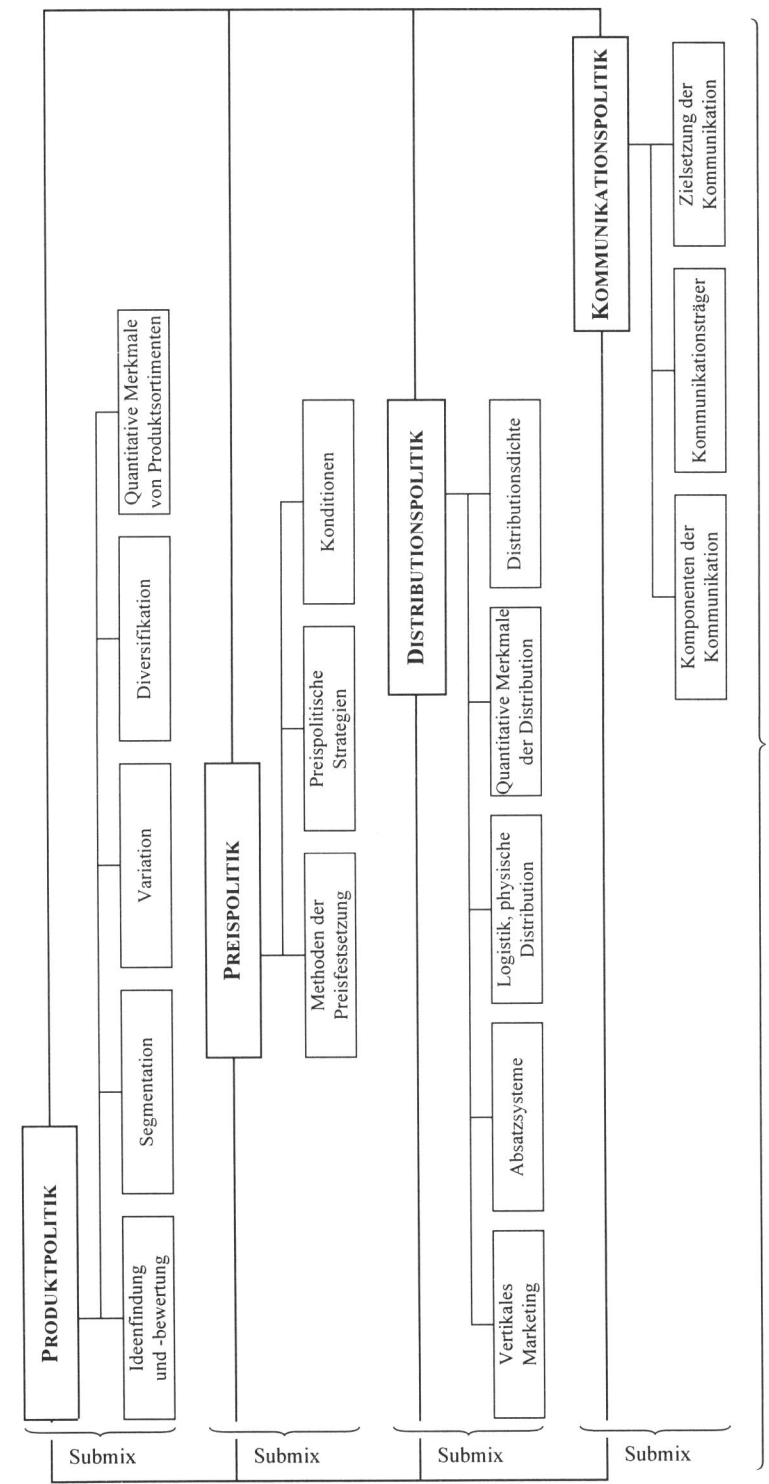

Abbildung 2: Übersicht über den Marketing-Mix und die vier Instrumental-Submix-Komponenten

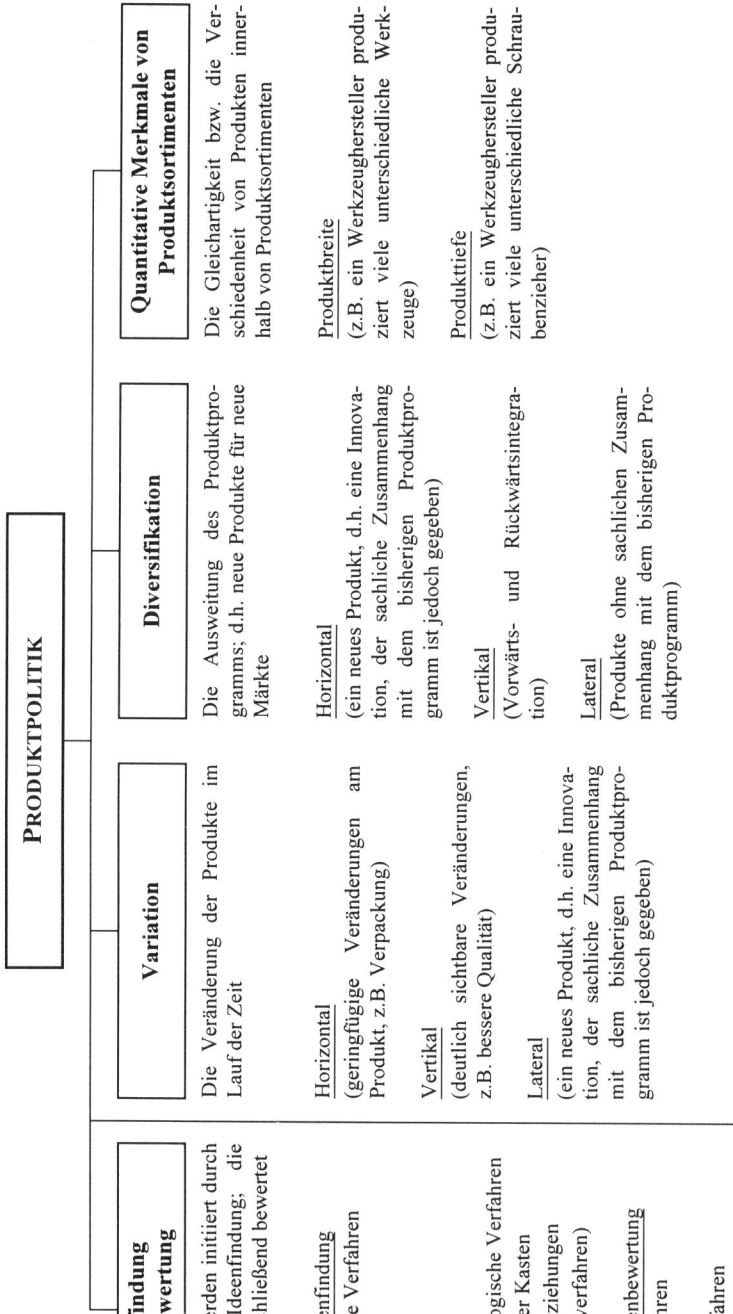

PRODUKTPOLITIK

Ideenfindung und -bewertung

Neue Produkte werden initiiert durch Methoden der Ideenfindung; die Ideen werden anschließend bewertet

Methoden der Ideenfindung
(1. Intuitiv-kreative Verfahren
- Synektik
- Bionik
- 635
- Brainstorming
2. Systematisch-logische Verfahren
- morphologischer Kasten
- erzwungene Beziehungen
- Relevanzbaumverfahren)

Methoden der Ideenbewertung
(• Wertskalaverfahren
- Hart-Verfahren
- Richmond-Verfahren
- Nutzwertanalyse)

Variation

Die Veränderung der Produkte im Lauf der Zeit

Horizontal
(geringfügige Veränderungen am Produkt, z.B. Verpackung)

Vertikal
(deutlich sichtbare Veränderungen, z.B. bessere Qualität)

Lateral
(ein neues Produkt, d.h. eine Innovation, der sachliche Zusammenhang mit dem bisherigen Produktprogramm ist jedoch gegeben)

Diversifikation

Die Ausweitung des Produktprogramms; d.h. neue Produkte für neue Märkte

Horizontal
(ein neues Produkt, d.h. eine Innovation, der sachliche Zusammenhang mit dem bisherigen Produktprogramm ist jedoch gegeben)

Vertikal
(Vorwärts- und Rückwärtsintegration)

Lateral
(Produkte ohne sachlichen Zusammenhang mit dem bisherigen Produktprogramm)

Quantitative Merkmale von Produktsortimenten

Die Gleichartigkeit bzw. die Verschiedenheit von Produkten innerhalb von Produktsortimenten

Produktbreite
(z.B. ein Werkzeughersteller produziert viele unterschiedliche Werkzeuge)

Produkttiefe
(z.B. ein Werkzeughersteller produziert viele unterschiedliche Schraubenzieher)

Fortsetzung nächste Seite

Fortsetzung Produktpolitik

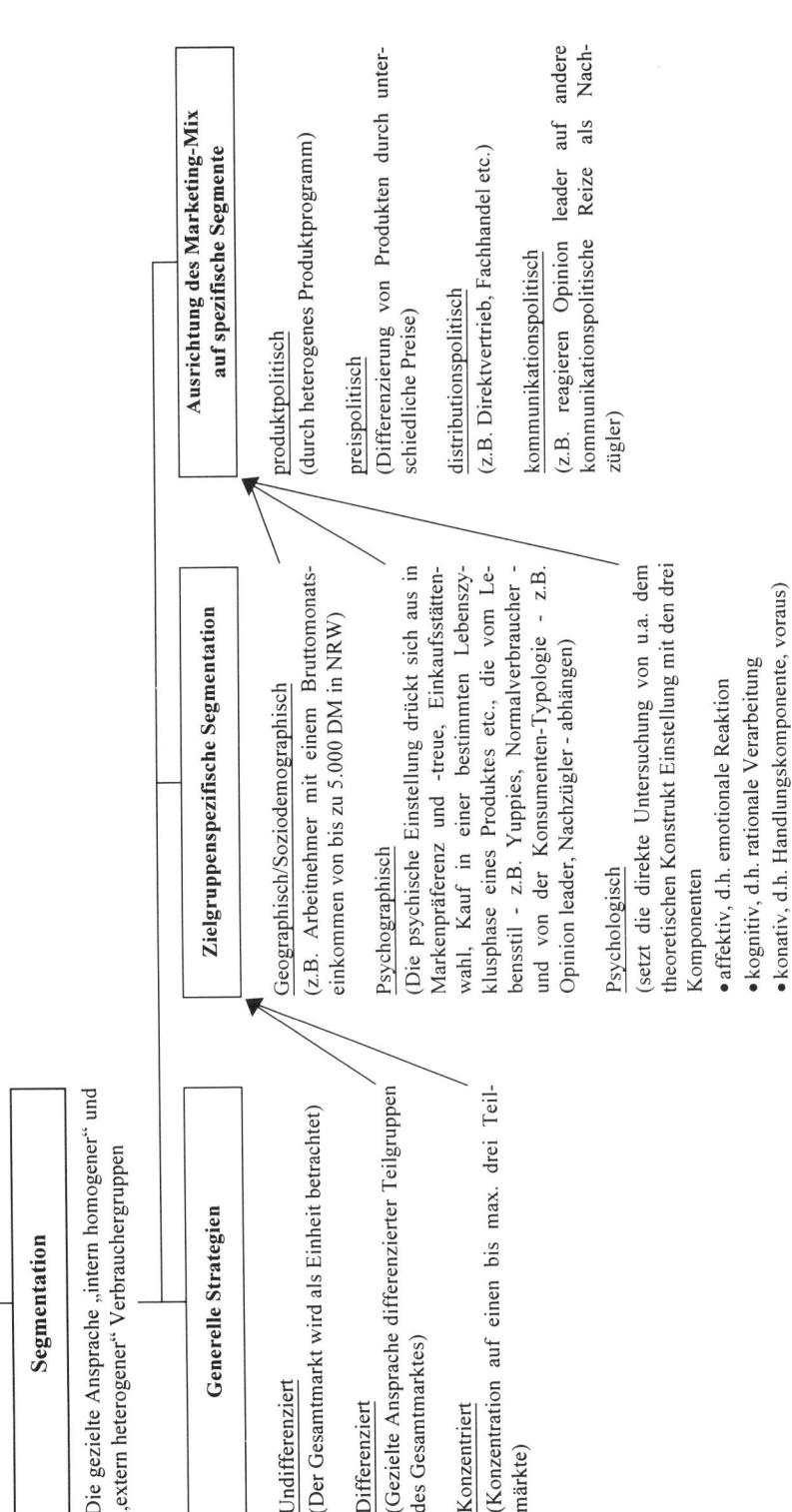

Abbildung 3: Die Submix-Komponenten der Produktpolitik

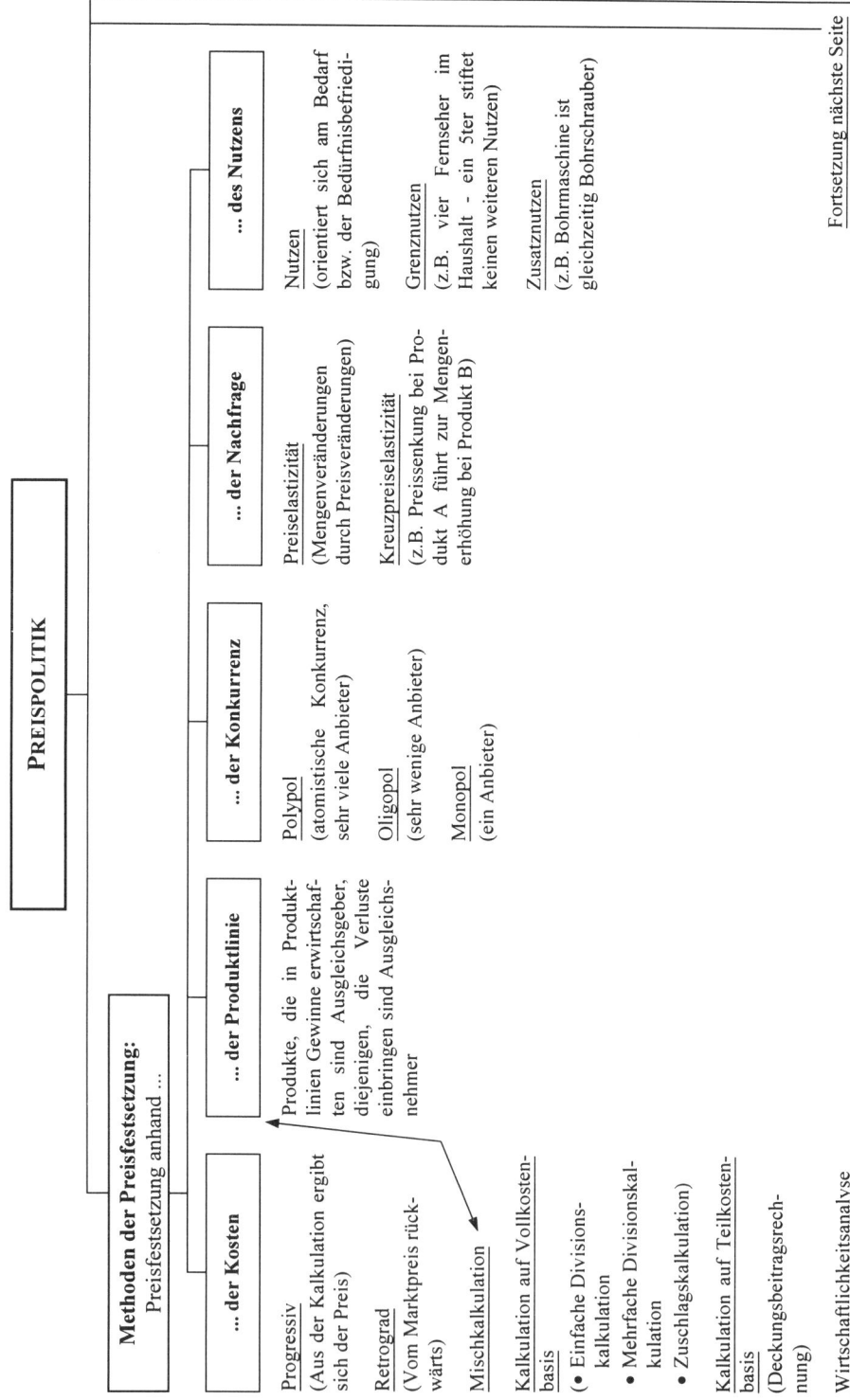

PREISPOLITIK

Methoden der Preisfestsetzung: Preisfestsetzung anhand ...

... der Kosten

Progressiv
(Aus der Kalkulation ergibt sich der Preis)

Retrograd
(Vom Marktpreis rückwärts)

Mischkalkulation

Kalkulation auf Vollkostenbasis
(• Einfache Divisionskalkulation
• Mehrfache Divisionskalkulation
• Zuschlagskalkulation)

Kalkulation auf Teilkostenbasis
(Deckungsbeitragsrechnung)

Wirtschaftlichkeitsanalyse

... der Produktlinie

Produkte, die in Produktlinien Gewinne erwirtschaften sind Ausgleichsgeber, diejenigen, die Verluste einbringen sind Ausgleichsnehmer

... der Konkurrenz

Polypol
(atomistische Konkurrenz, sehr viele Anbieter)

Oligopol
(sehr wenige Anbieter)

Monopol
(ein Anbieter)

... der Nachfrage

Preiselastizität
(Mengenveränderungen durch Preisveränderungen)

Kreuzpreiselastizität
(z.B. Preissenkung bei Produkt A führt zur Mengenerhöhung bei Produkt B)

... des Nutzens

Nutzen
(orientiert sich am Bedarf bzw. der Bedürfnisbefriedigung)

Grenznutzen
(z.B. vier Fernseher im Haushalt - ein 5ter stiftet keinen weiteren Nutzen)

Zusatznutzen
(z.B. Bohrmaschine ist gleichzeitig Bohrschrauber)

Fortsetzung nächste Seite

Fortsetzung Preispolitik

Preispolitische Strategien

Konditionen

Skimming-Strategie,
auch: Abschöpfungs-Strategie
(der Rahm wird abgeschöpft, d.h. hohe Gewinnspannen werden angestrebt)

Penetrationsstrategie
(Erzielung von hohen Marktanteilen durch
niedrige Preise)

Preisdifferenzierung
(• räumlich/geographisch
• zeitlich, z.B. saisonale Preisdifferenzierung
• nach dem Verwendungszweck, z.B. Heizöl
und Diesel
• nach Abnehmergruppen, z.B. Seniorentarife,
Schülerermäßigungen
• nach Abnahmemengen, z.B. Großpackungen
• qualitativ)

Rabatte
(• Mengenrabatte,
• Funktionsrabatte,
• Zeitrabatte:
saisonale Rabatte
Vordispositionsrabatte
Einführungsrabatte
Auslaufrabatte
• Treuerabatte)

Boni
(Rabatte am Ende einer Periode auf Grund getätigter Umsätze)

Skonti
(Rabatte auf Grund der Zahlung innerhalb einer
vorgegebenen Frist)

Absatzfinanzierung
• Lieferantenkredit
• Leasing
• Factoring

Abbildung 4: Die Submix-Komponenten der Preispolitik

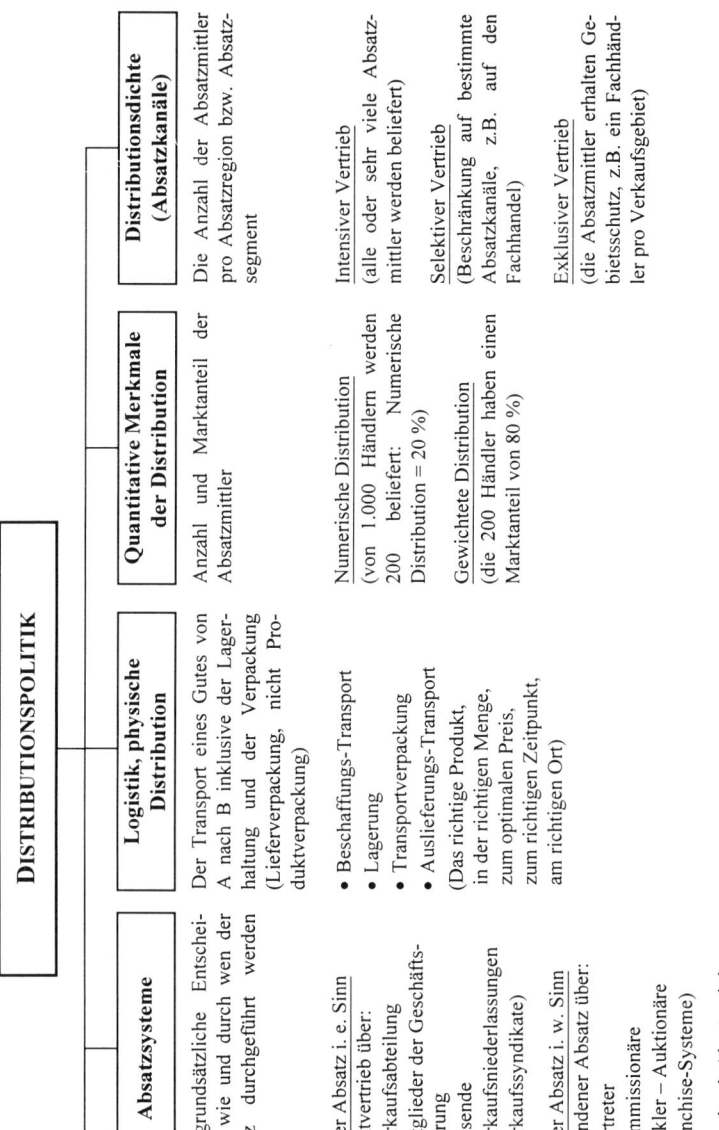

DISTRIBUTIONSPOLITIK

Vertikales Marketing	Absatzsysteme	Logistik, physische Distribution	Quantitative Merkmale der Distribution	Distributionsdichte (Absatzkanäle)
Der meistdiskutierte Teil der Distributionspolitik. Es geht um die Konflikte bzw. Diskrepanzen zwischen Herstellern und Absatzmittlern	Die grundsätzliche Entscheidung, wie und durch wen der Absatz durchgeführt werden soll	Der Transport eines Gutes von A nach B inklusive der Lagerhaltung und der Verpackung (Lieferverpackung, nicht Produktverpackung)	Anzahl und Marktanteil der Absatzmittler	Die Anzahl der Absatzmittler pro Absatzregion bzw. Absatzsegment

Rolle
(Diskrepanzen zwischen eigenen und erwarteten Rollenvorstellungen)

Ziele
(aus der Rollenvorstellung ergeben sich die Ziele: so wird z.B. ein Handelsunternehmen, das sich nicht mehr als reiner Absatzmittler sieht, die Zielvorstellung entwickeln, eigene Produkte zu vertreiben)

Macht
(aus der Rollenvorstellung und den daraus abgeleiteten Zielen entstehen Machtdiskrepanzen; seit den 70er Jahren liegt die größere Macht eindeutig auf der Seite des Handels)

Eigener Absatz i. e. Sinn
(Direktvertrieb über:
• Verkaufsabteilung
• Mitglieder der Geschäftsführung
• Reisende
• Verkaufsniederlassungen
• Verkaufssyndikate)

Eigener Absatz i. w. Sinn
(Gebundener Absatz über:
• Vertreter
• Kommissionäre
• Makler – Auktionäre
• Franchise-Systeme)

Absatz durch Absatzmittler
(Indirekter Vertrieb über:
• Handelsunternehmen:
  Groß-/Einzelhandel
• Warenbörsen)

• Beschaffungs-Transport
• Lagerung
• Transportverpackung
• Auslieferungs-Transport

(Das richtige Produkt, in der richtigen Menge, zum optimalen Preis, zum richtigen Zeitpunkt, am richtigen Ort)

Numerische Distribution
(von 1.000 Händlern werden 200 beliefert: Numerische Distribution = 20 %)

Gewichtete Distribution
(die 200 Händler haben einen Marktanteil von 80 %)

Intensiver Vertrieb
(alle oder sehr viele Absatzmittler werden beliefert)

Selektiver Vertrieb
(Beschränkung auf bestimmte Absatzkanäle, z.B. auf den Fachhandel)

Exklusiver Vertrieb
(die Absatzmittler erhalten Gebietsschutz, z.B. ein Fachhändler pro Verkaufsgebiet)

Abbildung 5: Die Submix-Komponenten der Distributionspolitik

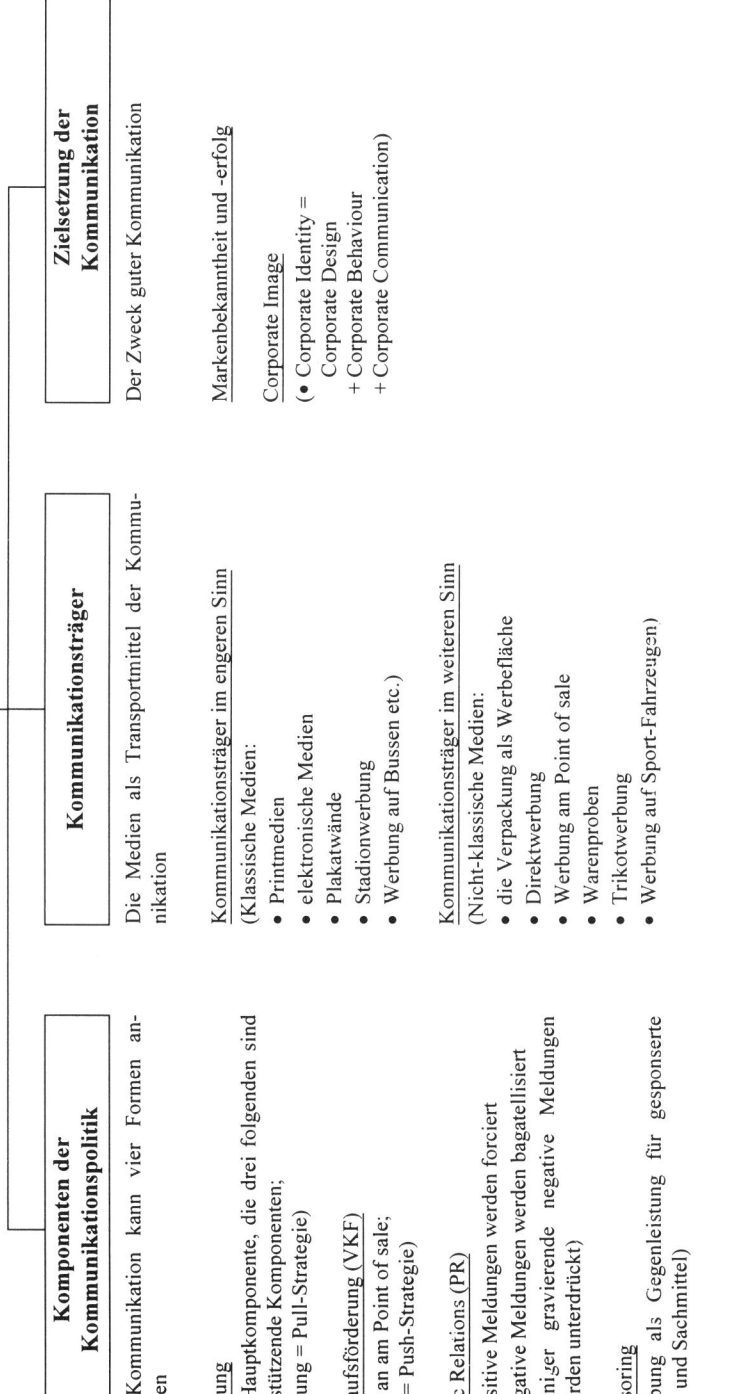

KOMMUNIKATIONSPOLITIK

Komponenten der Kommunikationspolitik

Die Kommunikation kann vier Formen annehmen.

Werbung
(die Hauptkomponente, die drei folgenden sind unterstützende Komponenten;
Werbung = Pull-Strategie)

Verkaufsförderung (VKF)
(setzt an am Point of sale;
VKF = Push-Strategie)

Public Relations (PR)
(• positive Meldungen werden forciert
• negative Meldungen werden bagatellisiert
• weniger gravierende negative Meldungen werden unterdrückt)

Sponsoring
(Werbung als Gegenleistung für gesponserte Geld- und Sachmittel)

Kommunikationsträger

Die Medien als Transportmittel der Kommunikation

Kommunikationsträger im engeren Sinn
(Klassische Medien:
• Printmedien
• elektronische Medien
• Plakatwände
• Stadionwerbung
• Werbung auf Bussen etc.)

Kommunikationsträger im weiteren Sinn
(Nicht-klassische Medien:
• die Verpackung als Werbefläche
• Direktwerbung
• Werbung am Point of sale
• Warenproben
• Trikotwerbung
• Werbung auf Sport-Fahrzeugen)

Zielsetzung der Kommunikation

Der Zweck guter Kommunikation

Markenbekanntheit und -erfolg

Corporate Image

Corporate Identity =
(• Corporate Design
+ Corporate Behaviour
+ Corporate Communication)

Abbildung 6: Die Submix-Komponenten der Kommunikationspolitik

2.1 Produktpolitik

Wie bereits ausgeführt, wird Marketing umgangssprachlich oft mit *Wissenschaft vom Verkaufen* umschrieben. Diese Vorstellung ist jedoch eine unzulässige Vereinfachung des Marketing-Begriffes. Marketing beginnt beim ersten der vier Marketing-Instrumente, der Produktpolitik, und diese beginnt bei der Frage nach der Methode, mit der man zu einer ersten Produktidee gelangt, wobei unter Produkt ein Investitionsgut (z.B. ein Mähdrescher), ein Konsumgut (z.B. ein Fernseher), eine Dienstleistung (z.B. eine Transportleistung) oder ein Produkt aus dem Bereich des Sozio-Marketing (z.B. ein Spendenaufruf) zu verstehen ist.

Die Antwort auf die Frage, was zuerst da war, der Markt oder das Produkt, ist ähnlich schwierig wie diejenige auf die berühmte Frage nach der Henne und dem Ei. Da diese Frage jedoch die Geschichte betrifft und nicht die gegenwärtige wirtschaftliche Situation umreißt, können wir hier ihre Beantwortung übergehen und uns damit beschäftigen, welche Produkte für welche Märkte initiiert werden sollen. Auch hier gibt es eine entscheidende Frage: Wird mit einem neuen Produkt ein bis dahin lediglich latentes Bedürfnis bei den Konsumenten schließlich konkret, war also das Bedürfnis zuerst da, und weil es erkannt wurde, entstand das entsprechende Produkt (das ist die Ansicht der meisten Marketing-Fachleute - eine leider viel zu bequeme Sicht der Dinge), oder werden Produkte kreiert, und dann erst macht man den Konsumenten durch Werbung ein entsprechendes Bedürfnis glaubhaft? Die Antwort liegt wohl irgendwo in der Mitte zwischen diesen beiden Standpunkten.

2.1.1 Allgemeine Grundlagen der Produktpolitik

Eine einfache, jedoch sehr effiziente Form der Darstellung der Kombinationsmöglichkeiten von Produkten und Märkten liefert die folgende **Produkt-Markt-Matrix**:

Die Produkt-Markt-Matrix umschreibt wesentliche Wachstumsmöglichkeiten für Unternehmen durch die Produktpolitik (Wachstumsmöglichkeiten bieten allerdings auch Elemente des preispolitischen Submix):

- Marktdurchdringung (siehe 1.)
- Produktentwicklung (siehe 2.
- Marktentwicklung (siehe 3.)
- Diversifikationsstrategie (siehe 4.)

Produkt Markt	bestehende	neue
bestehende	1 Marktdurchdringung (Market penetration)	2 Produktentwicklung (Product development)
neue	3 Marktentwicklung (Market development)	4 Diversifikation (Diversification)

Abbildung 7: Die Produkt-Markt-Matrix (nach Ansoff 1987)

1. Marktdurchdringung: Bestehende Produkte für bestehende Märkte zu forcieren (durch Rationalisierung, Produktverbesserung, Werbung, VKF etc.), kann zu einer Erhöhung des **relativen Marktanteils** führen (**RMA**: eigener **Marktanteil** = **MA** im Verhältnis zum Marktanteil des größten Konkurrenten; Beispiel: Wenn unser MA 20 Prozent beträgt und der MA des größten Konkurrenten 10 Prozent, so beträgt unser RMA 2). Diese Strategie bietet das geringste Risiko, im Vergleich zu den anderen drei Strategien aber auch die geringsten Wachstumschancen.

2. Produktentwicklung: Ziel ist hier, neue Produkte für bestehende Märkte zu entwickeln, z.B. durch eine **Variation** des bisherigen Produktprogramms in Form einer **Modifikation** oder **Differenzierung** (Beispiel für eine Differenzierung in Form einer **lateralen Variation**: Ein Staubsaugerproduzent bringt einen kombinierten Teppichshampoonierer-Staubsauger zur Marktreife). Diese Strategie beinhaltet ein mittleres Risiko bei mittelmäßigen Wachstumschancen.

3. Marktentwicklung: Bereits entwickelte und erfolgreiche Produkte werden auf neuen Märkten abgesetzt (Beispiel: Verkauf von bisher nur in Deutschland vertriebenen elektrischen Zahnbürsten in Südamerika; von eminenter Wichtigkeit ist hierbei die Beachtung soziokultureller Unterschiede, denn bei uns erfolgreiche Produktnamen können in anderen Sprachen negative Bedeutungen haben und die Markteinführung zu einem Flop machen). Diese Strategie beinhaltet ebenso wie die vorhergehende ein mittleres Risiko bei mittelmäßigen Wachstumschancen.

4. Diversifikationsstrategie: Hierbei werden neue Produkte für neue Märkte entwickelt. Die grundsätzlichen Diversifikationsarten sind die **horizontale**, die **vertikale** und die **laterale Diversifikation**, die bei der Erörterung der Submix-Komponenten der Produktpolitik vertieft werden. Den Unternehmen stehen drei Wege offen, ein neues Produkt für einen neuen Markt zu entwickeln: **Eigenentwicklung**, **Lizenznahme** (z.B. kauft ein deutsches Unternehmen eine Lizenz von einem amerikanischen Unternehmen für ein in den USA erfolgreiches Produkt zur Produktion in Deutschland) und **Kooperation**. Unter Kooperation versteht man die nationale und internationale Zusammenarbeit zwischen bestehenden Unternehmen, die die folgenden Formen annehmen kann: Informations- und Erfahrungsaustausch, Zusammenarbeit bei der Entwicklung, Erprobung und Vermarktung von Produkten, gemeinschaftliches Management und gemeinsame Neugründungen. Ist die Kooperation auf ein einzelnes gemeinsames Projekt beschränkt, so spricht man von einer **strategischen Partnerschaft**. Ist die Kooperation nur international, so spricht man von **Joint Venture**. Joint Venture im weiteren Sinne bedeutet, daß z.B. das Unternehmen A aus dem Land A mit dem Unternehmen B aus dem Land B kooperiert. Joint Venture im engeren Sinne bedeutet, daß z.B. das Unternehmen A aus dem Land A mit dem Unternehmen B aus dem Land B ein gemeinsames Unternehmen C in dem Land C gründet.

Insgesamt, d.h. im Durchschnitt, hat es sich gezeigt, daß etwa 500 bis 600 anfänglich vorgeschlagene Produktideen zu etwa fünf bis zehn Prototypenentwicklungen führen. Davon werden in der Regel zwei in den Markt eingeführt, von denen wiederum eines zu einem erfolgreichen Produkt wird (vgl. u.a. Kotler 1997). Unterschieden wird außerdem in **Diversität** und **Homogenität**. Die Diversität umschreibt die Tätigkeit auf verschiedenen bearbeiteten Märkten, d.h. in verschiedenen Betätigungsklassen eines Unternehmens (ein sogenanntes diversifiziertes Unternehmen ist z.B. eines, das Kunststofferzeugnisse herstellt, in der Telekommunikation aktiv ist und sich im Satellitenbau betätigt), während Homogenität die Aktivität eines Unternehmens auf einem einzelnen Markt umschreibt (z.B. hat ein Werkzeughersteller, der viele verschiedene Arten von Werkzeugen herstellt, ein hohes Maß an Homogenität seines Produktprogrammes).

Produkte verkaufen sich immer dann am besten, wenn es gelingt, sie als **Marke** im Markt zu etablieren. Marke ist dabei lediglich ein Oberbegriff, denn die folgenden Produktgattungen sind sämtlich Marken:

- Markenartikel (auch Herstellermarke; siehe 1.)
- Handelsmarke (der Markenartikel des Handels; siehe 2.)
- Zweitmarke (siehe 3.)
- Eigenmarke (siehe 4.)
- Sortimentsmarke (siehe 5.)
- Produktfamilie, Markenfamilie (siehe 6.)
- Dachmarke (siehe 7.)
- Firmenmarke (siehe 8.)
- Gattungsmarke, No name (siehe 9.)

1. Der **Markenartikel** ist eine sogenannte **vorverkaufte Ware** bzw. ein **Frequenzbringer** für Absatzmittler. Folgende Kriterien zeichnen einen Markenartikel aus:

- Markenname
- Markenlogo
- Markendesign
- Ubiquität (d.h. *Überall-Erhältlichkeit*)
- Gleichbleibende oder verbesserte Qualität
- Gleichbleibende Menge
- Endverbraucherwerbung

Markenname, **Markenlogo** und **Markendesign** sind warenzeichenrechtlich geschützt. **Markenartikel** werden mit erheblichem Aufwand beworben. Sie werden dadurch und durch die anderen Kriterien zu Frequenzbringern für Absatzmittler und von den Konsumenten gezielt nachgefragt.

Markennamen können ganz verschiedene Ursprünge haben:

- Firmennamen (z.B. *Miele, DaimlerChrysler)*
- Eigenschaftsnamen (z.B. *Knirps)*
- Namen nach der Verwendung (z.B. *Kaffeesahne)*
- Namen nach dem Inhalt (z.B. *Müslix)*
- Zielgruppen- bzw. Verwendernamen (z.B. *Kinderschokolade)*

- Kunstnamen (z.B. *Mexx, Twingo*)
- Ortsnamen (z.B. *Gerolsteiner Sprudel*)

2. Handelsmarken sind die Markenartikel der Absatzmittler. Angesichts der Marktmacht der Hersteller in den 50er und 60er Jahren waren viele reine Handelsbetriebe vor allem seit den 70er Jahren bestrebt, die Machtverhältnisse auszugleichen bzw. umzukehren (letzteres ist ihnen dann auch gelungen). Ein Mittel dazu war die Handelsmarkenpolitik. Die Handelsunternehmen schufen selbst Marken, die durchweg dieselben Definitionskriterien wie der Markenartikel haben, nur ist die Ubiquität eingeschränkt, und die Endverbraucherwerbung findet mit geringerem Aufwand statt. Stellen Sie sich ein Handelsunternehmen, etwa eine Kaufhauskette, vor. Mehrere tausend Artikel werden dort angeboten. Es liegt auf der Hand, daß eine Handelsmarke, beispielsweise ein Toaster, nicht mit demselben Aufwand wie ein vergleichbarer Markenartikel beworben werden kann, denn ein Markenartikler lebt von der Beschränkung auf seine Stärken (zumindest sollte es so sein, wenn langfristiger Erfolg angestrebt wird). Handelsmarken sollten deshalb nie einen Markenartikel im hochpreisigen, hochqualitativen Segment direkt angreifen, sondern immer leicht unter dem Markenartikel positioniert werden, z.B. technisch weniger anspruchsvoll sein (die Handelsmarken-Waschmaschine hat dann vielleicht 1.000 Schleudertouren, der Top-Markenartikel aber 1.800).

3. Als **Zweitmarke** bezeichnet man einen Markenartikel, der mit leicht veränderter Ausstattung unter einem anderen Namen verkauft wird. Der Unterschied zur Handelsmarke ist dabei oft rein definitorischer Art. Wenn ein Handelsunternehmen eine Waschmaschine als Handelsmarke produzieren will, kann es eine Produktionsstätte aufbauen oder aufkaufen. Es kann aber auch bei einem Markenartikler anfragen, ob dieser auf Grund freier Kapazitäten bereit sei, die gewünschte Handelsmarke zu produzieren. Wird der umgekehrte Weg beschritten, bietet also ein Markenartikler einem Absatzmittler auf Grund freier Kapazitäten weitere Waschmaschinen-Modelle an (allerdings nicht unter dem Markennamen, sondern unter einem Zweitnamen), so spricht man von einer Zweitmarke.

4. Unter **Eigenmarke** versteht man Handelsmarken, die ganze Warengruppen umfassen. Die bekannteste deutsche Eigenmarke ist „Elite" von Kaufhof: Unter diesem Namen werden die unterschiedlichsten Produkte verkauft - von Kurzwaren bis zu Sportartikeln.

5. Als **Sortimentsmarke** bezeichnet man z.B. die Produkte der Firma „Fischer Dübel": Die Produkte - hauptsächlich Dübel und Schrauben - bilden einen Sortiments-Verbund.

6. Eine **Produktfamilie** - auch als **Markenfamilie** bezeichnet - ist z.B. Nivea. Diese Produktfamilie umfaßt diverse Produkte zur Körperpflege, darunter eine bekannte **Dachmarke**, ohne die die Nivea-Produktfamilie kaum vorstellbar wäre: die Nivea-Creme.

7. Als **Firmenmarke** bezeichnet man einen Markenartikel, bei dem der Firmenname herausragender Teil des Produktnamens ist. Beispiel für eine Firmenmarke: Dr. Johnsons Handwaschpaste.

8. In vordergründiger Abgrenzung zu den bisher beschriebenen Marken schuf der französische Lebensmittel-Discounter Carrefour in Anlehnung an die früheren Tante-Emma-Läden die sogenannten **Gattungsmarken** (auch **No names** oder - seltener - **Generics**), z.B. Zucker, Salz etc. Die weißen Tüten von Carrefour waren aber vom ersten Tag an mit einem Logo versehen, d.h. Carrefour hatte nie wirklich vor, **weiße Ware** zu verkaufen (der Begriff weiße Ware wird häufig auch benutzt, wenn Unternehmen ihre als weniger wichtig eingestuften Produkte bezeichnen; ursprünglich kommt der Begriff aber von einer weißen, warenzeichenfreien Verpackung). No names, egal ob sie mit „A&P", mit „Ja" oder ähnlich bezeichnet werden, sind somit eindeutig Marken. Daher ist der Begriff No name im Grunde falsch und deshalb abzulehnen und der Begriff Gattungsmarke vorzuziehen. Nach wie vor werden jedoch beide Begriffe verwendet.

Abschließend soll nun noch auf den Begriff des **Markenpools** hingewiesen werden. Wenn wir als Konsumenten nicht mehr zwischen verschiedenen Produkten differenzieren können, uns die entsprechenden Produkte also als austauschbar erscheinen, so spricht man von einem Markenpool, d.h. H_2O-Moleküle werden zu Symbolen für Produkte.

Produkte bzw. Produktprogramme werden von sogenannten **Produkt-Managern** betreut, wobei ein deutlicher Unterschied zwischen Produkt-Managern im Konsumgüterbereich und im Investitionsgüterbereich besteht.

Für den Produkt-Manager im Konsumgüterbereich liegt der Schwerpunkt eindeutig auf seiten der Werbung und der Verkaufs-Planung, während er für den Produkt-Manager im Investitionsgüterbereich auf seiten der Produktentwicklung, der Kalkulation und anschließenden Preisfestsetzung, der technischen Beratung und schließlich der Verkaufs-Planung liegt. Diese Zusammenhänge werden in der Abbildung 8 wiedergegeben:

Ausgewählte soziodemographische Kriterien und Aufgaben von		
Produkt-Managern im ...	**Konsumgüterbereich**	**Investitionsgüter-bereich**
Alter	ab ca. Mitte 20	ab ca. 35 – 40
Firmentreue	niedrig	hoch
Technologische Produkt- und Produktions-Kriterien (Produktideen, Ideenbewertung, Prototypentest, Produktionsplanung, Produktion etc.)	Empfehlungen	Hauptaufgabe
Preisbildung	Empfehlungen	Hauptaufgabe
Distributionswege	Empfehlungen	Hauptaufgabe
Kommunikation	Hauptaufgabe	geringere Bedeutung
Marketing- und Markt-Forschung	bestellt Ergebnisse	forscht selbst
Verkauf und dessen Planung	Hauptaufgabe	Hauptaufgabe

Abbildung 8: Der Unterschied zwischen Produkt-Managern im Konsumgüter- und im Investitionsgüterbereich

Abbildung 9, die bereits im Zusammenhang mit der Übersicht über die Elemente des Marketing-Mix präsentiert wurde (Abbildung 3), zeigt die Submix-Komponenten der Produktpolitik, die im weiteren Verlauf dieses Kapitels vertieft werden sollen.

2.1.2 Die Submix-Komponenten der Produktpolitik

Der produktpolitische Submix besteht aus den fünf Hauptkomponenten

- Ideenfindung und -bewertung (Kapitel 2.1.2.1)
- Segmentation (Kapitel 2.1.2.2)
- Variation (Kapitel 2.1.2.3)
- Diversifikation (Kapitel 2.1.2.4)
- Quantitative Merkmale von Produktsortimenten (Kapitel 2.1.2.5)

2.1.2.1 Ideenfindung und -bewertung

Zuerst wollen wir uns in diesem Kapitel den **Methoden der Ideenfindung** widmen. Sie stellen die grundsätzlichen Möglichkeiten dar, zu Produktideen zu gelangen. Diese Methoden lassen sich in zwei Gruppen einteilen:

• Intuitiv-kreative Verfahren (auch Kreativitätstechniken; siehe 1.)
• Systematisch-logische Verfahren (siehe 2.)

1. Intuitiv-kreative Verfahren gliedern sich in

• Synektik (siehe a.)
• Bionik (siehe b.)
• Brainstorming (siehe c.)
• Methode 6-3-5 (siehe d.)

a. Bei der **Synektik** wird ein Ausgangsproblem schrittweise verfremdet, indem Analogien gebildet werden. Als Beispiel soll hier die sogenannte „Wirbelknochenantenne" dienen (zitiert nach Nieschlag, Dichtl, Hörschgen, 1997). Ausgangsproblem war die Entwicklung einer mindestens 20 Meter hohen, in kürzester Zeit aufstellbaren Antenne, die zusammengeklappt von einem Mann getragen werden konnte. Es wurde eine **symbolische Analogie** gebildet (Gegenstände, Tiere und Prozesse aus der Natur werden bei einer symbolischen Analogie zum Gegenstand der Lösungssuche): die Wirbelsäule eines Sauriers. Die Antenne, durch die ein Kautschukkabel verläuft, wurde aus Plastikteilen konstruiert. Hätte man die Mitglieder dieser Synektik-Sitzung aufgefordert, eine **persönliche Analogie** zu bilden (Identifikation von Teilnehmern an Synektik-Sitzungen mit dem Gegenstand der Sitzung; man stellt sich dann z.B. vor, man sei eine Antenne), so wären sie mit einiger Sicherheit über die eigene Wirbelsäule auf dieselbe Lösung gekommen.

b. Der Begriff **Bionik** ist ein Zusammenschluß aus Biologie und Technik. Man beobachtet und untersucht bei diesem Verfahren Baupläne aus der Natur und Abläufe in der Natur und versucht diese technisch umzusetzen. Bekannte Beispiele sind der Klettverschluß (das Prinzip der Haftung der Klette) und die Rotorflügel bzw. der Rumpf von Helikoptern (Vorbild waren Libellenflügel und Libellenkörper).

c. Beim **Brainstorming** werden ganz spontan Ideen geäußert, wobei Kritik auch bei abwegigsten Vorschlägen nicht erlaubt ist. Folgende Grundregeln sollten eingehalten werden:

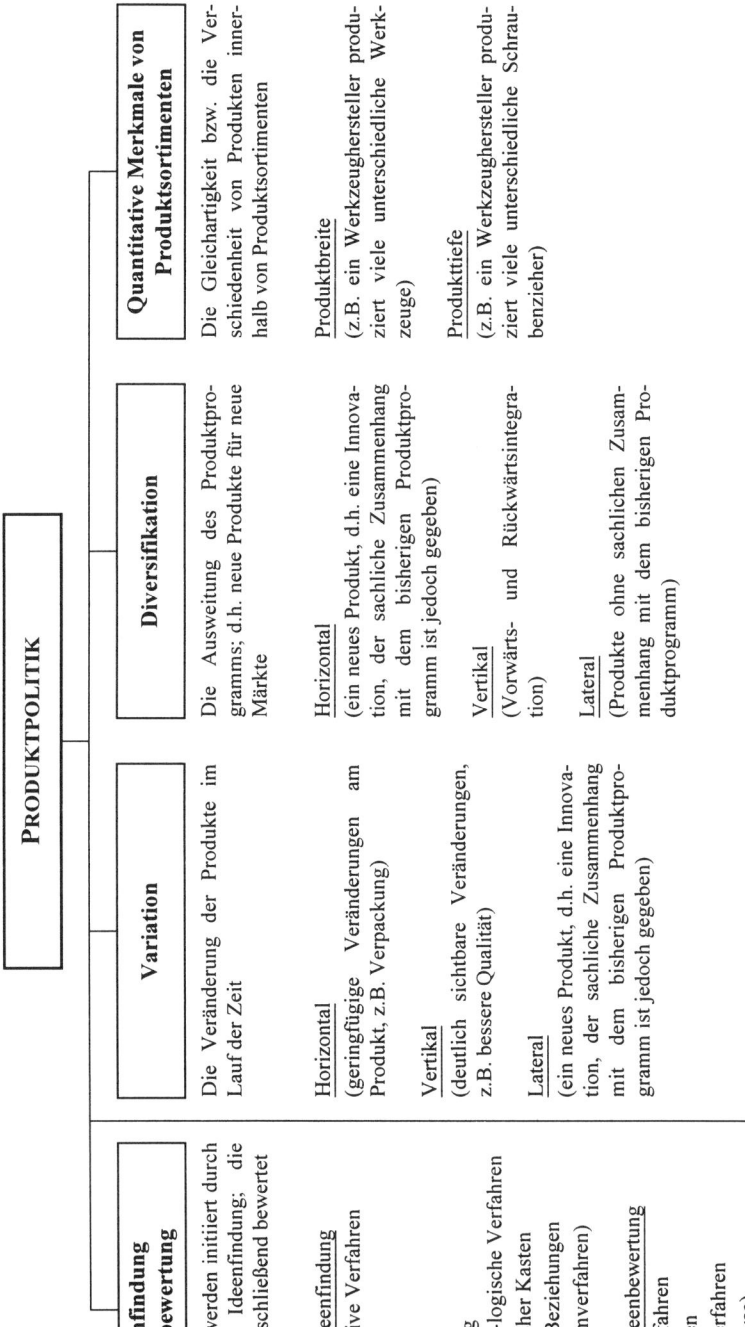

PRODUKTPOLITIK

Ideenfindung und -bewertung

Neue Produkte werden initiiert durch Methoden der Ideenfindung; die Ideen werden anschließend bewertet

Methoden der Ideenfindung
(1. Intuitiv-kreative Verfahren
• Synektik
• Bionik
• 635
• Brainstorming
2. Systematisch-logische Verfahren
• morphologischer Kasten
• erzwungene Beziehungen
• Relevanzbaumverfahren)

Methoden der Ideenbewertung
(• Wertskalaverfahren
• Hart-Verfahren
• Richmond-Verfahren
• Nutzwertanalyse)

Variation

Die Veränderung der Produkte im Lauf der Zeit

Horizontal
(geringfügige Veränderungen am Produkt, z.B. Verpackung)

Vertikal
(deutlich sichtbare Veränderungen, z.B. bessere Qualität)

Lateral
(ein neues Produkt, d.h. eine Innovation, der sachliche Zusammenhang mit dem bisherigen Produktprogramm ist jedoch gegeben)

Diversifikation

Die Ausweitung des Produktprogramms; d.h. neue Produkte für neue Märkte

Horizontal
(ein neues Produkt, d.h. eine Innovation, der sachliche Zusammenhang mit dem bisherigen Produktprogramm ist jedoch gegeben)

Vertikal
(Vorwärts- und Rückwärtsintegration)

Lateral
(Produkte ohne sachlichen Zusammenhang mit dem bisherigen Produktprogramm)

Quantitative Merkmale von Produktsortimenten

Die Gleichartigkeit bzw. die Verschiedenheit von Produkten innerhalb von Produktsortimenten

Produktbreite
(z.B. ein Werkzeughersteller produziert viele unterschiedliche Werkzeuge)

Produkttiefe
(z.B. ein Werkzeughersteller produziert viele unterschiedliche Schraubenzieher)

Fortsetzung nächste Seite

Fortsetzung Produktpolitik

Segmentation

Die gezielte Ansprache „intern homogener" und „extern heterogener" Verbrauchergruppen

Generelle Strategien

Undifferenziert
(Der Gesamtmarkt wird als Einheit betrachtet)

Differenziert
(Gezielte Ansprache differenzierter Teilgruppen des Gesamtmarktes)

Konzentriert
(Konzentration auf einen bis max. drei Teilmärkte)

Zielgruppenspezifische Segmentation

Geographisch/Soziodemographisch
(z.B. Arbeitnehmer mit einem Bruttomonatseinkommen von bis zu 5.000 DM in NRW)

Psychographisch
(Die psychische Einstellung drückt sich aus in Markenpräferenz und -treue, Einkaufsstättenwahl, Kauf in einer bestimmten Lebenszyklusphase eines Produktes etc., die vom Lebensstil - z.B. Yuppies, Normalverbraucher - und von der Konsumenten-Typologie - z.B. Opinion leader, Nachzügler - abhängen)

Psychologisch
(setzt die direkte Untersuchung von u.a. dem theoretischen Konstrukt Einstellung mit den drei Komponenten
• affektiv, d.h. emotionale Reaktion
• kognitiv, d.h. rationale Verarbeitung
• konativ, d.h. Handlungskomponente, voraus)

Ausrichtung des Marketing-Mix auf spezifische Segmente

produktpolitisch
(durch heterogenes Produktprogramm)

preispolitisch
(Differenzierung von Produkten durch unterschiedliche Preise)

distributionspolitisch
(z.B. Direktvertrieb, Fachhandel etc.)

kommunikationspolitisch
(z.B. reagieren Opinion leader auf andere kommunikationspolitische Reize als Nachzügler)

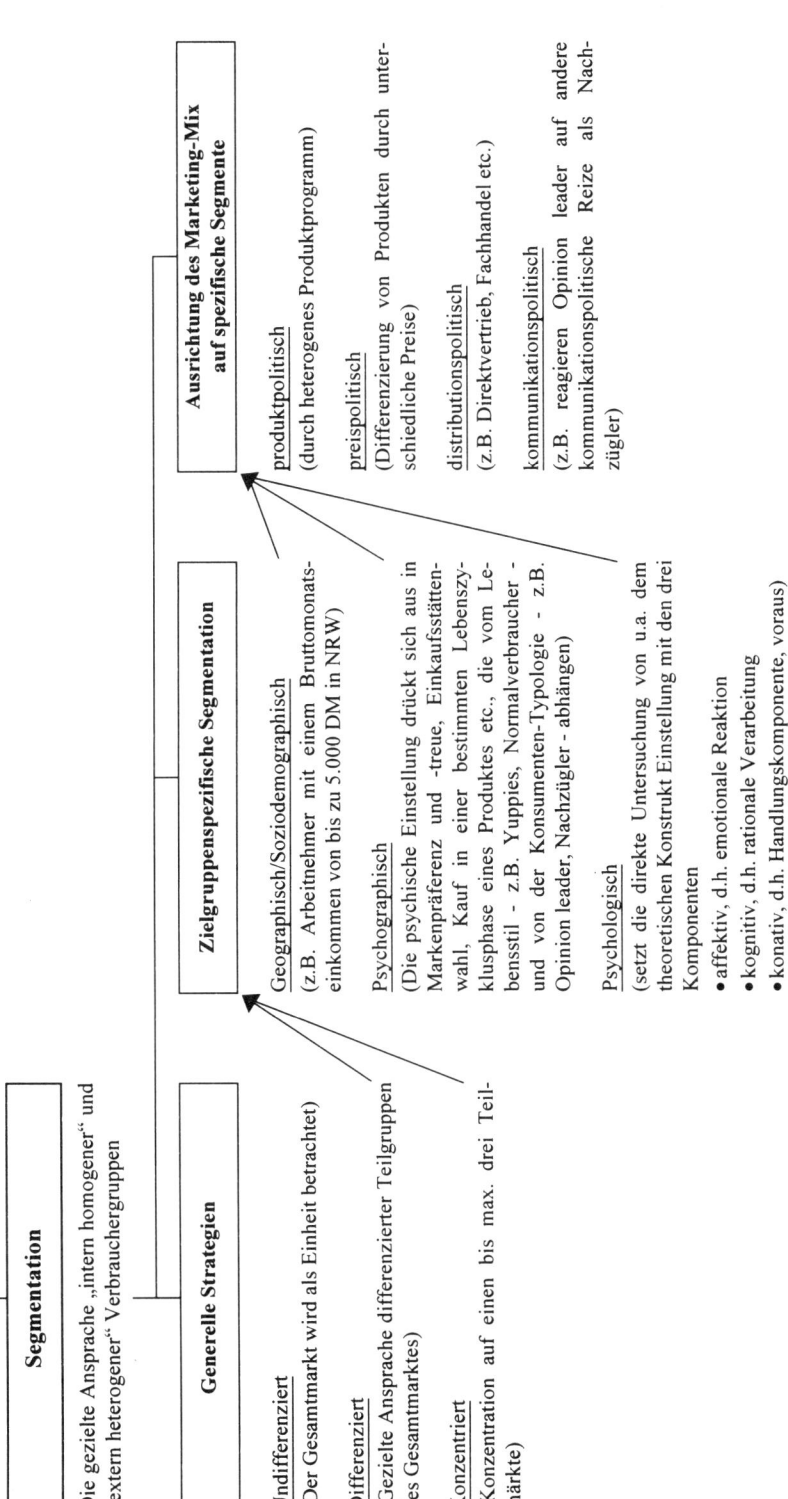

Abbildung 9: Die Submix-Komponenten der Produktpolitik

- Maximal 15 Teilnehmer
- Maximale Länge: 30 Minuten
- Alle Teilnehmer sind gleichberechtigt
- Problemskizze entweder einige Tage vor der Sitzung oder zu Beginn der Sitzung

d. Die **Methode 6-3-5** ist ein sogenanntes **Brainwriting-Verfahren**, zu dem auch das im Kapitel **Marketing-Forschung** beschriebene **Delphi-Verfahren** gehört (letzteres dient in der Hauptsache zu Prognosezwecken und wird daher hier nicht weiter vertieft; bei den Brainwriting-Verfahren lassen sich die Teilnehmer - hier die an 6-3-5-Sitzungen - von den schriftlich fixierten Ideen der jeweils anderen Teilnehmer inspirieren). Die Methode 6-3-5 ist eine Variante des Brainstorming: Sechs Teilnehmer sitzen um einen Tisch und erhalten die Aufgabe, drei mögliche Lösungen zu einem Problem innerhalb von fünf Minuten niederzuschreiben. Die Blätter werden sodann im Uhrzeigersinn an den jeweils Nächsten weitergereicht. Dieser liest die drei Lösungen zur Inspiration und notiert drei weitere Lösungsvorschläge. Die Blätter kreisen solange im Uhrzeigersinn, bis jeder jedes Blatt bearbeitet hat, d.h. auf jedem Blatt befinden sich nunmehr 18 Lösungsvorschläge. Insgesamt kommen auf diese Weise 108 Lösungsvorschläge zustande.

2. Systematisch-logische Verfahren:

- Morphologischer Kasten (siehe a.)
- Erzwungene Beziehungen (siehe b.)
- Relevanzbaumverfahren (siehe c.)

a. Morphe ist ein altgriechisches Wort, das *Gestalt* bedeutet. Ein **morphologischer Kasten** ist somit ein Modell, aus dem die Gestalt - d.h. die Form und die technischen Details eines Produktes - auf einen Blick ersichtlich wird. Abbildung 10 zeigt eine solche Gestalt.

Beim morphologischen Kasten tritt neben die Alternativenbewertung jeder Komponente die Entscheidung für die Gestalt eines neuen Produktes. Soll das in Abbildung 10 dargestellte neuentstandene Sofa nach einiger Zeit variiert werden, so läßt sich das mit einer dem morphologischen Kasten sehr ähnlichen Methode, einer sogenannten **Eigenschaftsliste,** bewerkstelligen. Dabei werden der jeweiligen derzeitigen Lösung für jede Komponente in der Regel alle möglichen entsprechenden Alternativen gegenübergestellt, so daß die

PRODUKT: SOFA; MORPHOLOGISCHE KRITERIEN			
Komponente	**Kriterien**		
Füße	Holz rund	Holz eckig ●	Metall rund	Metall eckig
Rahmen	Span	Span mit Federkern	Holz mit Federkern ●
Seitenteile	Span, bezogen	Holz, bezogen	Rattan ●
Polsterung	Schaumstoff	Roßhaar	Kombiniert
Stoff	Baumwolle ●	Synthetik	Kombiniert

Abbildung 10: Morphologischer Kasten für ein Sofa

Eigenschaftsliste aussieht wie ein etwas zu breit geratener morphologischer Kasten: Links befindet sich eine Spalte mit der derzeitigen „Morphe", rechts daneben die jeweiligen denkbaren Alternativen (siehe Abbildung 11).

PRODUKT: SOFA; EIGENSCHAFTSLISTE					
Komponente	**Gewählte Morphe**	**Alternative Kriterien**			
Füße	Holz eckig	Holz rund	Metall rund	usw. ...	
Rahmen	Holz mit Federkern	Span	Span mit Federkern	usw. ...	
Seitenteile	Rattan	Span, bezogen	Holz, bezogen	Metall	usw. ...
Polsterung	Roßhaar	Schaumstoff	PU-Schaum	usw. ...	
Stoff	Baumwolle	Synthetik	Seide	Leinen	usw. ...

Abbildung 11: Eigenschaftsliste für das Sofa aus Abbildung 10

b. Bei der Technik der **erzwungenen Beziehungen** werden entweder Komponenten oder Produkte miteinander kombiniert, die auf den ersten Blick gar nichts miteinander zu tun haben. Ein Beispiel ist etwa das Bolzenschußgerät (die Kombination von Revolver und Nagel & Hammer).

c. Als abschließendes Beispiel aus der Reihe der systematisch-logischen Verfahren soll hier noch auf das **Relevanzbaumverfahren** eingegangen werden, bei dem grundsätzliche Entscheidungswege in Form einer Pyramide bzw. eines „Baumes" von oben nach unten zu begehen sind. Abbildung 12 macht deutlich, daß die betreffende Automobilfirma z.B. der Anzahl der Zylinder eine höhere Relevanz beimißt als dem Hubraum.

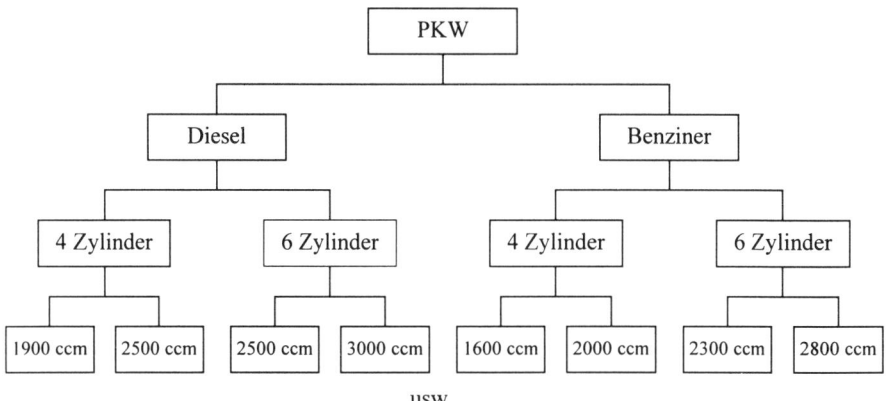

usw. ...

Abbildung 12: Das Relevanzbaumverfahren am Beispiel einer Entscheidungssituation in der Automobilindustrie

Nachdem nun die wichtigsten Methoden der Ideenfindung dargestellt wurden, wollen wir unterstellen, wir hätten eine ganze Reihe von Produktideen entwickeln können. Diese gilt es nun zu testen, d.h. einem Tauglichkeitstest zu unterziehen. Dazu dienen die folgenden Methoden der **Ideenbewertung** (auch **Screening-Verfahren**):

• Wertskalaverfahren (siehe 1.)
• Hart-Verfahren (siehe 2.)
• Richmond-Verfahren (siehe 3.)
• Nutzwertanalyse (siehe 4.)

1. Beim **Wertskalaverfahren** (auch **Freudemann-Verfahren**) verwendet man eine Skalierung mit den Ausprägungen -2, -1, 0, +1 und +2, wobei -2 *sehr negativ* und +2 *sehr positiv* bedeutet. Jede Zeile, d.h. jede Bewertungskomponente der Wertskala, wird mit dem entsprechenden Punktwert versehen. Dann werden alle Punktwerte miteinander verbunden, so daß ein graphisches Profil entsteht, das man mit dem jeweiligen Idealprofil vergleichen kann. Abbildung 13 gibt dieses Verfahren in stark vereinfachter Form wieder.

2. Das **Hart-Verfahren** beinhaltet 12 Hauptkomponenten, u. a. Umsatz, Entwicklungskosten, Käuferverhalten, Erfolgswahrscheinlichkeit und Kannibalisierungseffekte (**Kannibalisierung** bezeichnet einen negativen **Spill over-Effekt**, d.h. durch die Neueinführung eines Produktes verschlechtert sich der Erfolg eines anderen Produktes *desselben* Unternehmens oder das Produkt wird sogar eliminiert. Das Gegenteil der Kannibalisierung ist ein positiver Spill over-

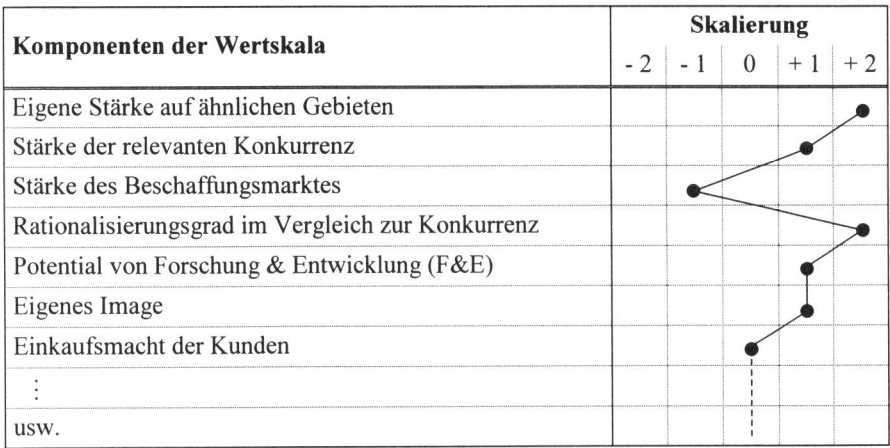

Komponenten der Wertskala	Skalierung				
	- 2	- 1	0	+ 1	+ 2
Eigene Stärke auf ähnlichen Gebieten					
Stärke der relevanten Konkurrenz					
Stärke des Beschaffungsmarktes					
Rationalisierungsgrad im Vergleich zur Konkurrenz					
Potential von Forschung & Entwicklung (F&E)					
Eigenes Image					
Einkaufsmacht der Kunden					
⋮					
usw.					

Abbildung 13: Das Wertskalaverfahren

Effekt, d.h. durch die Neueinführung eines Produktes erfolgt ein positiver Impuls auf andere Produkte *desselben* Unternehmens). Jede der Hauptkomponenten erhält einen Punktwert, der zwischen 0 und 230 liegt. Die 12 Punktwerte werden anschließend zu einem Gesamtwert addiert. Aus der folgenden Skala ergibt sich dann das Urteil:

• über 600: sehr gut

• 600 - 550: gut

• 550 - 500: akzeptabel

• unter 500: Produktidee ist durchgefallen

3. Beim **Richmond-Verfahren** werden die einzelnen Bewertungskomponenten anhand eines vorher festgelegten relativen Gewichtes gewichtet, d.h. die Bewertungskomponenten erhalten unterschiedlich schwerwiegende Bedeutungen. Abbildung 14 gibt dieses Verfahren in ebenfalls stark vereinfachter Form wieder. Auch bei diesem Verfahren ergibt sich aus dem Endresultat das Urteil, wobei ein Resultat von unter 0,7 als durchgefallen gilt, d.h. das in Abbildung 14 bewertete Produkt bekäme keine Chance auf Realisierung.

4. Bei der **Nutzwertanalyse** (auch **Scoring-Modell** und **multiattributive Nutzenanalyse**) handelt es sich um eine im Vergleich zu den drei obigen Verfahren andere Vorgehensweise, denn Ideen werden vor allem anhand technischer und psychologischer Kriterien (z.B. Einschätzung der Design-Qualität etc.) bewertet. Nicht die Machbarkeit bzw. die Durchsetzbarkeit gegen die Konkurrenz steht also im Mittelpunkt, sondern Nutzenerwägungen. Analog zum Richmond-

Komponenten	Relative Gewichtung	Skalierung											Ergebnis
		0,1	0,2	0,3	0,4	0,5	0,6	0,7	0,8	0,9	1,0		
Marketing	0,3							•					0,21
Finanzen	0,1					•							0,05
F & E	0,1				•								0,04
Produktion	0,3				•								0,12
Personal	0,1										•		0,10
Einkauf	0,1					•							0,05
Gesamt	**Σ 1,0**												**Σ 0,57**

Abbildung 14: Eine Bewertungsmatrix nach Richmond

Verfahren erhält im ersten Schritt jede Idee eine Bewertung pro Kriterium. Anschließend werden die Kriterien gewichtet und dann additiv verknüpft. Der so entstehende Gesamtwert macht Ideen vergleichbar, d.h. es entsteht eine Rangordnung.

2.1.2.2 Segmentation

Segmentation, Marktsegmentation oder **Marktsegmentierung** ist die Bezeichnung für die Aufteilung eines Gesamtmarktes in Teilmärkte. Die auf diese Weise entstehenden Marktsegmente zeichnen sich dadurch aus, daß sie **intern homogen** und **extern heterogen** sind. Intern homogen bedeutet, daß alle Mitglieder eines Segmentes gleiche Kriterien aufweisen. Sie sind z.B. alle zwischen 20 und 30 Jahre alt. Extern heterogen bedeutet, daß die Mitglieder entweder des restlichen Gesamtmarktes oder der anderen Segmente außerhalb des intern homogenen Segmentes diese Kriterien nicht aufweisen, d.h. in unserem Beispiel sind sie entweder jünger als 20 oder älter als 30 Jahre. Die Segmentation läßt sich folgendermaßen differenzieren:

• Generelle Strategien (Kapitel 2.1.2.2.1)

• Zielgruppenspezifische Segmentation (Kapitel 2.1.2.2.2)

• Ausrichtung des Marketing-Mix auf spezifische Segmente (Kapitel 2.1.2.2.3)

2.1.2.2.1 Generelle Strategien

Bei der graphischen Darstellung von Märkten wählt man meistens Kreis-diagramme: eine Torte als Gesamtmarkt und die mehr oder weniger großen Tortenstücke als Teilmärkte bzw. Marktsegmente. Folgende **generelle Strategien** der Marktbearbeitung sind möglich:

• Undifferenziert (siehe 1.)
• Differenziert (siehe 2.)
• Konzentriert (siehe 3.)

1. Bei der sehr selten gewordenen **undifferenzierten Strategie** wird der Ge-samtmarkt als zu bearbeitende Einheit betrachtet. Man weiß in der Regel zwar, daß sich der betreffende Markt segmentieren läßt, geht aber darüber hinweg. Segmentation findet hier nicht statt.

2. Die **differenzierte Strategie** bezeichnet die gezielte Ansprache differenzierter Teilmärkte des Gesamtmarktes. Beispiel: ein Automobilkonzern, der die Seg-mente Sportwagen, Kleinwagen, Mittelklasse- und Oberklassewagen sowie Kleintransporter mit seinem Produktprogramm abdeckt.

3. Die **konzentrierte Strategie** geht mit der Beschränkung auf einen bzw. maximal drei Teilmärkte noch einen Schritt weiter. Beispiel: die Firma Porsche, die ausschließlich das Sportwagensegment bedient.

Bei der Bearbeitung von Märkten bzw. Teilmärkten kommt es neben der Anzahl der bearbeiteten Segmente auch auf die folgenden Größen an:

• Marktanteil (siehe 1.)
• RMA (siehe 2.)
• Absatzvolumen (siehe 3.)
• Absatzpotential (siehe 4.)
• Marktvolumen (siehe 5.)
• Marktpotential (siehe 6.)

1. Der **Marktanteil (MA)** ist der eigene Anteil am Gesamtmarkt oder an einem Marktsegment in Prozent.

2. Der **relative Marktanteil (RMA)** ist der eigene Marktanteil, der in Beziehung zum Marktanteil des größten Konkurrenten gesetzt wird. Nehmen wir beispielsweise an, unser MA betrage 30 Prozent und der des größten

Konkurrenten 20 Prozent. Dann beträgt unser RMA 1,5 (30 dividiert durch 20; beträgt dagegen unser MA 20 Prozent und der des größten Konkurrenten 30 Prozent, so entspricht das einem RMA von 20 dividiert durch 30, also von 0,66).

3. Das **Absatzvolumen** ist der derzeit realisierte Absatz eines Unternehmens auf einem Markt.

4. Das **Absatzpotential** ist der potentiell mögliche Absatz eines Unternehmens auf einem Markt.

5. Das **Marktvolumen** ist entsprechend der derzeit realisierte Absatz aller Unternehmen auf einem Markt.

6. Das **Marktpotential** ist der potentiell mögliche Absatz aller Unternehmen auf einem Markt.

Im Zusammenhang mit den **generellen Strategien** wird immer wieder darauf hingewiesen, daß zwischen einer Marktsegmentation und der **Globalisierung** kein Widerspruch besteht, wenn sich bestimmte Segmente weltweit bestimmen lassen, die man alle mit demselben Marketing-Mix bearbeiten kann. Ein gutes Beispiel für eine solche Verbindung von Segmentation und Globalisierung ist Coca Cola.

2.1.2.2.2 Zielgruppenspezifische Segmentation

Um die generellen Strategien „Differenziert" und Konzentriert" durchführen zu können, ist im Rahmen der **zielgruppenspezifischen Segmentation** die Fest-legung der Kriterien, die die Zielgruppe auszeichnen, notwendig (daher gibt es auch Verbindungspfeile zwischen diesen generellen Strategien und der ziel-gruppenspezifischen Segmentation in den Abbildungen 2 und 8). Dabei sind folgende Vorgehensweisen möglich:

• Geographisch-soziodemographisch (siehe 1.)
• Psychographisch (siehe 2.)
• Psychologisch (siehe 3.)

1. Bei der **geographisch-soziodemographischen Segmentation** wird nach räumlichen Kriterien (z.B. Bundesländer) und soziodemographischen Kriterien (z.B. Alter, Geschlecht, Einkommen, Ausbildung, Religionszugehörigkeit) segmentiert.

2. Die **psychographische Segmentation** orientiert sich am geäußerten Verhalten. Psychographie kann man mit *Ausdruck der Psyche* übersetzen. So weist z.B. ein bestimmtes Kaufverhalten auf eine bestimmte psychische Einstellung hin und oft auch umgekehrt. Psychographische Kriterien sind vor allem

- Kauf in einer bestimmten Lebenszyklusphase (siehe a.)
- Lebensstil (siehe b.)
- Konsumententypologie (siehe c.)
- Konsumtypologie (d.h. *verschiedene Arten von Kaufakten*; siehe d.),

aber auch Markenpräferenz und -treue sowie Einkaufsstättenwahl.

a. Der **Produkt-Lebenszyklus** wird grundsätzlich in vier Phasen eingeteilt:

- Einführung
- Wachstum
- Reife
- Sättigung

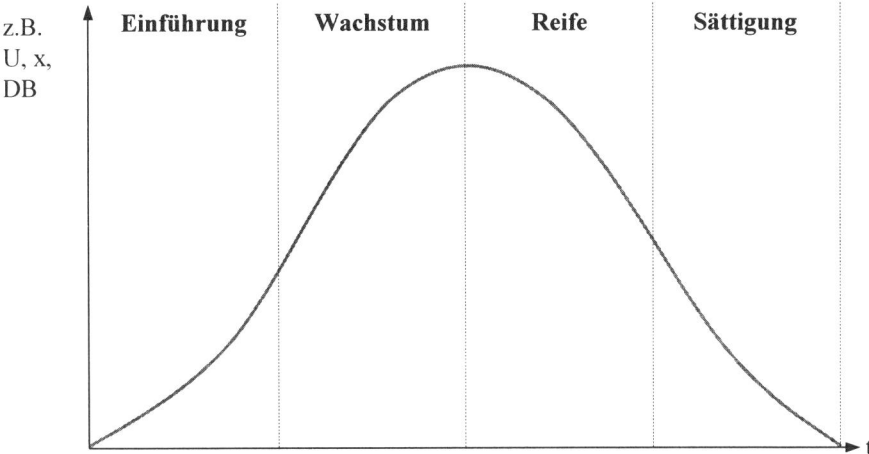

Abbildung 15: Das Konzept des Produkt-Lebenszyklus

Manchmal wird die vierte Lebenszyklusphase auch „Sättigung/Degeneration" genannt oder eine fünfte Phase „Degeneration" hinzugefügt. Klassisch ist jedoch die Einteilung in vier Phasen. Das Hauptproblem beim Lebenszyklus-Konzept liegt darin, daß man die einzelnen Phasen im Produkt-Lebenszyklus immer erst **ex post**, also *im nachhinein*, und leider nicht schon **ex ante**, also *im voraus*, wirklich bestimmen kann. Das können Sie sich am Beispiel von Coca Cola verdeutlichen: Dieses Getränk existiert bereits seit über

100 Jahren, und es läßt sich nicht bestimmen, welche Phase seines Lebens-zyklus es gerade durchläuft.

Wenn ein Produkt die Endphase seines Lebenszyklus erreicht - eine Phase, die man dann wirklich als Degeneration bezeichnen kann - stellt sich die Frage nach der **Desinvestition** dieses Produktes, also danach, ob man das Produkt aus dem Markt nehmen soll (was auch als **Liquidation** oder **Elimination** bezeichnet wird). Von entscheidender Bedeutung sind in einem solchen Fall die **Marktaustrittsbarrieren**. Ist das Produkt z.B. Teil einer **Produktfamilie** und innerhalb dieser Produktfamilie eine **Dachmarke** (Nivea ist z.B. eine Produktfamilie und die Nivea-Creme eine Dachmarke), so kann man es wahrscheinlich nicht aus dem Markt nehmen, ohne der Produktfamilie Schaden zuzufügen, weil eine Dachmarke oft auch der haupt-sächliche Imageträger der entsprechenden Produktfamilie ist. Andere Markt-austrittsbarrieren sind z.B. vertragliche Lieferbindungen, nicht veräußerbare Produktionsanlagen und -hallen, Sozialpläne, Angst vor einer imageschä-digenden öffentlichen Diskussion über eventuelle Entlassungen usw.

b. Beim **Lebensstil-Konzept** (auch **Lifestyle research**) geht man davon aus, daß je nach Lebensstil verschiedene Konsumpräferenzen bestehen. In der Regel werden vier Lebensstile unterschieden:

• Jet Set

• Yuppie

• Normalverbraucher

• Teenager (mit mehreren Untergruppen)

Ein **Jet Setter** hat einen aufwendigen und teuren Lebensstil. Ein **Yuppie** (ein Young Urban Professional) lebt seinem Erfolg entsprechend etwas unter-halb des Lebensstils des Jet Setters (beide genießen ihren finanziellen Erfolg bzw. ihre finanzielle Ausstattung). Der **Normalverbraucher**, der bekanntlich auch *Otto Normalverbraucher* heißt, lebt seiner normalen finanziellen Aus-stattung entsprechend. Die **Teenager**, die eine beachtliche Kaufkraft und einen ebenso beachtlichen Einfluß auf den Konsum ihrer Familien haben, lassen sich in diverse Typen unterscheiden, z.B. in sogenannte *modebewußte Teenager* oder in *Girlies, Grufties, Grungies* etc. Am Lebensstil-Konzept ist in den letzten Jahren starke Kritik aufgekommen, weil sich herausgestellt hat, daß sich die einzelnen Lebensstile entgegen der früheren Annahme oft nicht eindeutig voneinander trennen lassen. So widerspricht z.B. ein Porschefahrer, der bei Aldi vorfährt, genauso diesem Modell wie ein Normalverbraucher, der sich etwas Langersehntes, sehr Teures schließlich leistet, in anderen Bereichen aber Normalverbraucher bleibt.

c. Bei der **Konsumententypologie** werden fünf Typen unterschieden:

- Opinion leader
- Adaptoren
- Frühe Mehrheit
- Späte Mehrheit
- Nachzügler

Die Konsumententypologie wird auch als **Diffusions-Modell** umschrieben, denn es geht hier um den Kauf von Produkten im Zeitverlauf und somit in letzter Instanz um die **Sättigung von Märkten**, die von Typ zu Typ weiter fortschreitet. Das Konzept des Produkt-Lebenszyklus, das Lebensstil-Konzept und die Konsumenten-Typologie lassen sich nur theoretisch getrennt betrachten. Ein **Opinion leader** (auch **Innovator)**, also *Meinungsführer*, zeichnet sich durch hohe Risikobereitschaft und Extravertiertheit aus, ein **Nachzügler** durch geringe Risikobereitschaft und Introvertiertheit. Die anderen Typen befinden sich zwischen diesen beiden Extremen. Ein Opinion leader ist in der Regel kein Normalverbraucher. Er kauft Produkte in der Einführungsphase ihres Lebenszyklus. Ein Nachzügler ist in der Regel ein Normalverbraucher und kauft Produkte in der Reife- bzw. Sättigungsphase. Allerdings wirft auch diese Form der Marktsegmentation insofern Probleme auf, als jemand vielleicht nur im Hifi-Bereich, nicht aber in anderen Bereichen - etwa dem Lebensmittelbereich - ein Opinion leader ist. Die Konsumententypologie erfordert somit eine in der Praxis schwierige Betrachtung von Produktgruppe zu Produktgruppe.

d. **Konsumtypologie**: Die genannten Konsumententypen in ihrer jeweiligen Lebensstil-Ausprägung lassen sich darüber hinaus in eine Konsumtypologie unterteilen. Folgende Arten von Kaufakten lassen sich dabei unterscheiden:

- Rationalkauf
- Impulskauf
- Gewohnheitskauf
- sozial abhängiges Verhalten

Ganz eng verbunden mit der Konsumtypologie sind die Begriffe **High involvement** und **Low involvement**. Jeder Mensch ist ständig bestrebt, seinen kognitiven Aufwand möglichst gering zu halten. High involvement bedeutet, sich über ein zu kaufendes Produkt intensive Gedanken zu machen, also hochinvolviert zu sein (**Rationalkauf**). Das machen wir als Konsumenten in der Regel nur bei sehr wichtigen und teuren Produkten, z.B. einem Auto, einer neuen Küche oder dem Fernseher etc. Die Mehrzahl der Kaufakte findet unter Low involvement-Bedingungen statt, d.h. wir kaufen, ohne darüber nachzudenken. Das betrifft die **Gewohnheitskäufe**, wie z.B. den Griff ins Regal nach dem immer gleichen Kaffee, und die **Impulskäufe**, wie z.B. den Griff nach einem Schokoriegel im Regal vor der Kasse. Unter **sozial abhängigem Verhalten** wird verstanden, daß z.B. ein BMW gekauft wird, um die Nachbarn zu beeindrucken.

3. Nach dieser Diskussion der psychographischen Segmentation gilt es die **psychologische Segmentation** zu besprechen, die man allerdings nur schwer voneinander trennen kann. Im Grunde dient die psychologische Segmentation als unterstützendes Hilfsmittel für die psychographische Segmentation.

Jeder Mensch erwirbt im Laufe seines Lebens sogenannte **intervenierende Variablen** (auch **interne Variablen**). Das sind Meinungen, Einstellungen, Motive, Erwartungen etc. Als wichtigstes dieser sogenannten *theoretischen Konstrukte* („theoretisch", denn es hat noch niemand eine intervenierende Variable gesehen oder gemessen) gilt die **Einstellung**. Sie teilt sich auf in die folgenden Komponenten:

• affektiv

• kognitiv

• konativ

Diese Komponenten sollen an einem Beispiel verdeutlicht werden: Stellen Sie sich vor, Sie kommen an einer Plakatwand vorüber. Die Wahrscheinlichkeit, daß Sie die Werbung überhaupt nicht wahrnehmen, trifft für den Großteil aller Plakate zu. Stellen Sie sich nun eine Werbung vor, die Ihnen ins Auge fällt und Sie interessiert. Diese erste Reaktion ist rein emotional. Die emotionale Informationsverarbeitung kommt nicht nur zeitlich vor der kognitiven, sie ist auch Bedingung für eine kognitive Auseinandersetzung. Man nennt die emotionale Reaktion die **affektive Komponente** der Einstellung. Zündet der emotionale

Reiz, so setzen Sie sich auch kognitiv mit der Werbung auseinander: Sie lesen den Text (die **kognitive Komponente**). In einer dritten Stufe entwickeln Sie vielleicht eine Kaufabsicht auf Grund der beiden vorhergehenden Komponenten (die **konative Komponente**, die nur die Kaufabsicht, nicht aber den tatsächlichen Kauf meint). Diesen gesamten Prozeß nennt man auch **Aktualgenese**. Ziel jeder Werbung ist die Erreichung einer positiven **Konsonanz** aller Einstellungs-Komponenten: positive emotionale Reaktion, überzeugende Produktbeschreibung und Kaufabsicht. Sind eine oder zwei dieser Komponenten negativ, so spricht man von **Dissonanz**. Das schlimmste, was einem Werbetreibenden passieren kann, ist die **negative Konsonanz**: negative emotionale Reaktion, keine kognitive Auseinandersetzung und keine Kaufabsicht.

Der Einstellungs- und Motivforschung wird in der **Marketing-Forschung** große Aufmerksamkeit geschenkt, denn wenn man diese intervenierenden Variablen kennt, dann fällt die Ansprache der entsprechenden Zielgruppen leichter.

2.1.2.2.3 Ausrichtung des Marketing-Mix auf spezifische Segmente

Eng verbunden mit der zielgruppenspezifischen Segmentation - und daher in den Abbildungen 2 und 9 mit entsprechenden Pfeilen versehen - ist die **Ausrichtung des Marketing-Mix auf spezifische Segmente**. Produktpolitisch werden z.B. verschiedene Segmente durch Produktvariationen erreicht, etwa Waschmaschinen in verschiedenen Ausstattungen. Preispolitisch werden diese Variationen in die Bereiche hochpreisig, mittelpreisig und niedrigpreisig differenziert. Distributionspolitisch werden z.B. die hochpreisigen, umfangreich ausgestatteten Waschmaschinen im Fachhandel vertrieben, die anderen bei Discountern, Warenhäusern etc. Kommunikationspolitisch müssen z.B. Opinion leader ganz anders angesprochen werden als Nachzügler.

2.1.2.3 Variation

Die Produktvariation gibt es in drei Ausprägungen:

• Horizontal (siehe 1.)
• Vertikal (siehe 2.)
• Lateral (siehe 3.)

1. Bei der **horizontalen Produktvariation** handelt es sich um geringfügige Veränderungen an einem Produkt. Beispielsweise ersetzt man eine der Verpackungsfarben durch eine andere, das Logo wird leicht verändert etc.

2. Handelt es sich um eine deutlich sichtbare Veränderung bzw. deutliche Qualitätsverbesserung des entsprechenden Produktes, so spricht man von **vertikaler Produktvariation.** Ein Beispiel ist etwa die Produktverbesserung von Autokarosserien durch vollständiges Verzinken.

3. Von **lateraler Produktvariation** spricht man, wenn ein neues Produkt in das bisherige Produktprogramm aufgenommen wird, wobei ein sachlicher Zusammenhang gegeben sein muß. Ein Hersteller von Zahnpasta würde nun beispielsweise ein Pulver entwickeln, das im Mund zu schäumen beginnt und dabei ohne Zahnbürste die Zähne gründlich reinigt.

Bei neuen Produkten unterscheidet man außerdem grundsätzlich

- Markt-Innovationen (siehe a.)
- Unternehmens-Innovationen (siehe b.)

a. Markt-Innovationen sind Produkte, die es bisher noch nicht gegeben hat. Bietet ein Hersteller eine Neu-Erfindung an, die sonst niemand anbietet, so handelt es sich um eine Markt-Innovation. Somit ist das oben erwähnte Zahnpulver eine Markt-Innovation.

b. Unternehmens-Innovationen sind dagegen zwar neu für ein Unternehmen, nicht aber für den Markt. Wenn also beispielsweise ein Sportartikel-Hersteller auch Sport-Reisen anbieten möchte, so ist das für ihn eine Innovation, nicht aber für den Markt.

Der **Käufermarkt**, der - wie wir bereits wissen - das Marketing initiiert hat, sorgt mit steigender Sättigung der Märkte auch für kürzere Produkt-Lebenszyklen und immer neue Produkte. *Am Ball bleiben*, d.h. nicht zusehen, wie die eigenen Produkte veralten und schließlich vom Markt verschwinden oder ein bescheidenes Dasein fristen müssen, heißt die Devise aller Unternehmen. Neue Produkte müssen in das Programm eingefügt werden, so daß jeder Überalterung eine Produkt-Neuerung folgt. Grundsätzlich gibt es zwei Möglichkeiten:

- Modifikation (siehe 1.)
- Differenzierung (siehe 2.)

1. Bei der **Modifikation** wird ein Produkt verändert und ersetzt die obsolete Version. Beispielsweise bekommt eine vormals weiße Zahnpasta als zusätzliche „Mintfrische" nun grüne Streifen. Die weiße Zahnpasta wird vom Markt genommen und durch die neue grün-weiß gestreifte ersetzt.

2. Bleibt - um bei diesem Beispiel zu bleiben - die weiße Zahnpasta weiterhin im Markt neben der neuen grün-weißen, so spricht man von **Differenzierung**. Ein Waschmaschinenhersteller, der früher nur einen einzigen Typ produziert hat, stellt heute vielleicht fünf verschiedene Ausführungen her. Er hat sein Produkt differenziert und so ein Produktprogramm geschaffen. Die Differenzierung dient aber nicht nur der Bearbeitung unterschiedlicher Marktsegmente, sondern man differenziert sich durch technische Besonderheiten, Designs, Ausstattungen usw. auch von der Konkurrenz.

2.1.2.4 Diversifikation

Bei der Diversifikation handelt es sich um eine Ausweitung des Produktprogramms durch neue Produkte, die die Aufgabe haben, das bisherige Produktangebot sinnvoll zu ergänzen. Diese Produkte werden auf - für die entsprechenden Unternehmen - neuen Märkten angeboten. Wie schon bei der Variation, gibt es folgende drei Ausprägungen:

• Horizontal (siehe 1.)
• Vertikal (siehe 2.)
• Lateral (siehe 3.)

1. Die **horizontale Diversifikation** unterscheidet sich auf den ersten Blick kaum von der **lateralen Variation**. In beiden Fällen besteht ein sachlicher Zusammenhang zwischen den jeweiligen neuen Produkten und dem bisherigen Produktprogramm. Der Unterschied ist darin zu sehen, daß man bei der horizontalen Diversifikation das Produktprogramm nicht differenziert, sondern diversifiziert, man also in verschiedenen Betätigungsklassen aktiv werden will. Als Beispiel könnte man hier einen Brotproduzenten nennen, der ein Pizza-Unternehmen (Tiefkühl-Pizza) aufkauft. Das neue Produkt ist mit dem bisherigen verwandt. Beide haben Teig als Grundlage, und beide gehören in den Lebensmittelbereich, aber für den betreffenden Brothersteller ist der Pizza-Markt neu.

2. Wie bei der horizontalen Diversifikation werden auch bei der **vertikalen Diversifikation** Produktprogramme sinnvoll ergänzt. Bei der vertikalen Diversifikation handelt es sich um die **Integration vor- bzw. nachgelagerter Produktionsstufen.** Als Beispiel soll hier eine Schiffswerft dienen: Der Schiffswerft vorgelagert sind z.B. Stahlhersteller, also kauft die Werft einen solchen auf. Man spricht dann von der Integration einer vorgelagerten Produktionsstufe bzw. von einer **Rückwärts-Integration** (stellen Sie sich dazu einfach einen Fluß vor, auf dem der Stahl vom Stahlhersteller zu Ihnen schwimmt; um ihn zu integrieren, müssen Sie stromaufwärts oder rückwärts). Die Integration einer nachgelagerten Produktionsstufe wäre der Aufkauf einer Reederei. Man spricht dann von **Vorwärts-Integration** (Ihr Schiff schwimmt stromabwärts oder vorwärts zur Reederei).

3. Bei der **lateralen Diversifikation** ist kein sachlicher Zusammenhang zwischen einem neuen Produkt und dem bisherigen Produktprogramm mehr gegeben. Der Erfolg eines Unternehmens soll in gänzlich anderen Betätigungsklassen gesichert werden. Der Brothersteller aus unserem obigen Beispiel würde nun beispielsweise etwa ein kunststoffverarbeitendes Unternehmen aufkaufen.

2.1.2.5 Quantitative Merkmale von Produktsortimenten

Jeder Hersteller hat grundsätzlich die Möglichkeit, ein **Generalist**, ein **Spezialist** oder eine **Kombination aus Generalist und Spezialist** zu sein, wobei letzteres selten ist. Ein Generalist ist z.B. ein Werkzeughersteller, der viele unterschiedliche Werkzeuge herstellt. Man spricht dann von **Produktbreite.** Ist der Werkzeughersteller ein Spezialist, dann hat er sich vielleicht auf die Herstellung von Schraubenziehern spezialisiert und stellt neben 50 verschiedenen Schraubenziehern keine anderen Werkzeuge her. In diesem Fall spricht man von **Produkttiefe** (gebräuchlich sind auch die Begriffe **breite** bzw. **tiefe Sortimente**). Die Kombination von Produktbreite und Produkttiefe stellt ein Werkzeughersteller dar, der viele verschiedene Werkzeugarten produziert und der innerhalb jeder Art viele voneinander differenzierte Ausführungen, z.B. Spezialwerkzeuge, anbietet. Produktbreite und -tiefe sind verschiedene Formen der **Homogenität**, d.h. der Betätigung eines Unternehmens innerhalb einer Betätigungsklasse - hier dem Werkzeugmarkt.

2.1.3 Anhang Produktpolitik

2.1.3.1 Übungsfragen zur Produktpolitik

1. Stellen Sie die Produkt-Markt-Matrix nach Ansoff graphisch dar. Erläutern Sie die Strategie für jedes der vier Felder anhand eines selbstgewählten Beispiels.
2. Erläutern Sie das Konzept des Produkt-Lebenszyklus.
3. Erläutern Sie den Begriff der Marktsegmentierung.
4. Beschreiben Sie die Diversifikationsstrategie und die mit ihr verbundenen Risiken.
5. Beschreiben Sie die Bionik anhand eines selbstgewählten Beispiels.
6. Beschreiben Sie die Synektik anhand eines selbstgewählten Beispiels.
7. Beschreiben Sie weitere Ihnen bekannte Methoden der Ideenfindung.
8. Beschreiben Sie die Methoden der Ideenbewertung.
9. Definieren Sie die Begriffe Marktanteil und relativer Marktanteil.
10. Setzen Sie sich kritisch mit dem Begriff des relevanten Marktes auseinander.
11. Grenzen Sie die verschiedenen Formen der Kooperation voneinander ab.
12. Erläutern Sie die Schritte in der Produktpolitik, die bis zur Markteinführung eines neuen Produktes nötig sind.
13. Wie kann es sein, daß für ein Unternehmen trotz steigender Umsätze der Marktanteil sinkt?
14. Erläutern Sie die mögliche Diskrepanz zwischen steigendem MA und sinkendem RMA.
15. Erläutern Sie die Komponenten der Einstellung.
16. Was muß man bedenken, wenn man die Elimination eines Produktes erwägt?
17. Was zeichnet Markenartikel aus?
18. Beschreiben Sie die vier Begriffe Marktpotential, Absatzpotential, Marktvolumen, Absatzvolumen.
19. Was versteht man unter Innovation?
20. Was versteht man unter Kreativitätstechniken?
21. Was unterscheidet Produkt-Manager in der Konsumgüter- und der Investitionsgüter-Industrie?
22. Was ist der Submix der Produktpolitik?
23. Produkte werden im Zeitablauf im Rahmen der Konsumenten-Typologie unterschiedlich nachgefragt. Man spricht auch von der Diffusion der Produkte. Stellen Sie dieses Konzept graphisch dar und erklären Sie es.

24. Besteht zwischen den Begriffen Segmentation und Globalisierung ein Widerspruch?
25. Was versteht man unter High und Low involvement beim Produktkauf?
26. Was ist das grundlegende Definitionskriterium für Marktsegmente?
27. Was sind die generellen Strategien der Marktsegmentation?
28. Beschreiben Sie fünf verschiedene Arten von Marken.
29. Was versteht man unter Konsonanz im Hinblick auf die Einstellung?
30. Grenzen Sie die Modifikation von der Differenzierung ab.
31. Ist der Begriff No name zutreffend?
32. Was ist der Lifestyle research?

2.1.3.2 Lösungshinweise zu den Übungsfragen

1. Kapitel 2.1.1
2. Kapitel 2.1.2.2.2
3. Seite 1 der Übersicht Produktpolitik; Abbildung 9 in Kapitel 2.1.1
4. Darauf hinweisen, daß es sich um den 4. Quadranten der Ansoff-Matrix handelt (d.h. höchstes Risiko bei höchsten Chancen); Kapitel 2.1.1 und Kapitel 2.1.2.4
5. Intuitiv-kreatives Verfahren; Beispiel: Klettverschluß; Kapitel 2.1.2.1
6. Z.B. persönliche Analogie: Wie würde ich ein Problem lösen, wenn ich die Antwort in meinem Körper suchen würde? Beispiel: Wirbelknochenantenne; Kapitel 2.1.2.1
7. Kapitel 2.1.2.1
8. Kurz auf Inhalt und Unterschiede der vier Verfahren eingehen; Kapitel 2.1.2.1
9. Kapitel 2.1.2.2.1
10. Die Antwort läßt sich nur indirekt aus Kapitel 2.1.2.2.1 ableiten: Woran orientiert sich der Marktanteil? Dazu muß der Markt definiert werden: Ein Hersteller von Wodka betätigt sich genauso auf dem Getränkemarkt wie ein Sprudelabfüller, doch bringt den beiden Herstellern eine solche Markt-definition nichts, weil es sich nicht um den jeweils relevanten Markt handelt.
11. Kapitel 2.1.1
12. Ideenfindung und -bewertung, Prototypenbau und -test; Kapitel 2.1.1 und Kapitel 2.1.2.1
13. Indem entweder das Marktvolumen stärker zunimmt als das Absatzvolumen oder der größte Konkurrent ein noch größeres Wachstum vorzuweisen hat (RMA); zu RMA, MA, Marktvolumen etc.; Kapitel 2.1.2.2.1

14. Unser Wachstum ist größer als das des Gesamtmarktes, aber das unseres größten Konkurrenten ist noch größer; Kapitel 2.1.2.2.1

15. Konsumtypologie in Kapitel 2.1.2.2.2

16. Die Marktaustrittsbarrieren; Kapitel 2.1.2.2.2

17. Definition des Markenartikels; Frequenzbringer, vorverkaufte Ware; Kapitel 2.1.1

18. Kapitel 2.1.2.2.1

19. Unternehmens- und Marktinnovationen; Kapitel 2.1.2.3

20. Die intuitiv-kreativen Verfahren; Kapitel 2.1.2.1

21. Kapitel 2.1.1

22. Kurzdarstellung der Übersicht Produktpolitik; Abbildung 9 in Kapitel 2.1.1

23. Verbindung des Lebenszykluskonzeptes mit der Konsumententypologie; Opinion leader kaufen in der Einführungsphase, Adaptoren in der Wachstumsphase, die frühe Mehrheit beim Übergang vom Wachstum zur Reife, die späte Mehrheit in der Reifephase bis in die Sättigungsphase hinein und die Nachzügler in der Sättigungsphase; Beginn des Kapitels 2.1.2.2.2

24. Nein; Kapitel 2.1.2.2.1

25. Kapitel 2.1.2.2.1

26. Intern homogen und extern heterogen; Kapitel 2.1.2.2

27. Undifferenziert, differenziert, konzentriert; Kapitel 2.1.2.2.1

28. Z.B. Markenartikel, Handelsmarken, Eigenmarken, Dachmarken und No names jeweils mit Definition; Kapitel 2.1.1

29. Kapitel 2.1.2.2.2

30. Kapitel 2.1.2.3

31. Nein; Kapitel 2.1.1

32. Das Lebensstil-Konzept; Kapitel 2.1.2.2.2

2.2 Preispolitik

In den Anfängen des Marketing in den 50er und 60er Jahren galten Produkt- und Preispolitik noch als ein einziges Instrument, das als Kontrahierungspolitik bezeichnet wurde. Nach der Teilung in zwei Instrumente hieß die Preispolitik eine Weile auch Entgeltpolitik, doch hat sich die Bezeichnung Preispolitik schließlich durchgesetzt.

2.2.1 Allgemeine Grundlagen der Preispolitik

Preise sind in der Regel Indikatoren für die **Knappheit** von Gütern und Dienstleistungen. Je seltener ein Gut bzw. je spezieller und einzigartiger das Angebot eines Dienstleisters ist, desto höher wird der Preis angesetzt. Diamanten sind auf Grund ihrer Knappheit z.B. sehr teuer, während Zucker im Vergleich dazu günstig ist. Darüber hinaus sind Preise in der Regel auch Indikatoren für Qualität. Neben knappen Gütern gibt es sogenannte **freie Güter**, z.B. Luft, die auf Grund fehlender Knappheit nichts kostet.

Preise signalisieren uns als Konsumenten, wieviele Käufe wir tätigen können, bis wir unser Einkommen aufgebraucht haben. Dabei spielt unsere **Zahlungsbereitschaft** eine entscheidende Rolle. Stellen Sie sich vor, Sie möchten sich ein Paar Schuhe einer ganz bestimmten Art kaufen, und Ihre Zahlungsbereitschaft endet bei DM 200,--. Bekommen Sie dieses Paar stattdessen für DM 150,--, so spricht man von **Konsumentenrente**, d.h. von der für Sie positiven Differenz zwischen der Zahlungsbereitschaft und dem tatsächlichen Preis. Nehmen wir nun weiter an, Sie gehörten nicht in die Kategorie superreich, in der sich jedes Mitglied alles leisten kann, sondern seien ein Normal- bis Gutverdiener. Dann entgehen Ihnen bei jedem Kauf sogenannte Opportunitäten, also Gelegenheiten für andere Käufe, weil Sie Ihr Einkommen ja annahmegemäß einteilen müssen. Dafür ist der Begriff **Opportunitätskosten** gebräuchlich. Gemeint ist damit der Ihnen entgehende Nutzen aus den alternativen Kaufmöglichkeiten, die Sie nicht gewählt haben (auf Unternehmensebene sind Opportunitätskosten dagegen entgehende Gewinne aus alternativen, d.h. nicht gewählten Investitionsmöglichkeiten).

Die Preispolitik hat aus folgenden Gründen große Bedeutung im Marketing-Mix (in Anlehnung an Simon 1992):

- Preisänderungen haben in der Regel eine 20mal stärkere Wirkung als Änderungen des Werbebudgets.

- Preisänderungen wirken sehr schnell im Vergleich zu Änderungen in den anderen drei Marketing-Instrumenten.

- Preisaktionen können im Gegensatz zu den anderen drei Marketing-Instrumenten ohne vorbereitende Maßnahmen sofort durchgeführt werden.

- Die Konkurrenz reagiert auf Preisänderungen etwa doppelt so schnell wie auf Änderungen in der Werbung.

- Die Preispolitik verursacht als Instrument nur einen Bruchteil der Kosten der anderen drei Instrumente.

- Produkt- und Preispolitik werden in der strategischen Planung eingesetzt, nicht aber Distributions- und Kommunikationspolitik.

- Heutzutage werden viel mehr Produkte und Dienstleistungen als früher nach gründlichen Preisvergleichen gekauft, was verschiedene Gründe hat, wie z.B. wachsende Konkurrenz unter Herstellern und unter Absatzmittlern, die ihr Angebot über die Preise zu differenzieren versuchen, gestiegene Transparenz durch Fachzeitschriften, Verbraucherverbände u. a. (diese objektive Information der Konsumenten nennt man Konsumerismus) und die Sättigung der Märkte.

Abbildung 16, die bereits im Zusammenhang mit der Übersicht über die Elemente des Marketing-Mix präsentiert wurde (Abbildung 4), zeigt die Submix-Komponenten der Preispolitik, die im weiteren Verlauf dieses Kapitels vertieft werden sollen.

2.2.2 Die Submix-Komponenten der Preispolitik

Der preispolitische Submix besteht aus drei Hauptkomponenten:

- Methoden der Preisfestsetzung (Kapitel 2.2.2.1)
- Preispolitische Strategien (Kapitel 2.2.2.2)
- Konditionen (Kapitel 2.2.2.3)

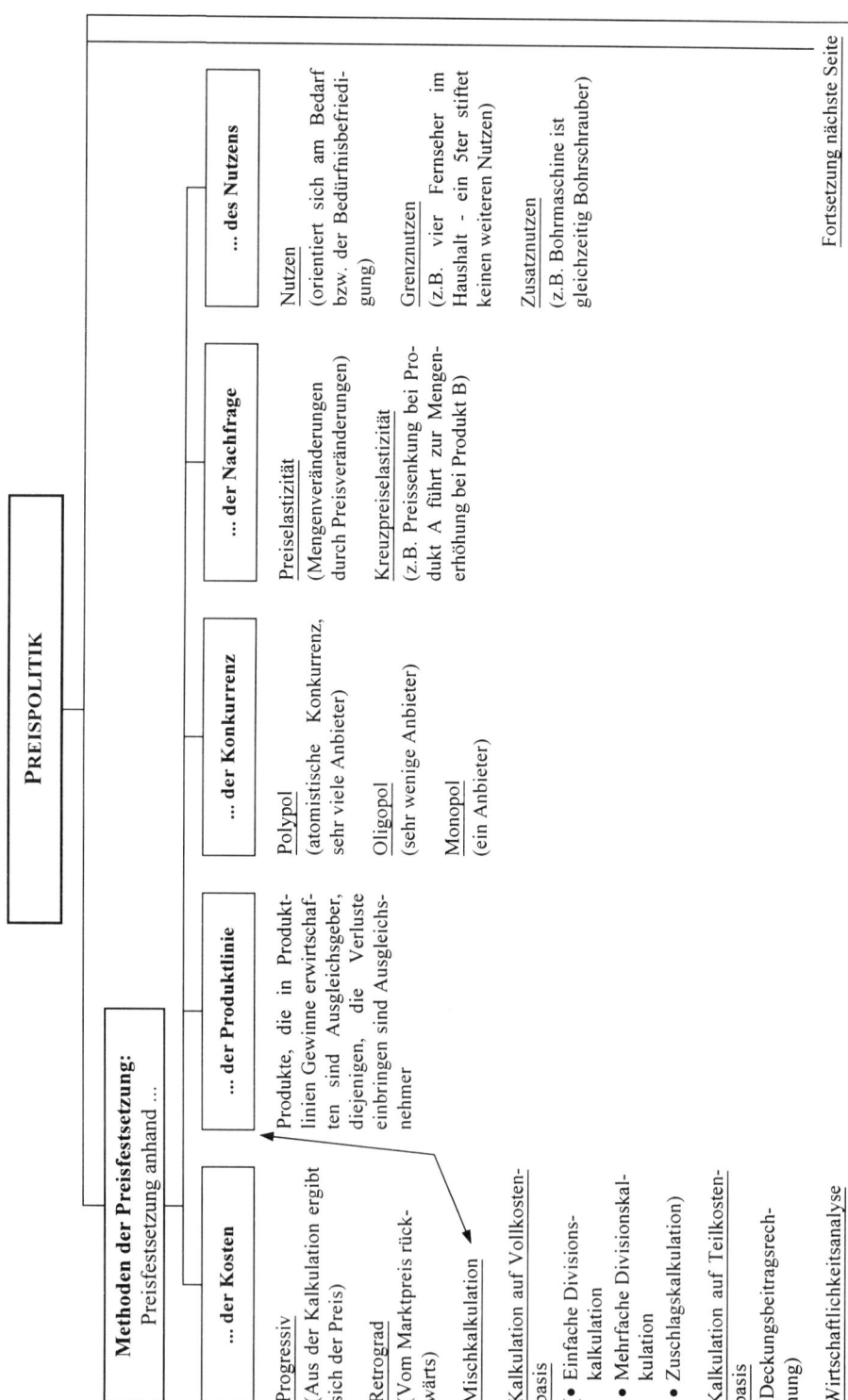

PREISPOLITIK

Methoden der Preisfestsetzung:
Preisfestsetzung anhand ...

... der Kosten

Progressiv
(Aus der Kalkulation ergibt sich der Preis)

Retrograd
(Vom Marktpreis rückwärts)

Mischkalkulation

Kalkulation auf Vollkostenbasis
(• Einfache Divisionskalkulation
• Mehrfache Divisionskalkulation
• Zuschlagskalkulation)

Kalkulation auf Teilkostenbasis
(Deckungsbeitragsrechnung)

Wirtschaftlichkeitsanalyse

... der Produktlinie

Produkte, die in Produktlinien Gewinne erwirtschaften sind Ausgleichsgeber, diejenigen, die Verluste einbringen sind Ausgleichsnehmer

... der Konkurrenz

Polypol
(atomistische Konkurrenz, sehr viele Anbieter)

Oligopol
(sehr wenige Anbieter)

Monopol
(ein Anbieter)

... der Nachfrage

Preiselastizität
(Mengenveränderungen durch Preisveränderungen)

Kreuzpreiselastizität
(z.B. Preissenkung bei Produkt A führt zur Mengenerhöhung bei Produkt B)

... des Nutzens

Nutzen
(orientiert sich am Bedarf bzw. der Bedürfnisbefriedigung)

Grenznutzen
(z.B. vier Fernseher im Haushalt - ein 5ter stiftet keinen weiteren Nutzen)

Zusatznutzen
(z.B. Bohrmaschine ist gleichzeitig Bohrschrauber)

Fortsetzung nächste Seite

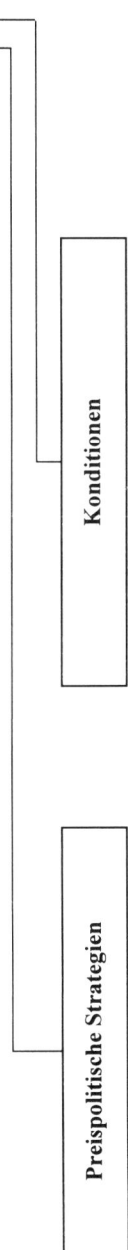

Fortsetzung Preispolitik

Preispolitische Strategien

Skimming-Strategie,
auch: Abschöpfungs-Strategie
(der Rahm wird abgeschöpft, d.h. hohe Gewinnspannen werden angestrebt)

Penetrationsstrategie
(Erzielung von hohen Marktanteilen durch niedrige Preise)

Preisdifferenzierung
(• räumlich/geographisch
• zeitlich, z.B. saisonale Preisdifferenzierung
• nach dem Verwendungszweck, z.B. Heizöl und Diesel
• nach Abnehmergruppen, z.B. Seniorentarife, Schülerermäßigungen
• nach Abnahmemengen, z.B. Großpackungen
• qualitativ)

Konditionen

Rabatte
(• Mengenrabatte,
• Funktionsrabatte,
• Zeitrabatte:
 saisonale Rabatte
 Vordispositionsrabatte
 Einführungsrabatte
 Auslaufrabatte
• Treuerabatte)

Boni
(Rabatte am Ende einer Periode auf Grund getätigter Umsätze)

Skonti
(Rabatte auf Grund der Zahlung innerhalb einer vorgegebenen Frist)

Absatzfinanzierung
• Lieferantenkredit
• Leasing
• Factoring

Abbildung 16: Die Submix-Komponenten der Preispolitik

2.2.2.1 Methoden der Preisfestsetzung

Die **Methoden der Preisfestsetzung** orientieren sich an folgenden Kriterien: Preisfestsetzung anhand der/des

• Kosten (Kapitel 2.2.2.1.1)
• Produktlinie (Kapitel 2.2.2.1.2)
• Konkurrenz (Kapitel 2.2.2.1.3)
• Nachfrage (Kapitel 2.2.2.1.4)
• Nutzens (Kapitel 2.2.2.1.5)

2.2.2.1.1 Preisfestsetzung anhand der Kosten

Bevor wir uns mit der Submix-Komponente **Preisfestsetzung anhand der Kosten** befassen, sollen zuvor in einem Exkurs einige Grundbegriffe aus dem Bereich der Kosten vorgestellt werden.

Im Hinblick auf die Kosten unterscheidet man:

• Kostenart
• Kostenstelle
• Kostenträger

Es handelt sich dabei um eine von oben nach unten zunehmend feinere Betrachtung der Kosten. Unter **Kostenart** versteht man z.B. Vertriebskosten, Materialkosten etc. **Kostenstellen** sind beispielsweise die Marketing- und die Werbeabteilung. Ein **Kostenträger** ist immer ein Produkt bzw. eine Dienstleistung oder - seltener - ein ganzes Absatzsegment.

Des weiteren unterscheidet man **Beschaffungskosten**, **Produktionskosten** und **Vertriebskosten**.

Unter **Beschaffungskosten** versteht man vor allem:

• Personalkosten
• Rohstoffkosten
• Kosten für Vorprodukte (z.B. Lichtmaschinen)
• Transportkosten (externe Logistik)
• Lagerungskosten
• Administrative Kosten (z.B. die Kosten für die Büros der Abteilung Einkauf)

Unter **Produktionskosten** versteht man vor allem:

- Personalkosten
- Entwicklungskosten
- Kauf von Anlagen
- Laufende Kosten dieser Anlagen
- Laufende Kosten für Werkshallen
- Kosten der internen Logistik
- Administrative Kosten (Kosten durch den Bürobetrieb, der mit der Produktion zusammenhängt)

Unter **Vertriebskosten** versteht man vor allem:

- Personalkosten
- Materialkosten (z.B. Verpackung)
- Transportkosten (externe Logistik)
- Werbekosten
- Kosten der Verkaufsförderung
- Reisekosten
- Messekosten
- Kosten der Angebotserstellung
- Administrative Kosten (z.B. die Kosten für die Büros der Abteilung Verkauf)

Nach diesem Exkurs wollen wir uns der **Preisfestsetzung anhand der Kosten** zuwenden. Wenn man im Marketing von Kosten spricht, impliziert man den Begriff **Kalkulation**, denn nur die Kosten werden kalkuliert. Die Preise ergeben sich aus den kalkulierten Kosten, aber Preise werden nie direkt kalkuliert. Die Preisfestsetzung anhand der Kosten unterteilt sich in folgende Typen:

- Progressive Kalkulation (siehe 1.)
- Retrograde Kalkulation (siehe 2.)
- Mischkalkulation (siehe 3.)
- Kalkulation auf Vollkostenbasis (siehe 4.)
- Kalkulation auf Teilkostenbasis (siehe 5.)
- Wirtschaftlichkeitsanalysen (siehe 6.)

1. Bei der **progressiven Kalkulation**, die es - von wenigen Ausnahmen abgesehen - nur noch in Monopolen gibt, werden die Kosten kalkuliert und der gewünschte Gewinn aufgeschlagen, woraus sich der Verkaufspreis ergibt. Bei diesem Kalkulationstyp herrscht kaum Zwang zur Rationalisierung - und dieser ist heute fast durchweg gegeben.

2. Bei der **retrograden Kalkulation** wird von vorhandenen Marktpreisen rückwärts gerechnet. Das soll an einem Beispiel verdeutlicht werden:

Nehmen wir an, wir wollen ein für uns neues Dampfbügeleisen auf den Markt bringen, das die Konkurrenz bereits anbietet, das aber für uns eine **Unternehmens-Innovation** darstellt. Wir müssen vom Marktpreis rückwärts rechnen, um unsere Kosten zu kalkulieren. Diese Kosten sind zuerst Kostenvorgaben, d.h. wir müssen zu diesem Preis produzieren, um konkurrenzfähig zu bleiben. Es entsteht in der Regel ein beachtlicher Druck in Richtung einer Kostensenkung in den verschiedensten Bereichen.

Normalerweise wird in einem solchen Fall das **Budget**, d.h. die zu verteilenden Summen, die auf der Grundlage eines **Finanzplanes** festgelegt werden (im Finanzplan werden Einnahmen und Ausgaben gegenübergestellt), in Form eines **Top down**-Budgets verteilt. Beim Top down-Budget wird von oben herab bestimmt, wie die vorhandenen oder zu beschaffenden Gelder zu verteilen sind. Im Gegensatz dazu werden bei **Bottom up**-Budgets die Gelder nach der Einigung der Abteilungen untereinander verteilt, was allerdings eine sehr moderne Organisationsstruktur voraussetzt.

3. Manchmal verzichtet man im Rahmen einer **Mischkalkulation** bei einigen Produkten auf Gewinne bzw. macht sogar absichtlich Verluste. Letzteres ist auf seiten der Absatzmittler sehr verbreitet, die einzelne **Markenartikel** zeitweise zum **Untereinstandspreis** verkaufen. Man spricht in einem solchen Fall von **Ausgleichsnehmern** und bei Produkten, mit denen ein Gewinn erzielt wird, von **Ausgleichsgebern**. Bei der Mischkalkulation geht es nie um die Kalkulation der Kosten für einzelne Produkte, sondern um die Kalkulation der Kosten von Produktprogrammen bzw. -linien.

4. Bei der **Kalkulation auf Vollkostenbasis** unterscheidet man folgende Typen:

• Einfache Divisionskalkulation (siehe a.)
• Mehrfache Divisionskalkulation (siehe b.)
• Zuschlagskalkulation (siehe c.)

Bevor diese drei Typen erläutert werden, ist im folgenden Exkurs die Erklärung einiger Begriffe notwendig:

• Fixkosten bzw. Gemeinkosten
• Variable Kosten bzw. Einzelkosten

In bezug auf die **Zurechenbarkeit** wird zwischen **Einzel- und Gemeinkosten** unterschieden, d.h. erstere können Produkten direkt zugerechnet werden, letztere nicht. In bezug auf die **Beschäftigungsabhängigkeit** unterscheidet man **variable** und **fixe Kosten**, d.h. fixe Kosten fallen auch dann an, wenn keine Leistungen erbracht werden. Die Bezeichnungen variable und fixe Kosten werden in der Praxis den anderen beiden Bezeichnungen vorgezogen: Auch wenn von Zurechenbarkeit die Rede ist, nimmt man es nicht so genau und spricht in der Regel von variablen und fixen Kosten. Bei den **fixen Kosten** unterscheidet man folgende Typen:

• Absolutfixe Kosten
• Intervallfixe Kosten
• Abbaufähige fixe Kosten

Die **absolutfixen Kosten** sind Bereitschafts- oder Stillstandskosten. Es handelt sich somit um Kosten, die durch die reine Existenz eines Unternehmens entstehen - unabhängig davon, ob produziert wird oder nicht. Zu diesen Kosten zählen neben Sachwerten, wie Gebäuden, Büroeinrichtungen, Werkhallen inklusive aller Geräte und Maschinen sowie Fuhrpark, auch die Gehälter des Vorstandes und die Gehälter für mit dem Vorstand assoziierte Tätigkeiten, z.B. die der Vorstands-Sekretärinnen.

Die **intervallfixen Kosten** sind sprungfixe Kosten oder relativfixe Kosten. Sie entstehen erst bei der Aufnahme der Produktion mit anschließender Erweiterung der Ausbringungsmenge. Das läßt sich am besten an einem Beispiel verdeutlichen:

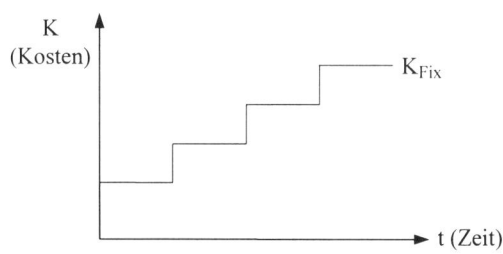

Abbildung 17: Die intervallfixen Kosten

Bei einer Produktion von bis zu 100.000 Stück liegen die Fixkosten bei DM 6 Mio. Können nun auftragsbedingt mehr als 100.000 Stück hergestellt werden, muß eine neue Werkhalle errichtet werden, und die Fixkosten steigen in einem Sprung auf DM 8 Mio. Steigt die Menge weiter, z.B. auf 140.000 Stück, muß erneut erweitert werden, und die Fixkosten steigen auf DM 10 Mio. usw.

Die **abbaufähigen fixen Kosten** sind solche, die bei einem Rückgang der Produktion - z.B. von 140.000 auf 110.000 Stück, um bei obigem Beispiel zu bleiben - reduziert werden können. In diesem Fall könnte die Werkhalle inklusive aller Produktionsanlagen veräußert werden, so daß die Fixkosten von DM 10 Mio. auf DM 8 Mio. sinken würden.

Die **variablen Kosten** werden in die folgenden vier Typen unterteilt:

• Proportionale variable Kosten
• Degressive variable Kosten
• Progressive variable Kosten
• Regressive variable Kosten

Die **variablen Kosten** sind beschäftigungsabhängig. Sie ändern sich zwangsläufig mit der Beschäftigung. Man bezeichnet sie deshalb auch als **Leistungskosten**. Bei den **proportionalen variablen Kosten** variieren die Kosten im gleichen Verhältnis wie die Beschäftigung - im Gegensatz zu den **degressiven**

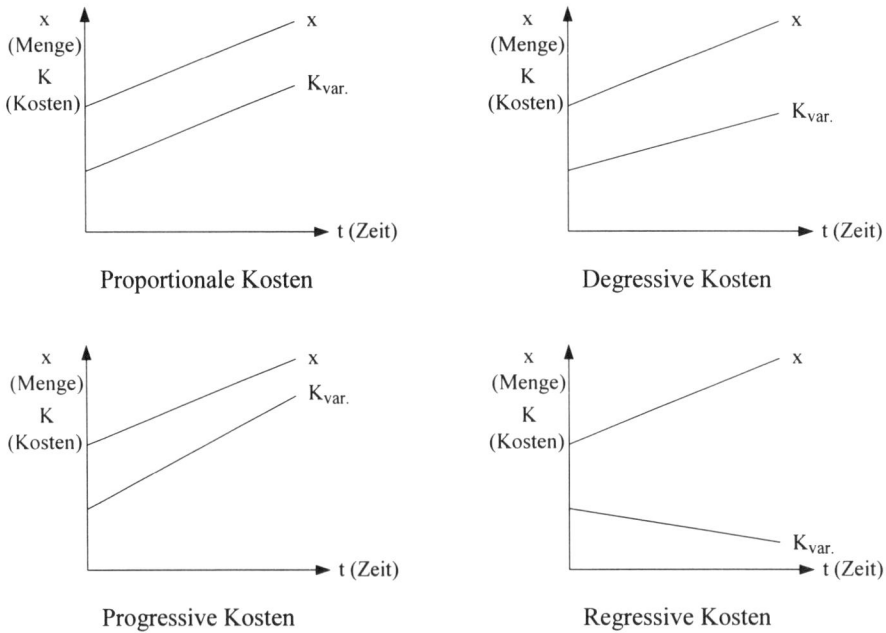

Abbildung 18: Die verschiedenen Typen der variablen Kosten

variablen Kosten, die einen unterproportionalen Kostenverlauf aufweisen. Steigt also im ersten Fall die Menge um zehn Prozent, so steigen auch die Kosten um zehn Prozent, während im zweiten Fall bei einer gleichen Mengenerhöhung die Kosten nur um z.B. fünf Prozent steigen. Bei den **progressiven variablen Kosten** steigen die Kosten stärker als die Menge, während bei **regressiven variablen Kosten** die Kosten bei einer Mengenerhöhung sinken. Im ersteren Falle würde also eine Mengenerhöhung um zehn Prozent eine Kostenerhöhung von z.B. zwölf Prozent nach sich ziehen (etwa durch Schwierigkeiten bei der Rohstoffbeschaffung etc.), während im letzteren Falle eine solche Erhöhung der Menge zu einer Senkung der Kosten um z.B. zehn Prozent führen würde. Abbildung 18 gibt diese Zusammenhänge graphisch wieder.

Nach diesem Exkurs wollen wir uns wieder der **Kalkulation auf Vollkostenbasis** zuwenden:

a. Bei der **einfachen Divisionskalkulation** wird nicht zwischen fixen und variablen Kosten unterschieden. Die Gesamtkosten werden durch die Herstellungsmenge dividiert. Hat ein Unternehmen beispielsweise Kosten in Höhe von DM 1 Mio. und produziert 2.000 Stück eines Produktes, so kostet ein Produkt DM 500. Dieser Kalkulationstyp findet nur bei Ein-Produkt-Unternehmen Verwendung, die zudem in der Regel sehr klein sind.

b. Auch bei der **mehrfachen Divisionskalkulation** wird nicht zwischen fixen und variablen Kosten unterschieden. Im Gegensatz zum obigen Verfahren handelt es sich hierbei jedoch um einen Kalkulationstyp für Mehrprodukt-Unternehmen, wobei **Belastungsquoten** den Ausschlag über die Verteilung der Kosten auf die verschiedenen Produkte geben. So werden z.B. in einem Unternehmen bei Gesamtkosten in Höhe von DM 40 Mio. 1.000 Motorräder und 1.000 Automobile hergestellt. Die Automobile erhalten eine ermittelte Belastungsquote in Höhe von 0,75 und die Motorräder entsprechend in Höhe von 0,25, da die Summe immer *eins* betragen muß. Anders ausgedrückt bedeutet das, daß die Automobile in der Herstellung dreimal so teuer wie die Motorräder sind. Die Autos kosten somit DM 30 Mio. bzw. DM 30.000 pro Stück, die Motorräder DM 10 Mio. bzw. DM 10.000 pro Stück.

c. Bei der **Zuschlagskalkulation** wird erstmals zwischen variablen und fixen Kosten differenziert. In einem Mehrprodukt-Unternehmen werden die variablen Kosten direkt auf die entsprechenden Produkte umgelegt, d.h. man kennt die variablen Kostengrößen für diese Produkte. Die Fixkosten sind jedoch ein Betrag, der nach dem **Belastungsquoten-Verfahren** der mehr-fachen Divisionskalkulation auf die **Kostenträger**, d.h. die Produkte, verteilt wird. Zur Verdeutlichung soll uns das obige Beispiel dienen: Nehmen wir an, von den DM 40 Mio. Gesamtkosten entfallen DM 32 Mio. auf die variablen Kosten - und zwar DM 24 Mio. auf die Automobile und DM 8 Mio. auf die Motorräder. Die Fixkosten könnten dann nach der folgenden Belastungsquote verteilt werden: Autos 0,75 und Motorräder 0,25. Es ergeben sich somit folgende Fixkosten-Anteile: Autos DM 6 Mio. und Motorräder DM 2 Mio.

5. Die **Kalkulation auf Teilkostenbasis** ist die **Deckungsbeitragsrechnung** (**DB**). Der Deckungsbeitrag ist definiert als

DB = Erlös - direkt zurechenbare Kosten

In etwas differenzierterer Darstellung läßt sich noch in **Deckungsbeitrag 1** (**DB1**) und **Deckungsbeitrag 2 (DB2)** unterscheiden. Der DB1 entspricht der obigen Definition, nur fehlen bei den direkt zurechenbaren Kosten die Kosten für die Werbung, die in DB2 ausgewiesen werden, so daß folgende Gleichung entsteht:

DB2 = DB1 - Werbekosten

Der Name Deckungsbeitrag rührt daher, daß mit ihm die Fixkosten gedeckt wer-den sollen. Ist der DB geringer als die Fixkosten, so würde ein Verlust erwirt-schaftet. Sind beide Größen gleich groß, so beträgt der Gewinn (G) DM 0. Ist der DB größer, so wird Gewinn erzielt. Die **kurzfristige Preisuntergrenze** für ein Produkt liegt bei einem DB von DM 0, die **langfristige Preisuntergrenze** bei einem DB in Höhe der Fixkosten.

Des weiteren wird in **absoluten** und **relativen Deckungsbeitrag** unterschieden. Während ersterer oben dargestellt wurde, handelt es sich beim relativen Deckungsbeitrag um den DB pro Zeiteinheit.

6. Wirtschaftlichkeitsanalyse ist der Oberbegriff für eine Reihe von Verfahren, deren wichtigste im folgenden vorgestellt werden sollen:

- Break even-Analyse (siehe a.)
- Pay off-Analyse (siehe b.)
- Return on Investment (ROI) (siehe c.)
- Cash flow (siehe d.)
- Kapitalwertmethode (siehe e.)

Die ersten vier Verfahren zählen zu den **statischen Analysen**, während die **Kapitalwertmethode** zu den **dynamischen Analysen** zählt.

a. Bei der **Break even-Analyse** möchte man wissen, bei welcher Ausbringungsmenge sich die Kosten und der Umsatz decken.

b. Die **Pay off-Analyse** unterscheidet sich kaum von der **Break even-Analyse**. Auch bei der Pay off-Analyse fragt man nach dem Break even-Punkt, nur ist hierbei nicht die Menge, sondern der Zeitpunkt ausschlaggebend. Die Frage lautet also: Wie lange dauert es, bis der Break even-Punkt erreicht ist?

c. Der **Return on Investment** (**ROI**; auch **Rentabilitätsrechnung**) ist eine betriebliche Kennzahl, die folgende Berechnungsgrundlage hat:

$$\text{ROI} = \frac{\text{Gewinn}}{\text{Umsatz}} \; x \; \frac{\text{Umsatz}}{\text{investiertes Kapital}}$$

d. Der **Cash flow** (**Cf**) ist Indikator der **Innenfinanzierungskraft** von Unternehmen. Die Datengrundlage stammt aus dem **Jahresabschluß**, besonders aus der **Gewinn- und Verlustrechnung** (**GuV**). Nehmen wir als Beispiel wieder ein beliebiges Produkt und nennen es A. Nehmen wir weiter an, es sei erst vor kurzem im Markt eingeführt worden und befinde sich damit in der Einführungsphase seines Lebenszyklus. In Periode 1 beliefen sich die variablen Kosten auf DM 10 Mio. und die fixen Kosten auf DM 6 Mio. Um das Produkt im Markt zu etablieren, wurden außerdem weitere DM 10 Mio. für die Kommunikation ausgegeben. Insgesamt wurden an Umsätzen DM 22 Mio. erzielt, so daß der Cash flow negativ ist. Aus der Cf-Analyse geht zwar auch hervor, daß in diesem Fall ein Verlust in Höhe von DM 4 Mio. hingenommen werden mußte, aber entscheidend sind die in der Cf-Analyse sichtbar werdenden Ausgaben- und Einnahmeströme.

Lassen Sie uns nun eine Phase im Lebenszyklus weitergehen: In der Wachstumsphase wird fast immer der Überschuß, der mit einem Produkt erwirtschaftet wird, in das weitere Wachstum dieses Produktes investiert, so daß das Produkt zwar für Gewinne sorgt, diese aber sofort reinvestiert werden. Der Cf ist in einem solchen Fall null.

e. Die **Kapitalwertmethode** ist ein **dynamisches Verfahren**. Bevor wir uns jedoch näher mit diesem Verfahren beschäftigen, soll in einem Exkurs die **Auf-** bzw. **Abzinsung** erklärt werden:

Aufzinsung: Anfangskapital $\cdot$ $(1 + i)^n$

Abzinsung: $\dfrac{\text{Anfangskapital}}{(1 + i)^n}$

Nehmen wir an, Sie legen DM 5.000 zu einem Zins von 7 Prozent für zehn Jahre fest an. Ihr Kapital wird dann folgendermaßen aufgezinst: 5.000 x $(1,07)^{10}$, d.h. nach zehn Jahren ist Ihr Kapital auf DM 9.836 angewachsen. Nehmen wir nun weiter an, während dieser zehn Jahre herrsche eine durchschnittliche **Inflationsrate** von 3,5 Prozent, dann hat Ihr Kapital nach heutigen Maßstäben in zehn Jahren lediglich eine Kaufkraft von DM 6.973.

Nach diesem Exkurs wollen wir uns der **Kapitalwertmethode** (auch **Barwertmethode**) zuwenden, bei der künftig zu erwartende **Deckungsbeiträge** oder **Gewinne** auf den gegenwärtigen Zeitpunkt abgezinst werden. Der Zinsfuß wird dabei so gewählt, daß er sich in der Höhe der gewünschten Mindestverzinsung befindet. Ziel ist die Beurteilung alternativer Produkte. Die Entscheidung für die Investition in ein neues Produkt, eine neue Dienstleistung etc. auf der Grundlage der Kapitalwertmethode schließt andere überprüfte Investitionen aus, weil sie einen geringeren Kapitalwert erwirtschaften würden. Man verzichtet auf die eventuellen Einnahmen, weil sie geringer ausfallen würden als die der gewählten Investition. In diesem Zusammenhang spricht man von **Opportunitätskosten**.

2.2.2.1.2 Preisfestsetzung anhand der Produktlinie

Innerhalb von **Produktlinien** kann man die einzelnen Produkte durch klar voneinander abgegrenzte Preise differenzieren. Ziel einer solchen Vorgehensweise ist vor allem die Vermeidung von **Kannibalisierung**. Nehmen wir als Beispiel zwei Modelle eines Automobilherstellers: Den Mittelklassewagen A gibt es in drei Ausführungen zwischen DM 30.000 und DM 39.000, die Oberklasse-Limousine B gibt es ebenfalls in drei Ausführungen zwischen DM 41.000 und DM 51.000. Es könnte sich nun zeigen, daß beide Produkte preislich nicht eindeutig genug voneinander abgegrenzt sind und ein Produkt das andere kannibalisiert. Um in einem solchen Fall die Umsatzeinbuße bei einem Modell auszugleichen, müßten die Modelle preislich eindeutiger voneinander differenziert werden. Produkte, mit denen in Produktlinien Verluste erzielt werden, nennt man **Ausgleichsnehmer**, gewinnbringende Produkte nennt man **Ausgleichsgeber**.

2.2.2.1.3 Preisfestsetzung anhand der Konkurrenz

Jeder Markt hat verschiedene Marktformen. Zuweilen gibt es nur einen Anbieter, manchmal jedoch so viele, daß man sich als Konsument fragt, wie letztere
überhaupt noch einen Lebensunterhalt erwirtschaften können. Das Schema in
Abbildung 19 gibt einen Überblick über die Marktformen.

Im Zusammenhang mit dem **Polypol** wird häufig auf den Begriff **vollkommene
Konkurrenz** verwiesen. Sie ist jedoch ein lediglich theoretisches, in der Praxis
nicht anzutreffendes Modell. Dennoch soll an dieser Stelle kurz auf sie eingegangen werden. Die vollkommene Konkurrenz zeichnet sich dadurch aus, daß
unendlich viele Anbieter und Nachfrager auf einem Markt zusammenkommen,
der vollkommen ist.

Anbieter / Nachfrager	einer	wenige	viele
einer	Bilaterales Monopol	Beschränktes Monopson	Monopson (Nachfrage-Monopol)
wenige	Beschränktes Monopol	Bilaterales Oligopol	Oligopson (Nachfrage-Oligopol)
viele	Monopol	Oligopol	(Bilaterales) Polypol

Abbildung 19: Die Marktformen

Unter einem **vollkommenen Markt** versteht man folgendes:

- Homogenität der gehandelten Güter
- Keine räumliche Ausdehnung des Marktes (Punktmarkt)
- Unendliche Anpassungsgeschwindigkeit der Marktteilnehmer auf Mengen- und
  Preisänderungen
- Die Marktteilnehmer handeln nach dem Erwerbsprinzip

Auf einem vollkommenen Markt herrscht völlige Transparenz und dadurch zu
jeder Zeit nur ein Marktpreis. Dieser Preis ist ein Datum für alle Marktteilnehmer, d.h. sie haben keinen Einfluß auf den Preis. Stellen Sie sich dazu
einfach vor, auf einem Markt würden nur Orangen verkauft. Jeder Händler hat

genau die gleiche Ware wie die anderen. Als Konsument suchen Sie den Anbieter mit dem niedrigsten Preis und kaufen dort. Sofort werden die anderen
Händler reagieren und den Preis senken. Das wird solange weitergetrieben, bis
ein Tiefpreis erreicht ist, von dem die Händler gerade noch leben können und
keiner von ihnen mehr bereit ist, den Preis weiter zu senken. Nimmt ein Händler
nun eine andere Sorte Obst dazu, werden auch alle anderen Händler diese Sorte
sofort in ihr Angebot aufnehmen usw. Die vollkommene Konkurrenz ist damit
wirklich nur ein theoretisches Konstrukt, sie erklärt jedoch wesentliche Elemente
konkurrenzorientierter Preisfestsetzung.

Auf **unvollkommenen Märkten** fehlt zumindest ein Kriterium des vollkommenen Marktes. Wenn hier ein Händler den Preis senkt, so gibt es zwei grundsätzliche Möglichkeiten: Entweder die Konkurrenz sieht sich ebenfalls zu Preissenkungen veranlaßt (man spricht dann von **dominierender Preisführerschaft**)
oder sie hat die freie Wahl, ob sie teurer bleibt oder nicht. Dann besteht eine
barometrische Preisführerschaft. Es gibt immer nur einen **Preisführer**, und
das ist der günstigste Anbieter.

Bei der **Follow the leader-Strategie** hängt man sich an die Strategie eines
Führers an. Man schwimmt sozusagen in dessen Kielwasser und wartet ab, ob
sich die Führer-Strategie auszahlt. Preispolitisch bedeutet das ein Anhängen an
die Preise eines führenden Marktteilnehmers (hier ist nicht nur die Preisführerschaft gemeint, denn ein führender Marktteilnehmer hat natürlich den gesamten
preispolitischen Spielraum).

Vom **Polypol** (auch **atomistische Konkurrenz**, d.h. sehr viele Anbieter) bis
zum **Monopol** (ein einziger Anbieter) wird der preispolitische Spielraum immer
größer, d.h. ein Monopolist kann sein Produkt zu einem höheren Preis verkaufen
als Marktteilnehmer in den anderen beiden Marktformen. Bei unverhältnismäßig
hoch angesetzten Preisen spricht man von **Mondpreisen**. In allen Marktformen
haben die Marktteilnehmer entweder die Möglichkeit der **Mengenfixierung**
oder der **Preisfixierung**. Anhand einer ermittelten **Preis-Absatz-Funktion**
kennt man die sich zu jedem möglichen Preis einstellende Menge und
umgekehrt. Bei der Mengenfixierung legt man die Menge fest, die man absetzen
möchte, und ermittelt anhand der Preis-Absatz-Funktion den Preis. Bei der
Preisfixierung verfährt man genau umgekehrt. Die Sicherheit der Preis-Absatz-
Funktion steigt vom Polypol (geringste Sicherheit) über das Oligopol (mittlere
Sicherheit) zum Monopol (höchste Sicherheit). Deswegen werden die Begriffe
Preis- und Mengenfixierung auch vorwiegend bei Monopolen angewandt.

Übersteigt die Zahl der Anbieter die Zahl der Nachfrager, so spricht man entweder vom **Oligopson** (wenige Nachfrager) oder vom **Monopson** (ein Nachfrager). Das ist z.B. oft bei **Ausschreibungen** der Fall. Wenn z.B. die Bundesregierung ein großes Bauvorhaben ausschreibt, kommt das sogenannte **Competitive Bidding-Modell** zum Einsatz. Ein Bauunternehmen hat dann entweder die Möglichkeit, den Preis hoch anzusetzen (um einen hohen Gewinn zu erzielen) oder ihn niedrig zu halten (um die Ausschreibung für sich zu entscheiden). Da man die Angebote der Konkurrenz nicht kennt und man sie nicht nur in etwa abschätzen möchte, kann ein Competitive Bidding-Modell zu Rate gezogen werden, aus dem die Erfahrungen vergangener Ausschreibungen hervorgehen. Man kann mit einiger statistischer Sicherheit die Grenze zwischen Auftragserteilung und Auftragsablehnung bestimmen und sich überlegen, ob man zu diesem Preis anbieten will bzw. kann.

2.2.2.1.4 Preisfestsetzung anhand der Nachfrage

Bei der **Preisfestsetzung anhand der Nachfrage** wird zwischen den folgenden beiden Kriterien unterschieden:

• Preiselastizität (siehe 1.)
• Kreuzpreiselastizität (siehe 2.)

Bei diesem Typ der Preisfestsetzung bilden **Preis-Absatz-Funktionen** die Grundlage. Daher soll zunächst kurz auf den Begriff Funktion eingegangen werden. Die Urform jeder Funktion lautet:

$$y = a + bx$$

Stellen Sie sich vor, Sie wollen sich einen Apfel kaufen. Er kostet DM 0,50. Vorausgesetzt, es gibt keinen Mengenrabatt, können Sie davon ausgehen, daß zwei Äpfel DM 1,00 kosten, drei Äpfel DM 1,50 usw. Das ist eine Funktion, denn jeder Apfelmenge ist ein genauer Preis zugerechnet. Die obige Urform lautet in diesem Fall:

$$\text{Preis} = 0 + 0,50 \cdot \text{Menge der Äpfel} \quad (a = 0; b = 0,50)$$

Es gibt drei verschiedene Typen von Preis-Absatz-Funktionen (siehe Abbildung 20):

• Lineare (1.)

• Gekrümmte (2.)

• Doppelt geknickte (3.)

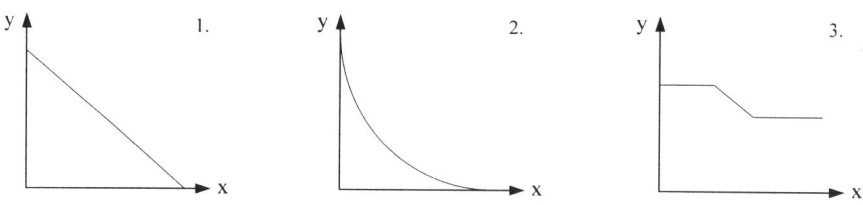

Abbildung 20: Die verschiedenen Typen von Preis-Absatz-Funktionen

Die einfachste Form einer gekrümmten Preis-Absatz-Funktion

$y = x^2$ oder $y = 0 + 1 \cdot x^2$ (a = 0; b = 1)

gibt die folgende Abbildung wieder:

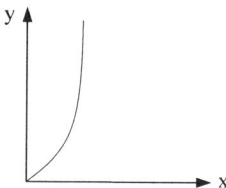

Abbildung 21: Die Funktion $y = x^2$

Im Zusammenhang mit dem Kurvenverlauf der Funktion $y = x^2$ kann man in einer sogenannten **Kurvendiskussion** zwei wichtige Größen bestimmen: die **erste** und die **zweite Ableitung**. Die erste Ableitung f '(x) gibt an, wie die Kurve aussieht, also ob sie steil oder flach ist. Die zweite Ableitung f "(x) gibt Aufschluß darüber, ob die Kurve in Richtung ∞, also nach oben, oder aber in Richtung 0, also nach unten, verläuft.

1. Im Rahmen der Berechnungen anhand von Preis-Absatz-Funktionen spielen **Preiselastizitäten** eine große Rolle. Die Preiselastizität (η oder ε) wird nach der folgenden Formel berechnet:

$$\eta = \frac{\dfrac{\Delta x}{x}}{\dfrac{\Delta p}{p}} = \frac{\text{relative Mengenänderung}}{\text{relative Preisänderung}} = \frac{\Delta x \cdot p}{x \cdot \Delta p}$$

Wir wollen uns im folgenden ausschließlich mit linearen Preis-Absatz-Funktionen beschäftigen und auf der Grundlage dieses Funktionstyps Preiselastizitäten berechnen. Gegeben sei die folgende Funktion:

$p = 7 - 0,01 \, x$

In einem ersten Schritt wird diese Funktion äquivalenz-umgewandelt:

p	$=$	$7 - 0,01 \, x$	$\lvert + 0,01 \, x; - p$
$0,01 \, x$	$=$	$7 - p$	$\lvert : 0,01$
x	$=$	$700 - 100 \, p$	

Nun können wir diese Funktion auch graphisch darstellen. Wenn man in die obere Funktion für die Menge eine 0 einsetzt, so beträgt der Preis DM 7 (**Prohibitivpreis**). Wenn man in die untere Äquivalenz-Umwandlung dieser Funktion als Preis DM 0 einsetzt, so beträgt die Menge 700 Stück (**Sättigungsmenge**). DM 7 und 700 Stück bilden somit die Endpunkte unserer Funktion, wie Abbildung 22 zeigt. Die Verbindung dieser beiden Punkte durch eine Gerade ist die graphisch dargestellte lineare Funktion $p = 7 - 0,01 \, x$. Jedem Punkt auf der p-Achse ist genau ein Punkt auf der x-Achse zugeordnet, und da es sich um unendlich viele Kombinationen handelt, entsteht eine Gerade.

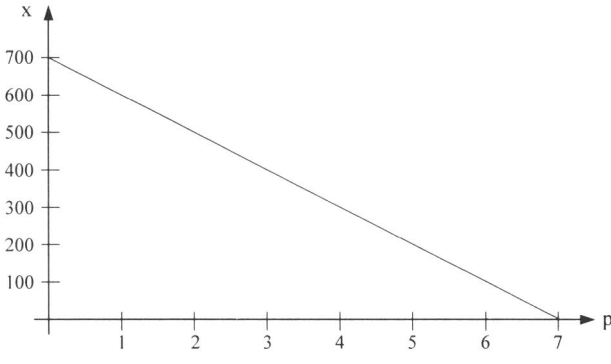

Abbildung 22: Die Funktion $p = 7 - 0,01 \, x$

Anhand dieser Funktion kann man nun die **Preiselastizität** für jede Preis- bzw. Mengenänderung (im letzteren Fall spricht man auch von **Absatzelastizität**) berechnen. Nehmen wir eine Preissenkung von DM 5 auf DM 4 an. Für diese Preissenkung soll die Preiselastizität bestimmt werden. Dazu sind in einem ersten Schritt die diesen Preisen zugehörigen Mengen zu berechnen. Da wir etwas über Mengen erfahren wollen, nehmen wir nun diejenige Version der Funktion, bei der die Menge links steht ($x = 700 - 100 \, p$) und setzen für p DM 5 und anschließend DM 4 ein. Die Mengen sind 200 und 300 Stück. Man schreibt:

Preis von DM 5 auf DM 4

Menge von 200 auf 300 Stück

In Abbildung 23 sind diese Werte graphisch dargestellt, wobei die jeweils korrespondierenden Werte durch Linien verbunden sind, die sich auf der Funktionsgeraden schneiden, und die entstehenden Rechtecke grau abgesetzt werden.

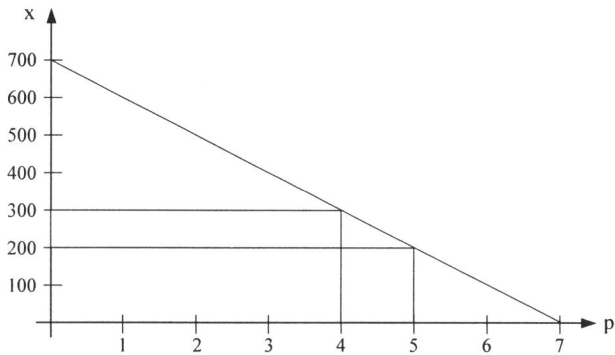

Abbildung 23: Preissenkung von DM 5 auf DM 4

Berechnet wird die Preiselastizität nach der oben angegebenen Formel, also relative Mengenänderung dividiert durch relative Preisänderung. Die Menge ist hier von 200 auf 300 gestiegen. Interessant ist für uns nicht der absolute Wert von 100 Stück Steigerung, sondern die prozentuale Steigerung. Die Frage lautet also: Wenn 200 Stück 100 Prozent sind, wieviel Prozent sind dann 100 Stück? Um auf die Prozentrechnung per Taschenrechner verzichten zu können, bedienen wir uns eines ganz einfachen Verfahrens: Wenn 200 Stück 100 Prozent sind, dann sind 2 Stück 1 Prozent (man streicht einfach die letzten beiden Nullen). Nun dividiert man 100 Stück durch 2 und erhält als Lösung 50 Prozent. Das ist der Zähler des Bruchs. Nun fehlt noch der Nenner, die prozentuale Preisänderung, die auf dieselbe Weise errechnet wird. Das Resultat beträgt -20 (minus, weil der Preis gesenkt wurde), so daß unsere Gleichung lautet:

$$\eta = \frac{50}{-20} = -2,5$$

Die Preiselastizität beträgt somit - 2,5, d.h. wir befinden uns im elastischen Bereich der Funktion ($\eta = -2,5$ bedeutet, daß eine Preissenkung um 1 Prozent eine Mengenerhöhung um ca. 2,5 Prozent nach sich zieht). Beim Mittelwert von 3,5 liegt die Grenze zwischen dem elastischen und dem unelastischen Bereich (ε oder $\eta = -1$). Zwischen 3,5 und 7 liegt somit der elastische Bereich dieser

Funktion, d.h. zwischen 0 und 3,5 muß der unelastische Bereich liegen. Abbildung 24 gibt diesen Zusammenhang graphisch wieder:

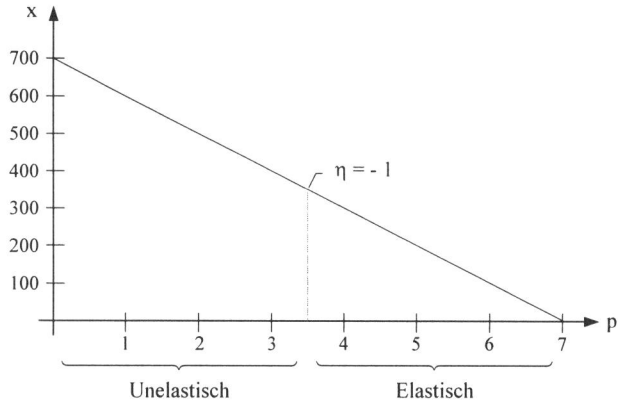

Abbildung 24: Elastischer und unelastischer Bereich

Machen wir nun die Gegenprobe zur obigen Berechnung und überprüfen wir, ob links von der Mitte wirklich der unelastische Bereich liegt. Dazu wählen wir eine Preissenkung von DM 3 auf DM 2:

Preis von DM 3 auf DM 2
Menge von 400 auf 500 Stück

Abbildung 25 gibt diesen Zusammenhang graphisch wieder: Der Mengenzuwachs beträgt nun 25 Prozent, die Preissenkung - 33,3, so daß die Preiselastizität mit - 0,75 im unelastischen Bereich liegt, womit wir die erste Berechnung gemäß Abbildung 24 bestätigen konnten (η = - 0,75 bedeutet, daß bei einer Preissenkung um 1 Prozent die Menge um ca. 0,75 Prozent zunimmt).

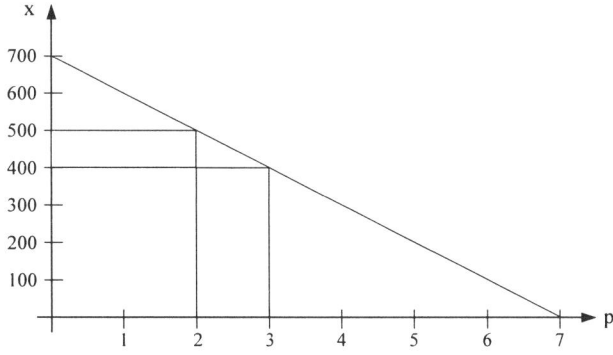

Abbildung 25: Preissenkung von DM 3 auf DM 2

Wie wir sehen, werden Preis-Absatz-Funktionen in bestimmte Bereiche eingeteilt, wobei folgende Kriterien gelten:

- Elastischer Bereich: $-1 > \eta > -\infty$
- Übergangspunkt: $\eta = -1$
- Unelastischer Bereich: $0 \geq \eta > -1$

Der elastische Bereich liegt im negativen Zahlenbereich kleiner -1. Elastisch
bedeutet, daß eine Preisänderung zu einer deutlichen Mengenänderung führt -
unabhängig davon, ob man den Preis senkt oder anhebt. Wenn beispielsweise
der Preis für einen Luxusartikel steigt, nimmt das die Mehrzahl der Konsumenten bis zu einer bestimmten Grenze hin, d.h. bis -1. Steigt der Preis weiter,
so steigt der Mengeneffekt prozentual über den Preiseffekt, d.h. die Zahl der
Konsumenten nimmt deutlich ab. Wir befinden uns nun im elastischen Bereich
der Preis-Absatz-Funktion für diesen Luxusartikel.

Zwischen 0 und -1 liegt der unelastische Bereich. Eine Preisänderung führt nun
zu einer im Vergleich zu dieser Preisänderung geringeren Mengenänderung (in
Prozent). Bei Null wird der Bereich der völligen Unelastizität erreicht, d.h. die
Menge ändert sich nicht mehr. Unabhängig davon, ob etwas DM 1,00 oder DM
10 Mio. kostet, es wird gekauft. Das trifft z.B. auf ein extrem knappes Gut zu:
Austauschorgane. Wer eine neue Niere braucht, der braucht sie, wieviel sie auch
immer kostet. Abbildung 26 gibt einen Überblick über die Preiselastizitäten von
verschiedenen Produkten und Austauschorganen.

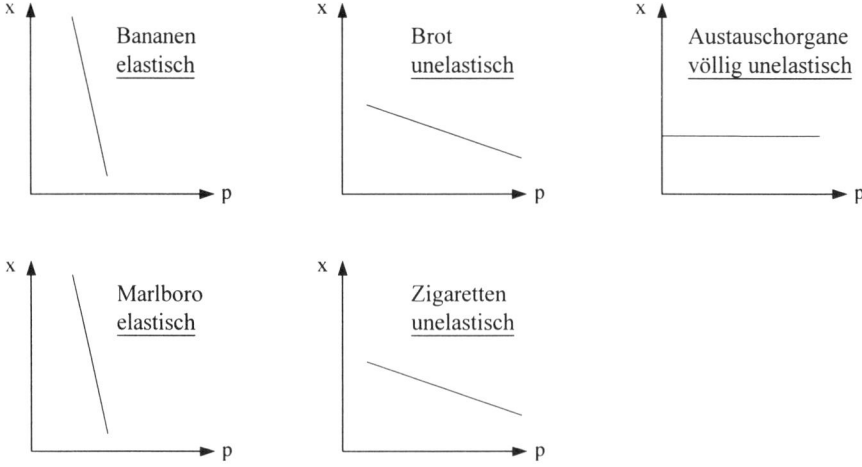

Abbildung 26: Überblick über verschiedene Preiselastizitäten

Die einfache Grundregel lautet: Was wir dringend benötigen, z.B. Grundnahrungsmittel, ist unelastisch, was wir entbehren können, ist elastisch.

Preis-Absatz-Funktionen verändern sich mit der Anzahl der Konkurrenten und mit Änderungen der Inflationsrate. Nehmen wir an, ein neuer Konkurrent taucht auf unserem Markt auf. Unsere bisherige Preis-Absatz-Funktion verschiebt sich dadurch, weil sich die für uns absetzbare Menge verringert. Die Funktion (siehe Abbildungen 22 bis 25) wird dadurch flacher, d.h. unsere **Sättigungsmenge** sinkt, z.B. von 700 auf 600 Stück oder - anders ausgedrückt -, bei konstanten Preisen reduzieren sich die jeweils korrespondierenden Mengen. Nehmen wir als weiteres Beispiel an, die Inflationsrate steige. In diesem Fall wird die Funktion ebenfalls flacher, diesmal aber dadurch, daß der **Prohibitivpreis** nach rechts wandert. Bei konstanten Mengen steigen die jeweils korrespondierenden Preise.

Nehmen wir nun für unsere Funktion p = 7 - 0,01 x Fixkosten von DM 650 und variable Stückkosten von DM 0,64 an, wie Abbildung 27 zeigt. Das **Umsatzmaximum** befindet sich genau bei η = - 1, also bei einem Preis von DM 3,50 und einer Menge von 350 Stück. Die verschiedenen Umsatzmöglichkeiten sind in Abbildung 27 als Zuckerhut wiedergegeben. Oberhalb der variablen Kosten liegt die Gewinnzone.

Das Umsatzmaximum entspricht aber nicht dem **Gewinnmaximum**, d.h. der Kombination von optimaler Menge und optimalem Preis, die mit zwei Formeln des französischen Mathematikers Antoine A. Cournot berechnet werden:

$$p = \frac{a + bd}{2b} \qquad\qquad x = \frac{a - bd}{2}$$

Sie benötigen nun für die Werte für a und b die Äquivalenzumformung, bei der das x auf der linken Seite steht, also x = 700 - 100 p. Damit ist a gleich 700, b gleich 100, und d sind die variablen Stückkosten, hier DM 0,64. Die Formeln lauten nun:

$$p = \frac{700 + 100 \cdot 0,64}{2 \cdot 100} \qquad\qquad x = \frac{700 - 100 \cdot 0,64}{2}$$

$$p = 3,82 \qquad\qquad x = 318$$

Der Gewinn beträgt am **Cournotschen Punkt:**

$$G = U - K; \quad U = p \cdot x; \quad K = K_{Fix} + K_{Var}$$
$$1.214,76 - (650 + 318 \cdot 0,64) = 361,24$$

Der Cournotsche Punkt ist - wie gesagt - der gewinnmaximale Punkt, d.h. die Kombination von optimaler Menge und optimalem Preis. In der wirtschaftlichen Praxis geht man heute jedoch vor allem aus Gründen des Umweltschutzes nicht mehr von Gewinnmaximierung um jeden Preis aus. Unternehmen streben daher heutzutage in der überwiegenden Mehrheit einen **angemessenen Mindestgewinn** an.

Man kann den Cournotschen Punkt auch anders bestimmen, und zwar über die erste Ableitung des Umsatzes und der Kosten (U' = K'). Dabei geht man folgendermaßen vor:

$U = p \cdot x; p = 7 - 0,01\,x$
$U = (7 - 0,01\,x) \cdot x$
$U = 7\,x - 0,01\,x^2$
$U' = 7 - 0,02\,x$

$K = K_{Fix} + K_{Var}$
$K = 650 + 0,64\,x$
$K' = 0,64$

$U' = K'$
$7 - 0,02\,x = 0,64 \qquad | + 0,02\,x; - 0,64$
$6,36 = 0,02\,x \qquad | : 0,02$
$318 = x$

Dieser Wert ist nun in die p - Formel einzusetzen, um den Preis zu bestimmen. Wählen Sie entweder die erste oder die zweite Berechnungsart - je nachdem, mit welcher Sie sich sicherer fühlen.

2. Nach dieser Darlegung von Preiselastizität und Cournotschem Punkt gilt es noch die **Kreuzpreiselastizitäten** zu besprechen. Von Kreuzpreiselastizität spricht man dann, wenn eine Preisveränderung bei einem Produkt zu einer Mengenveränderung bei einem anderen Produkt führt. Nehmen wir an, ein Unternehmen stellt zwei verschiedene Rasenmäher her: einen elektrischen und einen mit Benzinmotor. Nehmen wir nun weiter an, der Preis für den Mäher mit Benzinmotor würde gesenkt, um die Absatzmenge zu erhöhen, aber stattdessen steigt dadurch die Absatzmenge des elektrisch betriebenen Mähers, obwohl sich bei diesem Mäher der Preis nicht verändert hat, so spricht man von Kreuzpreiselastizität (was u. a. daran liegen könnte, daß man den günstiger gewordenen Mäher nun für qualitativ schlechter hält).

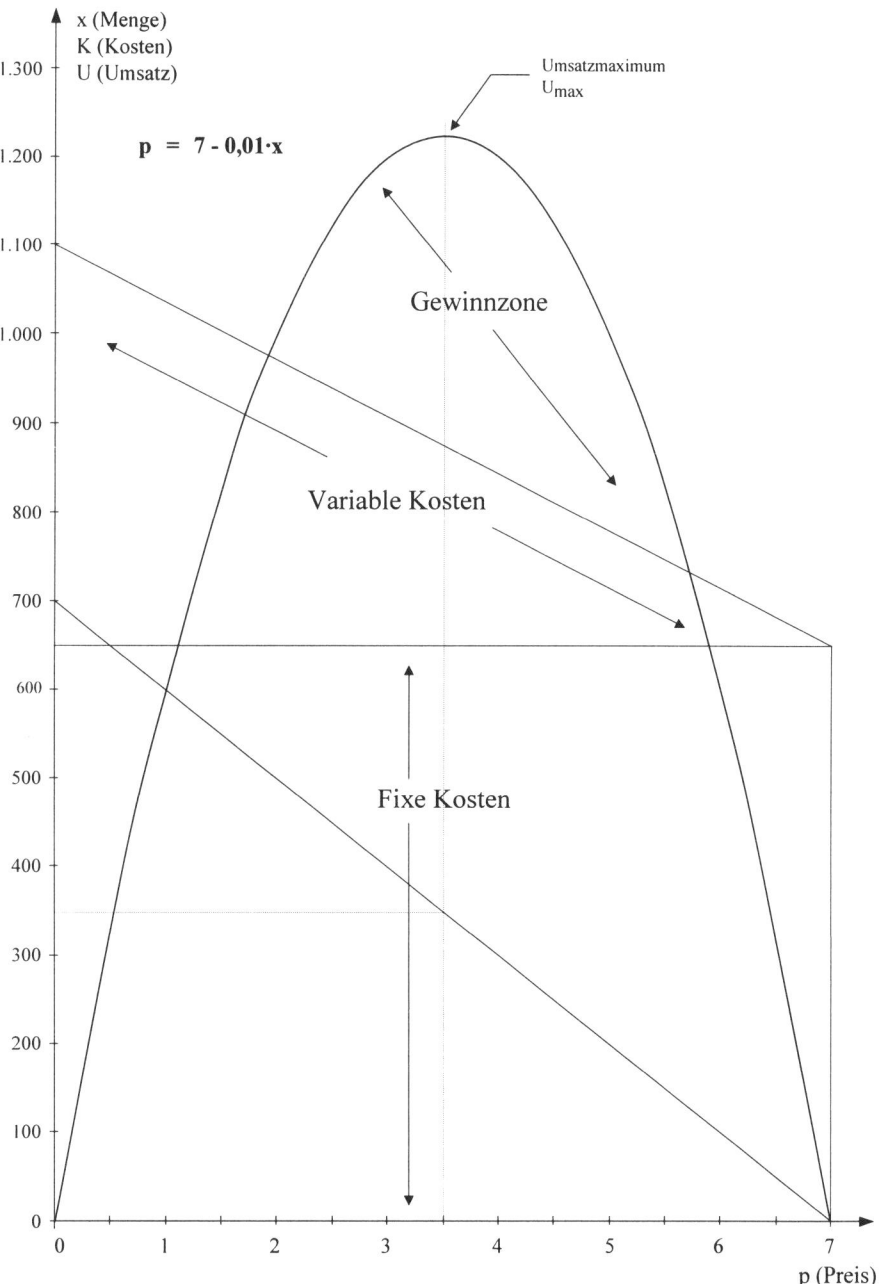

Abbildung 27: Die Umsatzkurve bei gegebener Preis-Absatz-Funktion mit fixen Kosten, variablen Kosten und Gewinnzone

2.2.2.1.5 Preisfestsetzung anhand des Nutzens

Bei der **Preisfestsetzung anhand des Nutzens** werden - ausgehend von den verschiedenen Nutzenbegriffen - drei Typen unterschieden:

• Nutzen (siehe 1.)
• Grenznutzen (siehe 2.)
• Zusatznutzen (siehe 3.)

1. Mit dem Begriff **Nutzen** haben sich vor allem die Volkswirtschaftler der **Neoklassik** im vergangenen Jahrhundert beschäftigt. Sie versuchten, den Nutzen von Dingen und Dienstleistungen mathematisch greifbar zu machen und ein Modell für Entscheidungssituationen zu finden, das von Nutzen ausgeht. Der Begriff Nutzen ist allerdings nur schwer zu erfassen, und entsprechend schwer fällt die Preisfestsetzung anhand des Nutzens. Produkte haben einen für ihren jeweiligen Benutzer individuellen Nutzen. So hat ein Stück Seife für jemanden, der sich mit Seife wäscht, einen hohen Nutzen, aber das gleiche Stück Seife hat keinen Nutzen für jemanden, der sich mit einem Duschgel reinigt. Diese Methode der Preisfestsetzung kann man daher allenfalls unterstützend zu anderen Methoden der Preisfestsetzung zu Rate ziehen.

2. Der **Grenznutzen** bezieht sich auf den kleinsten noch möglichen Nutzenzuwachs. Stellen Sie sich dazu einfach vor, Sie hätten bereits vier Fernseher. Ein fünfter Fernseher bringt Ihnen jedoch keinen weiteren Nutzenzuwachs, weil bereits in jedem Raum ein Fernseher steht. Der Grenznutzen wurde also mit dem vierten Fernseher erreicht. Der Grenznutzen ist ein Begriff, der eng mit der **Sättigung der Märkte** zusammenhängt. Je gesättigter die Märkte, desto geringer ist der Grenznutzen. Ist der Grenznutzen unendlich gering, müssen zum einen die Preise in der Regel gesenkt werden, um den Absatz nicht zu gefährden, und zum anderen sind Innovationen gefragt.

3. Der Begriff **Zusatznutzen** wird häufig auch mit **Unique Selling Proposition (USP)** gleichgesetzt. So ist eine Bohrmaschine unbestreitbar von Nutzen. Den aber haben alle Bohrmaschinen aufzuweisen. Wenn nun jedoch eine Bohrmaschine gleichzeitig auch ein Bohrschrauber oder ein Bohrhammer ist, so hat sie einen Zusatznutzen, der einen höheren Preis rechtfertigt, und dieser Zusatznutzen wird in der **Kommunikationspolitik** entsprechend als USP propagiert.

2.2.2.2 Preispolitische Strategien

Die preispolitischen Strategien werden in folgende Typen unterteilt:

• Skimming-Strategie (siehe 1.)
• Penetrationsstrategie (siehe 2.)
• Preisdifferenzierung (siehe 3.)

1. Bei der **Skimming-Strategie** hat ein Unternehmen ein hochqualitatives oder einzigartiges Produkt anzubieten und geht hochpreisig auf den Markt. Das ist auch die Strategie, wenn ein Unternehmen eine sein Produkt betreffende starke **Unique Selling Proposition (USP)** aufzuweisen hat. Sie findet durchweg auch Verwendung bei **Markt-Innovationen**. Ziel ist es, *den Rahm abzuschöpfen*, also hohe Gewinne zu machen. Wenn die Konkurrenz aufgeholt hat, wird sukzessive der Preis gesenkt, um Marktanteile zu erhalten bzw. auszubauen. Abbildung 28 gibt die Skimming-Strategie graphisch wieder.

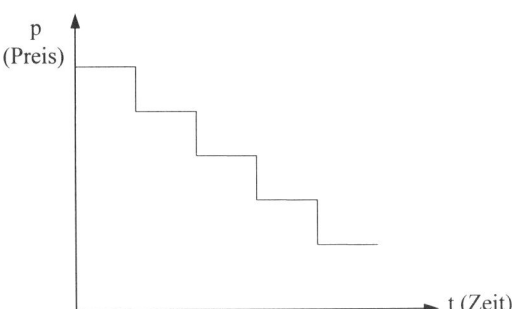

Abbildung 28: Die Skimming-Strategie

2. Bei der **Penetrationsstrategie** verfährt man umgekehrt, d.h. man geht niedrigpreisig auf den Markt. Ziel ist die Gewinnung von Marktanteilen. Die Produkte und Dienstleistungen haben keinen USP, und es gibt viele Anbieter mit

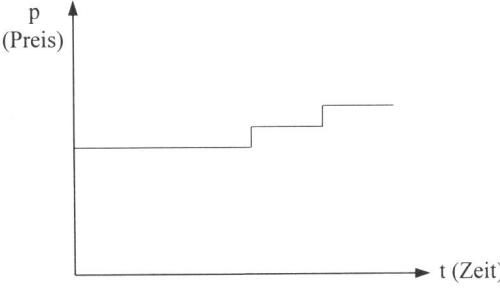

Abbildung 29: Die Penetrationsstrategie

vergleichbaren Angeboten. Bei dieser Strategie können die Preise nur schwer und auch nicht allzu oft angehoben werden, sonst wird das betreffende Unternehmen unglaubwürdig und verliert Marktanteile. Abbildung 29 zeigt die Penetrationsstrategie.

3. Die **Preisdifferenzierung** erfolgt nach den unten aufgeführten Kriterien:

- Räumlich/geographisch (siehe a.)
- Zeitlich/saisonal (siehe b.)
- Nach dem Verwendungszweck (siehe c.)
- Nach Abnehmergruppen (siehe d.)
- Nach Abnahmemengen (siehe e.)
- Qualitativ (siehe f.)

a. Bei der **räumlich/geographischen Preisdifferenzierung** werden in verschiedenen Regionen unterschiedliche Preise verlangt, z.B. hat Benzin in Niedersachsen einen anderen Preis als in Bayern.

b. Zeitlich/saisonal sind Sonderpreisaktionen am Ende von Perioden. Beispiel: der Sommerschlußverkauf.

c. Die **Preisdifferenzierung nach dem Verwendungszweck** berücksichtigt die verschiedenartige Verwendung von Produkten, z.B. Heizöl und Diesel.

d. Preisdifferenzierungen nach Abnehmergruppen sind z.B. das Inter Rail-Ticket der Bahn oder Seniorentarife.

e. Wird preislich nach der **Abnahmemenge** differenziert, so bekommt ein Großabnehmer einen günstigeren Preis als ein Kleinabnehmer.

f. Wird nach der **Qualität** differenziert, so kostet z.B. ein besseres Waschmaschinenmodell mehr als ein nicht ganz so gut ausgestattetes, ein Titanprodukt mehr als ein Stahlprodukt.

2.2.2.3 Konditionen

Die **Konditionen** werden in folgende Typen unterteilt:

- Rabatte (siehe 1.)
- Boni (siehe 2.)

- Skonti (siehe 3.)
- Absatzfinanzierung (siehe 4.)

1. Der Begriff **Rabatte** ist ein Oberbegriff für folgende Rabatt-Arten:

- Mengenrabatte (siehe a.)
- Funktionsrabatte (siehe b.)
- Zeitrabatte:
  Saisonale Rabatte
  Vordispositionsrabatte
  Einführungsrabatte
  Auslaufrabatte (siehe c.)
- Treuerabatte (siehe d.)

a. Von **Mengenrabatt** spricht man, wenn einem Käufer ab einer bestimmten Abnahmemenge ein Rabatt eingeräumt wird. Oft bieten Unternehmen auch Mengenrabatt-Staffelungen an, d.h. es gibt Rabattstufen oder - anders ausgedrückt -, der Kauf wird günstiger, je mehr der Käufer abnimmt.

b. Gewährt man Großhändlern einen anderen Rabatt als z.B. Einzelhändlern, so spricht man von **Funktionsrabatten**. Daher kann es ohne weiteres vorkommen, daß ein Einzelhändler bei einer Kaufaktion mehr abnimmt als ein Großhändler und dennoch nicht dessen Rabatt bekommt.

c. Der Begriff **Zeitrabatte** ist wiederum ein Oberbegriff innerhalb der Rabatte. Bei den Zeitrabatten unterscheidet man in **saisonale Rabatte** - das sind z.B. Rabatte während der Urlaubszeit - in **Vordispositionsrabatte**, die gewährt werden, wenn Produkte schon bestellt werden, bevor sie produziert oder auslieferbar sind (wenn z.B. Autokäufer ein neues Modell bereits vor der Markteinführung bestellen), in **Einführungsrabatte** zur Förderung des Absatzes neuer Produkte in der Einführungsphase und in **Auslaufrabatte**, z.B. um Lager leerzuräumen, wenn Produkte auslaufen.

d. Treuerabatte werden unabhängig von der abgenommenen Menge denjenigen Kunden gewährt, mit denen man schon lange zusammenarbeitet.

2. Boni sind eine spezielle Form von Rabatten. Am Ende von Verkaufsperioden werden sie auf der Grundlage getätigter Umsätze gewährt. Boni sind nichts anderes als periodische Mengenrabatte.

3. Skonti sind ebenfalls eine spezielle Form von Rabatten, die gewährt werden, wenn innerhalb vom Verkäufer vorgegebener Fristen Rechnungen beglichen werden. Dem Kunden wird in der Regel ein Zahlungsziel vorgegeben - also derjenige Zeitpunkt, an dem er spätestens die Rechnung beglichen haben muß, und es wird ein früherer Zahlungszeitpunkt vorgegeben, bis zu dem Skonto gewährt wird.

4. Die **Absatzfinanzierung** unterteilt sich in die folgenden Typen:

• Lieferantenkredit (siehe a.)
• Leasing (siehe b.)
• Factoring (siehe c.)

a. Im Unterschied zum bereits beschriebenen Skonto versteht man unter **Lieferantenkredit** die **Zahlung auf Ziel**. Der Kunde bezahlt eine gelieferte Ware oder Dienstleistung erst bei Erreichung des Zahlungsziels. Im Grunde genommen handelt es sich um einen zinslosen Kredit des Verkäufers an den Käufer.

b. Beim **Leasing** bleibt der **Leasing-Geber** Eigentümer eines geleasten Gegenstandes, z.B. eines Autos, während der **Leasing-Nehmer** den Gegenstand zur Nutzung für eine bestimmte vereinbarte Zeit übernimmt und sich innerhalb dieser Zeit um die Instandhaltung (Wartung, Reparaturen etc.) kümmern muß. Man unterscheidet **direktes Leasing** und **indirektes Leasing**. Im ersteren Fall ist der Leasing-Geber auch der Hersteller, im letzteren Fall schaltet sich eine unabhängige Leasing-Gesellschaft zwischen Hersteller und Leasing-Nehmer, wobei die Leasing-Gesellschaft das entsprechende Produkt dann gekauft hat.

c. Unter **Factoring** versteht man die Abtretung einer Forderung an einen **Factor**, d.h. an eine Finanzierungs-Gesellschaft. Wenn ein Hersteller einem Kunden ein Zahlungsziel einräumt, das Geld aber doch vorher braucht, so verkauft der Hersteller diese Forderung an einen Factor. Dieser zahlt dem Hersteller vorzeitig die Forderung aus, die um einen bestimmten Zinsfuß abgezinst, d.h. verringert wird, der in der Regel in der Höhe des Zinses für einen Kontokorrentkredit liegt. Dazu kommen Gebühren des Factors für dessen Verwaltungsaufwand und eine Risikoprämie. Der Factor fordert die Summe zum Ablauf des Zahlungsziels vom Kunden des Herstellers.

2.2.3 Anhang Preispolitik

2.2.3.1 Übungsfragen zur Preispolitik

1. Beschreiben Sie den Unterschied zwischen der Pay off- und der Break even-Analyse.
2. Nennen Sie für die folgenden Abteilungen je zwei Kostenarten im Vertrieb: Werbung, Marktforschung, Technischer Kundendienst.
3. Wodurch unterscheidet sich die Penetrations- von der Skimming-Strategie?
4. Welcher Zusammenhang besteht zwischen der Preiselastizität der Nachfrage und dem Ziel der Umsatzmaximierung?
5. Was unterscheidet die Break even-Analyse von der Deckungsbeitragsrechnung?
6. Beschreiben Sie die Follow the leader-Strategie.
7. Stimmt es, daß eine Strategie der Kostenführerschaft grundsätzlich zu ruinösen Preiswettbewerben führt?
8. Beschreiben Sie das Factoring als Instrument der Kreditpolitik.
9. Erläutern Sie drei Fragen, die man mit der Break even-Analyse beantworten kann und stellen Sie drei Kritikpunkte dar.
10. Wie sicher sind Preis-Absatz-Funktionen in den verschiedenen Marktformen?
11. Nehmen Sie zu den folgenden Aussagen Stellung: Der Preis wird durch die Kosten bestimmt; der Preis wird durch die Nachfrage bestimmt; der Preis wird durch den Wettbewerb bestimmt.
12. Was ist ein Budget?
13. Nennen Sie die wesentlichen Kostenarten im Vertrieb, in der Beschaffung und in der Produktion.
14. Beschreiben Sie die Konditionenpolitik.
15. Wie wirkt sich das Auftreten eines neuen Konkurrenten bzw. die Senkung der Inflationsrate auf eine lineare Preis-Absatz-Funktion aus?
16. Wodurch unterscheiden sich Kostenart, Kostenstelle und Kostenträger? Geben Sie jeweils zwei Beispiele.
17. Wodurch unterscheidet sich die Vollkosten- von der Teilkostenrechnung?
18. Was bedeutet die Aussage $\eta = -3,5$?
19. Rabatte dienen der preispolitischen Feinsteuerung. Begründen Sie diese Aussage und erläutern Sie drei Rabattarten.
20. Beschreiben Sie die verschiedenen Arten der Kalkulation.
21. Beschreiben Sie die drei Typen der Fixkosten.

22. Beschreiben Sie die vier Typen der variablen Kosten.

23. Beschreiben Sie drei Verfahren aus dem Bereich der Wirtschaftlichkeits-analysen.

24. Beschreiben Sie die verschiedenen Marktformen und gehen Sie auf den Zusammenhang zwischen diesen Marktformen und der Preisfestsetzung ein.

25. Beschreiben Sie die Preisfestsetzung anhand der Produktlinie.

26. Beschreiben Sie Lieferantenkredit und Leasing.

27. Beschreiben Sie die preispolitischen Strategien.

28. Grenzen Sie die drei Nutzenbegriffe voneinander ab.

29. Grenzen Sie die Begriffe Sättigungsmenge und Prohibitivpreise voneinander ab.

30. Definieren Sie den Begriff Preiselastizität.

31. Nehmen Sie zu der folgenden Aussage Stellung: Das Umsatzmaximum ist immer auch das Gewinnmaximum.

32. Was ist die Kreuzpreiselastizität?

33. Beschreiben Sie das Competitive Bidding-Modell.

34. Wodurch zeichnet sich ein Preisführer aus?

35. Was sind Mondpreise?

36. Beschreiben Sie das Prinzip der Mengenfixierung und das der Preis-fixierung.

37. Was versteht man unter einem vollkommenen Markt?

38. Definieren Sie die Begriffe fixe und variable Kosten bzw. Gemeinkosten und Einzelkosten.

39. Definieren Sie die Begriffe Deckungsbeitrag, Deckungsbeitrag 1 und Deckungsbeitrag 2.

40. Grenzen Sie die Begriffe absoluter und relativer Deckungsbeitrag vonein-ander ab.

2.2.3.2 Lösungshinweise zu den Übungsfragen

1. Kapitel 2.2.2.1.1

2. Werbung: Telefonkosten, Materialkosten, Personalkosten etc.
   Marktforschung: Kosten der Informationsbeschaffung, Laborkosten, Personalkosten etc.
   Technischer Kundendienst: Fahrkosten, Dienstfahrzeuge, Personalkosten etc.
   Kapitel 2.2.2.1.1

3. Kapitel 2.2.2.2

4. Die Bereiche zwischen 0 und - ∞ anhand linearer Preis-Absatz-Funktionen definieren; bei hoher Elastizität führen Preissenkungen zu im Verhältnis größeren Mengenerhöhungen (in Prozent); der Umsatz wird in einem solchen Fall maximiert, indem man den Preis bis zum Cournotschen Punkt senkt; Kapitel 2.2.2.1.4

5. Kapitel 2.2.2.1.1

6. Kapitel 2.2.2.1.3

7. Selbst bei der dominierenden Preisführerschaft ist das selten; Kapitel 2.2.2.1.3

8. Kapitel 2.2.2.3

9. Fragen: Menge, Umsatz, Deckungsbeitrag, Gewinn, Folgen von veränderten Preisen.
   Kritik: Die Trennung von fixen und variablen Kosten ist nicht immer eindeutig möglich, mangelnde Konstanz der Preise und Kosten, F&E-Kosten werden oft nicht berücksichtigt, die Kenntnis aller Parameter wird unterstellt, was oft nicht der Fall ist; Kapitel 2.2.2.1.1

10. Polypol niedrigste Sicherheit, Monopol höchste Sicherheit; Kapitel 2.2.2.1.3

11. Kostenorientierte, nachfrageorientierte und konkurrenzorientierte Preisfestsetzung; Darstellung und Vergleich der zentralen Themen aus den Kapiteln 2.2.2.1.1, 2.2.2.1.3 und 2.2.2.1.4

12. Kapitel 2.2.2.1.1

13. Kapitel 2.2.2.1.1

14. Kapitel 2.2.2.3

15. Kapitel 2.2.2.1.4

16. Kapitel 2.2.2.1.1

17. Kapitel 2.2.2.1.1

18. Wenn der Preis um 1 Prozent gesenkt wird, erhöht sich die Menge um ca. 3,5 Prozent, d.h. wir befinden uns im elastischen Bereich einer gegebenen Preis-Absatz-Funktion; Kapitel 2.2.2.1.4

19. Kapitel 2.2.2.3

20. Kapitel 2.2.2.1.1

21. Kapitel 2.2.2.1.1

22. Kapitel 2.2.2.1.1

23. Kapitel 2.2.2.1.1

24. Kapitel 2.2.2.1.3

25. Kapitel 2.2.2.1.2

26. Kapitel 2.2.2.3
27. Kapitel 2.2.2.2
28. Kapitel 2.2.2.1.5
29. Kapitel 2.2.2.1.4
30. Die drei Typen von Funktionen kurz beschreiben; lineare Preis-Absatz-Funktionen auswählen und die Bereiche zwischen 0 und $-\infty$ anhand von Beispielen definieren; Kapitel 2.2.2.1.4
31. Das Gewinnmaximum ist der Cournotsche Punkt und nicht identisch mit dem Umsatzmaximum; entweder beide Formeln angeben oder das Berechnungsverfahren anhand der Ableitung beschreiben; Kapitel 2.2.2.1.4
32. Kapitel 2.2.2.1.4
33. Kapitel 2.2.2.1.3
34. Kapitel 2.2.2.1.3
35. Kapitel 2.2.2.1.3
36. Kapitel 2.2.2.1.3
37. Kapitel 2.2.2.1.3
38. Kapitel 2.2.2.1.1
39. Kapitel 2.2.2.1.1
40. Kapitel 2.2.2.1.1

2.3 Distributionspolitik

Wörtlich übersetzt bedeutet **Distribution** *Lieferung*. Wenn man Lieferung nun mit *Transport eines Gutes von Ort A nach Ort B* übersetzen wollte, so würde man den Distributionsbegriff unzulässig vereinfachen. In den vergangenen Jahren hat man sich im Rahmen des Marketing sogar so sehr mit den anderen Submix-Komponenten der Distributionspolitik auseinandergesetzt, daß der Eindruck entstehen konnte, man brauche die physische Distribution im Marketing-Mix nur noch untergeordnet zu berücksichtigen. Diese Ansicht ist natürlich irrig, denn jede Submix-Komponente hat einen hohen Stellenwert für den Marketing-Mix.

2.3.1 Allgemeine Grundlagen der Distributionspolitik

Die Distributionspolitik umfaßt die gesamte **Distributionskette**, die in Abbildung 30 wiedergegeben ist:

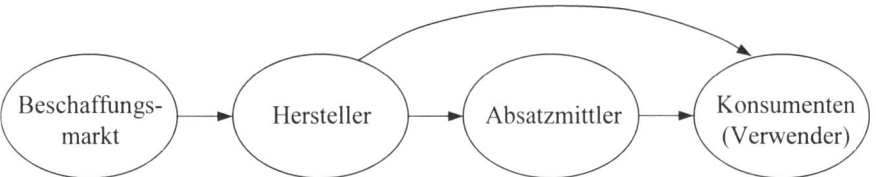

Abbildung 30: Die Distributionskette

Die Beschaffungsseite wurde lange Zeit vernachlässigt, d.h. im Rahmen der Distribution als untergeordnet betrachtet. Dazu kommt, daß in den Unternehmen nur selten Führungspositionen mit Fachleuten aus dem Beschaffungsbereich besetzt werden. In den 80er Jahren führten diese beiden Faktoren zu einem regelrechten Beschaffungsnotstand, denn die Beschaffungsmärkte waren zusehends zum Schauplatz von Beschaffungskämpfen geworden. Diese Entwicklung konnte inzwischen abgebremst werden, d.h. dem Beschaffungsbereich kommt heute eine gebührende Beachtung zu. Die Rohstoffe werden knapper, und selbst bei Produkten, die bis vor wenigen Jahren für unbegrenzt verfügbar gehalten wurden, wie z.B. Mineralwasser, hat inzwischen ein unübersehbarer Kampf eingesetzt. So kauft u. a. die Firma Nestlé im Rahmen einer **vertikalen Diver-**

sifikation massiv Mineralquellen auf, weil in diesem Bereich ein bedeutender **Engpaßsektor** der nahen Zukunft gesehen wird. In anderen Bereichen, etwa bei Erdöl, ist die Engpaßsituation längst ersichtlich. Für künftige Probleme wird außerdem die Entwicklung in einigen der Dritte-Welt-Länder - vor allem China - sorgen. So wird etwa derzeit in den USA für ein Baby doppelt soviel Energie verbraucht wie in Schweden, dreimal soviel wie in Italien und 280mal soviel wie in Haiti oder Nepal. Insgesamt verbrauchen die westlichen Industrienationen ein Mehrfaches dessen an Rohstoffen, was sie bei einer gleichmäßigen weltweiten Verteilung verbrauchen dürften. Stellen Sie sich nun vor, China hätte den gleichen Rohstoffverbrauch wie die USA bei einer Bevölkerung von über einer Milliarde Menschen, so würden alle Rohstoffe auf der Erde nicht einmal für China allein reichen, d.h. der Rest der Welt hätte keine Rohstoffe mehr. Aus diesen Ausführungen wird deutlich, daß wir erst am Beginn eines weltweiten Verteilungskampfes um die verfügbaren Rohstoffe stehen, der ungeahnte Ausmaße haben wird. Der Beschaffungsbereich wird damit zum bedeutendsten distributionspolitischen Engpaßsektor der Zukunft werden.

Im weiteren sollen die Submix-Komponenten der Distributionspolitik vorgestellt werden. Abbildung 31, die bereits im Zusammenhang mit der Übersicht über die Elemente des Marketing-Mix präsentiert wurde (Abbildung 5) zeigt die Submix-Komponenten der Distributionspolitik.

2.3.2 Die Submix-Komponenten der Distributionspolitik

Der distributionspolitische Submix besteht aus den fünf Hauptkomponenten

• Vertikales Marketing (Kapitel 2.3.2.1)
• Absatzsysteme (Kapitel 2.3.2.2)
• Logistik, physische Distribution (Kapitel 2.3.2.3)
• Quantitative Merkmale der Distribution (Kapitel 2.3.2.4)
• Distributionsdichte (Kapitel 2.3.2.5)

2.3.2.1 Vertikales Marketing

Das **vertikale Marketing** ist der inzwischen meistdiskutierte Teil des distributionspolitischen Submix. Vertikales Marketing ist ein Begriff, der Konflikte

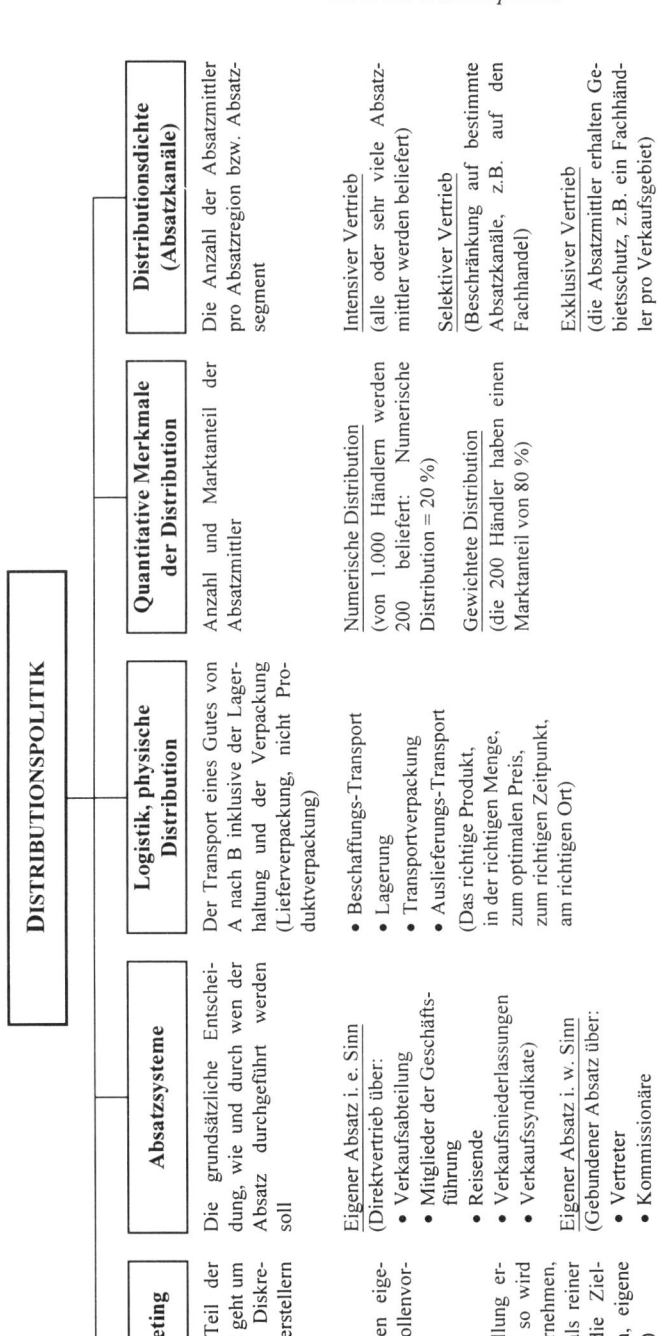

DISTRIBUTIONSPOLITIK

Vertikales Marketing	**Absatzsysteme**	**Logistik, physische Distribution**	**Quantitative Merkmale der Distribution**	**Distributionsdichte (Absatzkanäle)**
Der meistdiskutierte Teil der Distributionspolitik. Es geht um die Konflikte bzw. Diskrepanzen zwischen Herstellern und Absatzmittlern	Die grundsätzliche Entscheidung, wie und durch wen der Absatz durchgeführt werden soll	Der Transport eines Gutes von A nach B inklusive der Lagerhaltung und der Verpackung (Lieferverpackung, nicht Produktverpackung)	Anzahl und Marktanteil der Absatzmittler	Die Anzahl der Absatzmittler pro Absatzregion bzw. Absatzsegment

Rolle
(Diskrepanzen zwischen eigenen und erwarteten Rollenvorstellungen)

Ziele
(aus der Rollenvorstellung ergeben sich die Ziele: so wird z.B. ein Handelsunternehmen, das sich nicht mehr als reiner Absatzmittler sieht, die Zielvorstellung entwickeln, eigene Produkte zu vertreiben)

Macht
(aus der Rollenvorstellung und den daraus abgeleiteten Zielen entstehen Machtdiskrepanzen; seit den 70er Jahren liegt die größere Macht eindeutig auf der Seite des Handels)

Eigener Absatz i. e. Sinn
(Direktvertrieb über:
• Verkaufsabteilung
• Mitglieder der Geschäftsführung
• Reisende
• Verkaufsniederlassungen
• Verkaufssyndikate

Eigener Absatz i. w. Sinn
(Gebundener Absatz über:
• Vertreter
• Kommissionäre
• Makler – Auktionäre
• Franchise-Systeme)

Absatz durch Absatzmittler
(Indirekter Vertrieb über:
• Handelsunternehmen: Groß-/Einzelhandel
• Warenbörsen)

• Beschaffungs-Transport
• Lagerung
• Transportverpackung
• Auslieferungs-Transport
(Das richtige Produkt, in der richtigen Menge, zum optimalen Preis, zum richtigen Zeitpunkt, am richtigen Ort)

Numerische Distribution
(von 1.000 Händlern werden 200 beliefert: Numerische Distribution = 20 %)

Gewichtete Distribution
(die 200 Händler haben einen Marktanteil von 80 %)

Intensiver Vertrieb
(alle oder sehr viele Absatzmittler werden beliefert)

Selektiver Vertrieb
(Beschränkung auf bestimmte Absatzkanäle, z.B. auf den Fachhandel)

Exklusiver Vertrieb
(die Absatzmittler erhalten Gebietsschutz, z.B. ein Fachhändler pro Verkaufsgebiet)

Abbildung 31: Die Submix-Komponenten der Distributionspolitik

innerhalb der **Distributionskette** umschreibt, d.h. *vertikal* meint ein Verhältnis, das auf Unter- bzw. Überlegenheit basiert. Im vertikalen Marketing wird zwischen **Rollenkonflikten, Zielkonflikten** und **Machtkonflikten** unterschieden. Diese drei Begriffe sind miteinander verknüpft, denn aus Rollenvorstellungen entstehen Zielsetzungen, und aus verwirklichten Zielen entsteht durch die unterschiedliche Güte der Ziele Unter- bzw. Überlegenheit. Um diese Konflikte zu diskutieren, ist die Untersuchung der gesamten Distributionskette vonnöten.

Zwischen dem **Beschaffungsmarkt** und den **Herstellern** entstehen Spannungen, weil zum einen wesentliche Rohstoffe Engpaßsektoren darstellen und zum anderen viele Zulieferindustrien in starke Abhängigkeit von den Herstellern geraten sind. Nehmen wir als Beispiel die Automobilindustrie: Die Zulieferer, z.B. Motorenhersteller, Hersteller von elektrischen und elektronischen Teilen oder Reifenhersteller, wurden voll in den durch die internationale Konkurrenz nötig gewordenen Rationalisierungsdruck der Automobilhersteller hineingezogen. Es wird von den Zulieferern immer bessere Qualität zu immer günstigeren Preisen verlangt, wodurch im Endeffekt nur die starken Zulieferer überleben können. Während sich die Zulieferer in der Rolle eines gleichwertigen Partners sehen und daraus die Zielvorstellung entwickeln, am Gesamtgewinn der Automobilindustrie in gleicher Weise zu profitieren, weisen die Automobilhersteller als die im Durchschnitt Stärkeren in diesem Machtverhältnis den Zulieferern die Rolle von Assistenten zu. Ein solches Machtverhältnis verändert sich allerdings nach einiger Zeit, weil in Krisensituationen die großen Zulieferer durch Aufkauf der kleinen größer werden und damit ihre Verhandlungsmacht erhöhen.

Das Hauptaugenmerk im vertikalen Marketing richtet sich auf das Machtverhältnis zwischen den **Herstellern** und dem **Handel**. Hersteller sehen den Handel am liebsten in der Rolle eines reinen Absatzmittlers - eines Erfüllungsgehilfen sozusagen. Der Handel sieht sich dagegen in der Rolle einer auswählenden Instanz, d.h. hier wird bestimmt, welche Produkte es wert sind, den Konsumenten angeboten zu werden. In der Tat ist es unbestreitbar, daß auf Grund von **Regalplatzknappheit** eine Auswahl getroffen werden muß - nicht nur zwischen verschiedenen Anbietern, sondern auch zwischen verschiedenen Produkten, beispielsweise innerhalb von Produktlinien. In den meisten Bereichen wurde die Vielfalt an Produkten inzwischen so groß, daß dem Handel gar nichts anderes übrigbleibt, als sich so zu verhalten. Mit immer größerer Vielfalt wird es für die Hersteller somit immer schwerer, am gewünschten **Verkaufsort (Point of sale)** präsent zu sein. Darüber hinaus müssen die Hersteller den Handel zur Aufnahme der entsprechenden Produkte in das Verkaufsprogramm bewegen. Grundsätzlich stehen den Herstellern zwei Wege offen, den Handel zu überzeugen: zum einen durch hohe **Gewinnspannen** und zum anderen durch starke **Markenartikel** (die meist keine hohe Gewinnspanne für den Handel bieten). Markenartikel sind **vorverkaufte Ware** bzw. **Frequenzbringer**, d.h. viel Geld muß auf seiten der Hersteller ausgegeben werden, damit die Konsumenten gezielt Markenartikel nachfragen. Durch starke Markenartikel kommen die Hersteller in eine Machtposition, die dem Handel nicht behagen kann. Seine Gegenwehr besteht in Handelsmarken, die meist Markenartikel im mittleren Preissegment angreifen. Der Handel generiert so seine eigenen Marken, und das kann den mit dem Handel konkurrierenden Herstellern nicht gefallen. Insgesamt hat sich die frühere Dominanz der Hersteller über den Handel bereits in den 70er Jahren umgekehrt, so daß heute die größere Macht im Durchschnitt eindeutig auf seiten des Handels liegt. Besonders deutlich wird diese Entwicklung in Bereichen, in denen der Handel ganz oder fast vollständig auf Markenartikel verzichten kann, weil sein Frequenzbringer die Preise der angebotenen Produkte sind. Hier ist vor allem die Aldi-Kette zu nennen. Hersteller, die ihre Produkte über Aldi vertreiben lassen, können sich zwar in der Regel auf hohe Absatzmengen verlassen, aber Aldis Preisdruck auf die Hersteller ist enorm. Wer da nicht aufpaßt und sorgfältig rationalisiert, riskiert die Pleite. Besonders groß wird die Abhängigkeit in diesem Fall, wenn Hersteller sich bereit erklären, ausschließlich über Aldi zu distribuieren. Für die Hersteller ist es in solchen Fällen nötig, die Balance zwischen hohen Absatzmengen und Risikominimierung durch Einschaltung verschiedener Handelsunternehmen zu finden.

Das abschließende Glied in der Distributionskette bildet der **Absatz an die Konsumenten** bzw. **Verwender**. Beim **direkten Absatz** treten die Hersteller direkt mit den Konsumenten in Kontakt und beim **indirekten Absatz** sind es Handelsunternehmen, die mit den Konsumenten Kontakt aufnehmen. In beiden Fällen treffen Verkäufer und Käufer aufeinander, und auch hier ist die Entscheidung über die Machtverteilung im vertikalen Marketing gefallen: Seit Anfang der 50er Jahre spricht man von **Käufermarkt**, denn es sind die Käufer, die die Entscheidung über Erfolg oder Mißerfolg von Produkten und Dienstleistungen treffen. Die Verkäufer sehen die Käufer vorzugsweise in der Rolle von Alleskäufern, die kritiklos alles konsumieren, was ihnen angeboten wird. Die Käufer wiederum sehen die Verkäufer in der Rolle von Erfüllungsgehilfen auf der Suche nach dem passenden, d.h. der jeweiligen Individualität angemessenen Lebensstil. Die Hersteller leiten daraus ab, daß man nichts verkaufen kann, wonach kein Bedürfnis besteht. Produkte und Dienstleistungen sind nach dieser Ansicht nur deshalb erfolgreich, weil ein entsprechendes Bedürfnis bereits latent vorhanden war. Die Gegner dieser Einschätzung meinen, wir seien als Konsumenten relativ unmündig und würden uns unsere Bedürfnisse und Vorlieben durch die Werbung einreden lassen. Das wird besonders deutlich, wenn nicht Produkte, sondern Lebensgefühl verkauft wird - und genau das ist es, was viele erfolgreiche Produkte ausmacht. So sind beispielsweise „coole" Turnschuhe sehr teuer, weil sie Lebensgefühl transportieren. Vom selben chinesischen Hersteller für einen anderen Sportschuh-Markenartikler hergestellte Turnschuhe in derselben Qualität sind vielleicht sehr billig. Sie werden nicht begehrt, weil sie dieses Lebensgefühl nicht transportieren. Letztere Position ist somit nicht von der Hand zu weisen. Ich bin jedoch der Meinung, daß im Durchschnitt die Wahrheit in der Mitte zwischen diesen beiden Positionen liegt. Es handelt sich meines Erachtens bei den meisten Käufen um ein Sowohl-Als-Auch.

2.3.2.2 Absatzsysteme

Unter **Absatzsystemen** versteht man die Art und Weise, wie der Vertrieb organisiert wird. Man spricht hier auch von der **Absatzmethode.** Grundsätzlich gibt es drei Möglichkeiten:

• Eigener Absatz im engeren Sinn (auch Direktvertrieb; siehe 1.)
• Eigener Absatz im weiteren Sinn (auch gebundener Absatz; siehe 2.)
• Absatz durch Absatzmittler (auch indirekter Vertrieb; siehe 3.)

Abbildung 32 gibt diese Möglichkeiten graphisch wieder.

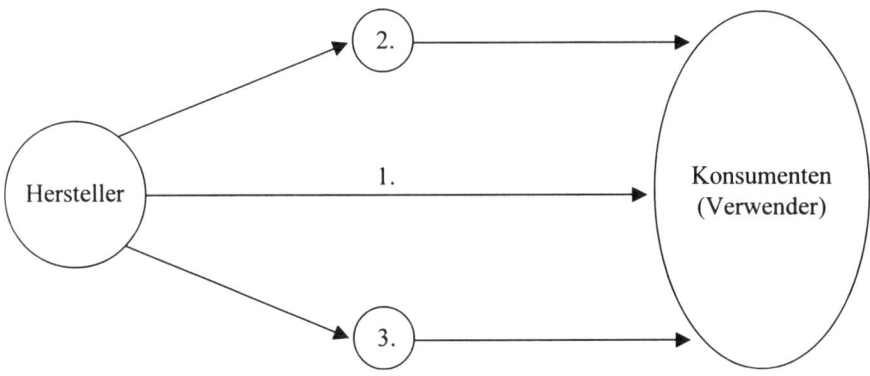

Abbildung 32: Die Absatzsysteme

1. Der **eigene Absatz im engeren Sinn** (**Direktvertrieb**) wird durch die folgenden Personen bzw. Organe durchgeführt:

• Verkaufsabteilung (siehe a.)
• Mitglieder der Geschäftsführung (siehe b.)
• Reisende (siehe c.)
• Verkaufsniederlassungen (siehe d.)
• Verkaufssyndikate (siehe e.)

a. Der Direktvertrieb über **Verkaufsabteilungen** bezieht oft auch **Reisende** mit ein. Die Kunden treten also in direkten Kontakt mit den Verkaufsabteilungen. Reine Verkaufsabteilungen werden jedoch zusehends seltener, da man sie in Marketing-Abteilungen integriert.

b. Besonders in der **Investitionsgüter-Industrie** bei Unternehmen, die mit Großkunden zusammenarbeiten, und in vielen kleinen Unternehmen geschieht der Verkauf über **Mitglieder der Geschäftsführung**. Der Verkauf kann ausschließlich auf diese Art organisiert sein oder aber ergänzend zu anderen Systemen, beispielsweise zusätzlich zum Vertrieb über **Handelsvertreter** (die dann natürlich einen anderen Kundenkreis bedienen als die Mitglieder der Geschäftsführung).

c. **Reisende** sind Angestellte von Unternehmen mit einem Festgehalt zuzüglich einer kleinen Provision als Verkaufsanreiz (Provisionen gehören zur Gruppe der **Incentives**, was mit *Anreiz* oder *Belohnung* übersetzt werden kann). Reisende haben meist einen festen Kundenstamm und bauen zu diesen Kunden über Jahre hinweg ein Vertrauensverhältnis auf. Reisende sind als Angestellte an die Weisungen ihrer Arbeitgeber gebunden und gelten juristisch als **Handlungsgehilfen**.

d. Der Vertrieb über **Verkaufsniederlassungen** heißt auch **dezentraler Direktvertrieb**. Wo der Vertrieb von einer Zentrale aus zu umständlich, zu zeitaufwendig, zu teuer o. ä. ist, beschließen Unternehmen oft, ihren Vertrieb dezentral zu regeln, d.h. nach einem bestimmten System Verkaufsniederlassungen einzurichten, z.B. je eine pro Bundesland, Absatzgebiet usw.

e. Wenn sich verschiedene Hersteller zusammenschließen, um ihren Vertrieb gemeinsam zu organisieren und durchzuführen, so spricht man von **Verkaufssyndikaten**. Was diese Hersteller eint, ist die Homogenität ihrer

Produkte. So findet man Verkaufssyndikate vorwiegend im landwirtschaft-
lichen Bereich, bei Kohle, Zement und Rohstahl. Beim Weinvertrieb wird oft
von sogenannten **Kooperativen** gesprochen, doch bedeutet Kooperative
streng genommen nur *Zusammenarbeit*. Bezieht sich diese ausschließlich
auf den Vertrieb, so ist Verkaufssyndikat der genauere Begriff. Der Gesetzgeber hat der Bildung solcher Syndikate im Rahmen des **Gesetzes gegen
Wettbewerbsbeschränkungen** allerdings enge Grenzen gesetzt, um den
freien Wettbewerb nicht zu gefährden.

2. Der **eigene Absatz im weiteren Sinn** unterscheidet sich vom eigenen Absatz
im engeren Sinn dadurch, daß unternehmensfremde Verkaufsorgane eingeschaltet werden, die jedoch eine enge Bindung zum jeweiligen Unternehmen
haben. Man spricht daher auch von **gebundenem Absatz**. Bei den folgenden
Typen handelt es sich somit um Sonderformen von **Direktabsatz**, auch wenn
es sich rein formaljuristisch um **indirekten Absatz** handelt.

Der eigene Absatz im weiteren Sinn wird durch die folgenden Personen bzw.
Systeme durchgeführt:

- Vertreter (siehe a.)
- Kommissionäre (siehe b.)
- Makler - Auktionäre (siehe c.)
- Franchise-Systeme (siehe d.)

a. Beim Vertrieb über **Vertreter** bzw. **Handelsvertreter** werden **selbständige
Absatzmittler** eingeschaltet, die meist die Produkte mehrerer Unternehmen
anbieten, wobei sich diese Produkte ergänzen sollen. Vertreter sollten also
nicht konkurrierende Produkte anbieten. Vertreter erhalten oft ein geringes
Fixum und eine im Vergleich zu den **Reisenden** weit höhere Provision,
was dazu führt, daß sich ab einer bestimmten Absatzmenge Reisende für
die Unternehmen besser rechnen als Vertreter. Vertreter werden den Reisenden in der Regel vorgezogen, wenn es gilt, den Kundenkreis zu erweitern,
während bei bestehenden Kundenkreisen der Langfristcharakter der Beziehungen zwischen Reisenden und Kunden vorgezogen wird. Vertreter
arbeiten stets in fremdem Namen und auf fremde Rechnung.

b. Im Gegensatz zum Vertreter arbeiten **Kommissionäre** in eigenem Namen
und auf fremde Rechnung. Der Hersteller heißt in diesem Fall **Kommittent**.
Für den Verkauf der Waren der Kommittenten erhalten die Kommissionäre

eine vereinbarte **Kommission**. Kommissionäre gibt es vor allem im Wertpapierhandel und im Einzelhandel.

c. **Makler** sind im Grunde Vermittler zwischen Verkäufern und deren Kunden. Makler sind vor allem im Handel mit Grundstücken und Immobilien zu finden, im Konsumgüterbereich jedoch so gut wie nicht mehr - mit Ausnahme von Auktionen. Bei **Auktionären** handelt es sich um eine Sonderform von Maklern. Vermitteln Auktionäre bzw. Makler Geschäfte, so erhalten sie eine **Provision**.

d. Innerhalb von **Franchise-Systemen** unterscheidet man zwischen **Franchise-Gebern** und **Franchise-Nehmern**. Die Franchise-Geber stellen den gesamten Marketing-Mix: Sie verfügen über starke **Markenartikel**, kümmern sich um Werbung und Verkaufsförderung, geben die Preise vor und liefern das Ausstattungsmaterial für die Franchise-Geschäfte bzw. schreiben den Franchise-Nehmern die Einrichtung ihrer Geschäfte vor, da ein einheitliches Auftreten aller Geschäfte geboten ist. Der Franchise-Geber schafft sich auf diese Weise einen gebundenen Absatz und wälzt das Risiko, das bei eigenem Absatz eingegangen werden müßte, auf den Franchise-Nehmer ab. Der Franchise-Nehmer bindet sich in ein funktionierendes Absatz-System ein, muß dafür aber auch ein hohes Maß an Unfreiheit akzeptieren. Er trägt die alleinige Verantwortung für sein Geschäft, d.h. Finanzierung und Risiko liegen bei ihm. Als beispielsweise die Bennetton-Gruppe vor einigen Jahren ihre außerordentlich geschmacklose Werbekampagne (u. a. Plakate mit dem Foto eines zerschossenen, blutverschmierten, tarnfarbenen Soldaten-T-Shirts) durchführte, stellte es sich heraus, daß sich die Franchise-Nehmer nicht dagegen wehren konnten, denn sämtliche Gestaltungsrechte liegen grundsätzlich beim Franchise-Geber.

3. Der **Absatz durch Absatzmittler**, d.h. der **indirekte Vertrieb**, unterscheidet sich vom **eigenen Absatz** dadurch, daß unternehmensfremde Verkaufsorgane eingeschaltet werden, die keine Bindung zu den Herstellern haben. Im Gegensatz zum Direktvertrieb, der sogenannten **einstufigen Distribution**, spricht man hier von **mehrstufiger Distribution** (der eigene Absatz im weiteren Sinn gehört ebenfalls in den Bereich der mehrstufigen Distribution, denn die Absatzmittler sind zwar gebunden, aber rechtlich selbständig).

Der indirekte Vertrieb wird durch die folgenden Institutionen durchgeführt:

- Handelsunternehmen:
Großhandel/Einzelhandel (siehe a.)
- Warenbörsen (siehe b.)

a. Beim **Großhandel** unterscheidet man zwischen **Aufkauf-** und **Absatzgroß-handel.** Der Aufkaufgroßhandel kauft bei vielen verschiedenen kleinen Herstellern seine Waren ein, z.B. Milch von vielen verschiedenen Bauern-höfen. Der Aufkaufgroßhändler muß mehr Mühe darauf verwenden, Waren zu bekommen, als sie zu veräußern. Genau gegensätzlich ist der Absatzgroß-handel definiert, bei dem die Beschaffung das geringere Problem ist. Bei den Großhändlern wird außerdem unterschieden in **Sortimentsgroßhandel, Spezialgroßhandel, Zustellgroßhandel, Cash und Carry-Großhandel** und **Rack jobber.**

Sortimentsgroßhändler bieten **breite Produktsortimente** - z.B. eine breite Palette verschiedener Werkzeuge - an, während Spezialgroßhändler sich durch **Produkttiefe** - z.B. Dutzende verschiedener Schraubenzieher - aus-zeichnen. Zustellgroßhändler stellen ihre Waren den Kunden zu, wofür die Kunden eine Rechnung erhalten. Im Gegensatz dazu müssen Kunden von Cash und Carry-Großhändlern ihre Waren selbst abholen und bar bezahlen. Rack jobber mieten Flächen in Supermärkten an, gewähren den Super-märkten Umsatzprozente oder beides. Der Rack jobber erhält dafür das Recht, ein mit Waren bestücktes Verkaufsregal aufzustellen, für dessen Nach-rüstung er selbst zuständig ist.

Vom Großhandel gelangt die Ware zum **Einzelhandel,** wo sich der Kunde bzw. Endverbraucher seine Waren aussuchen kann. Zur Umgehung der Großhändler schließen sich Einzelhändler oft zu **Einkaufsgemeinschaften** zusammen. Teilweise sind die Einzelhändler durch ihr Wachstum auch so groß geworden, daß weder Großhändler noch Einkaufsgemeinschaften not-wendig sind. Im Einzelhandel unterscheidet man den **Bedienungs-** und den **Selbstbedienungs-Einzelhandel,** wobei heute eher die Kombination von Selbstbedienung mit teilweiser Beratung die Norm ist (es macht natürlich einen Unterschied, ob Allerwelts-Produkte oder Produkte mit hoher Erklärungsbedürftigkeit verkauft werden sollen).

b. Warenbörsen unterscheiden sich von Auktionen dadurch, daß bei Waren-börsen die zu veräußernden Produkte physisch nicht anwesend sind und daß nicht vermittelt, sondern ge- und verkauft wird, was im eigenen Namen, auf eigene und auf fremde Rechnung geschieht. An Warenbörsen werden nur Produkte gehandelt, die sich durch einen hohen Grad an Homogenität auszeichnen, z.B. Zucker, Weizen, Kaffee und Nichteisen-Metalle.

Im Außenhandel werden die Begriffe direkter und indirekter Absatz anders gebraucht: **Direkter Export** liegt dann vor, wenn direkt ins Ausland verkauft wird - unabhängig, ob an Endverbraucher, Großhändler etc. **Indirekter Export** liegt vor, wenn ein inländischer Exporteur zwischen Hersteller und Absatzmarkt im Ausland geschaltet wird.

2.3.2.3 Logistik, physische Distribution

Innerhalb der Distribution umfaßt die **Logistik**, die auch als **physische Distribution** bezeichnet wird, den physischen Transport von Produkten und Rohstoffen. Betroffen ist wiederum die gesamte Distributionskette vom Beschaffungsmarkt bis zum Konsumenten/Verwender. Die Logistik hat die folgenden Komponenten:

• Beschaffungs-Transport (siehe a.)
• Lagerung (siehe b.)
• Transport-Verpackung (siehe c.)
• Auslieferungs-Transport (siehe d.)

a. Unter **Beschaffungs-Transport**, der auch als **Physical supply** bezeichnet wird, versteht man den Transport von Vorprodukten oder Rohstoffen von den Beschaffungsmärkten zu den Herstellern. Je nach vertraglicher Abmachung liefert entweder die Beschaffungsseite an die Hersteller oder aber die Hersteller holen sich die benötigten Artikel selber ab. Auf Grund der Machtverteilung im **vertikalen Marketing** überwiegt allerdings der erstere Fall bei weitem, und auch die Transport-Kosten werden sehr oft von den den Herstellern vorgelagerten Produktionsstufen getragen.

b. Die **Lagerung** muß organisiert werden, und sie kostet Geld. Gesucht wird in der Regel ein Mittelding zwischen Lagerhaltung und **Just in time-Lieferung**. Das Lager soll möglichst klein sein, und dennoch sollen mit Lagerbeständen Lieferungs-Engpässe überwunden werden können. Wie schwierig das ist, zeigt sich immer dann, wenn Lieferungen blockiert werden. Man denke nur an die Versorgungs-Engpässe der japanischen Automobilindustrie nach dem Erdbeben in Kobe oder an Streiks der Zulieferindustrie.

c. Auch die **Transport-Verpackung** gehört in den Bereich der Logistik, denn die zu liefernde Ware soll einwandfrei am Bestimmungsort ankommen. Unter Transport-Verpackung versteht man die reine Lieferverpackung, also z.B. Euro-Paletten oder Wellpappe-Kartonagen etc.

d. Der **Auslieferungs-Transport** wird manchmal auch als **Physical distribution** bezeichnet. Ziel ist es,

• das richtige Produkt
• in der richtigen Menge
• zum optimalen Preis
• zum richtigen Zeitpunkt
• an den richtigen Ort

zu liefern.

2.3.2.4 Quantitative Merkmale der Distribution

Distributionspolitisch ist es sowohl wichtig, bei wie vielen Händlern man mit seinen Produkten vertreten ist, als auch welchen Marktanteil diese Händler haben. Man spricht in diesem Zusammenhang von

• Numerischer Distribution (siehe 1.)
• Gewichteter Distribution (siehe 2.)

In beiden Fällen wird unterschieden zwischen **Gesamtdistribution, Verkaufsdistribution** und **Bestandsdistribution**. Die Gesamtdistribution bezieht sich auf alle Geschäfte, die einen bestimmten Artikel führen, Verkaufsdistribution dagegen auf alle Geschäfte, die in der vergangenen Verkaufsperiode mindestens einen dieser Artikel verkauft haben. Unter Bestandsdistribution versteht man die Lagerhaltung dieser Geschäfte. Die Frage lautet also, ob dieser Artikel vorrätig ist. Unter **Distributionslücke** versteht man schließlich die Differenz aus Gesamtdistribution und Bestandsdistribution. Mit anderen Worten: Wer einen Artikel nicht auf Lager hat, der kann ihn auch nicht verkaufen, und das ist die Distributionslücke.

1. Unter **numerischer Distribution** versteht man den Anteil der die Produkte eines Anbieters führenden Geschäfte an der Gesamtzahl aller Geschäfte, die die betreffende Warengruppe führen. Wenn es insgesamt 1000 Händler gibt, die eine

bestimmte Warengruppe führen und ein Unternehmen in 300 dieser Handelsunternehmen mit seinen Produkten vertreten ist, so beträgt die numerische Distribution 30 Prozent.

2. Die **gewichtete Distribution** ist dagegen der aussagekräftigere Parameter: Er
gibt den Marktanteil der belieferten Händler an. Haben die oben erwähnten 300
Handelsunternehmen 80 Prozent Marktanteil bzw. Umsatzanteil, so ist diese
Zahl gleichzeitig die gewichtete Distribution.

Das folgende Beispiel soll dieses Verfahren verdeutlichen. Dabei wird in Spalte
1 festgehalten, ob die Händler eine bestimmte Warengruppe führen, in Spalte 2,
ob ein Produkt A aus dieser Warengruppe geführt wird, und in Spalte 3, wie
hoch der Umsatz dieser Händler ist:

	Warengruppe	**Produkt A**	**Umsatz (in Mio.)**
Händler 1	nein	nein	26
Händler 2	ja	ja	11
Händler 3	ja	nein	12
Händler 4	ja	ja	40
Händler 5	ja	nein	13
Händler 6	ja	ja	8

Abbildung 33: Tabelle zur numerischen und gewichteten Distribution

Die allgemeine numerische Distribution beträgt hier 83 Prozent (fünf von sechs
Händlern), die allgemeine gewichtete Distribution 76 Prozent (Gesamtumsatz
der Warengruppen führenden Händler in Prozent). Die numerische Distribution
für das Produkt A beträgt 60 % (drei von fünf Händlern), die gewichtete Distribution für Produkt A 70 Prozent (DM 59 Mio. von DM 84 Mio.).

2.3.2.5 Distributionsdichte (Absatzkanäle)

Eng verknüpft mit den quantitativen Merkmalen der Distribution ist die **Distributionsdichte**, die sich aus der Wahl der Absatzkanäle ergibt. Im Hinblick auf
die Distributionsdichte wird zwischen folgenden Typen unterschieden:

• Intensiver Vertrieb (siehe 1.)
• Selektiver Vertrieb (siehe 2.)
• Exklusiver Vertrieb (siehe 3.)

1. Die höchste Distributionsdichte wird beim **intensiven Vertrieb** erreicht, bei dem sich Hersteller bemühen, bei so vielen Absatzmittlern wie möglich vertreten zu sein. Daraus ergeben sich oft Probleme, denn bei gleichzeitiger Belieferung des **Fachhandels** sowie von **Supermärkten** und **Discountern** wird der Produkterfolg durch **Sonderpreisaktionen** der letzteren beiden gefährdet, denn dadurch können Imagepositionen verlorengehen, und der Fachhandel kann sich genötigt sehen, das betreffende Produkt auszulisten. Die daraus entstehenden Konflikte faßt man zu den folgenden Hypothesen zusammen:

• Schmarotzer-Hypothese (siehe a.)
• Irreführungs-Hypothese (siehe b.)
• Mißtrauens-Hypothese (siehe c.)

a. Bei der **Schmarotzer-Hypothese** wird davon ausgegangen, daß sich Kunden beim gut geschulten Fachhandel beraten lassen und anschließend beim Discounter o. ä. kaufen. Der Discounter schmarotzt deshalb, weil sich der Fachhandel die Schulung seiner Mitarbeiter Zeit und Geld kosten läßt, die der Discounter nicht investiert. Die Schmarotzer-Hypothese wird auch als **Trittbrettfahrer-Problem** bezeichnet.

b. Ziel von **Lockvogelangeboten**, bei denen oft zum **Untereinstandspreis** verkauft wird, ist es, den jeweiligen Handelsbetrieb insgesamt günstiger erscheinen zu lassen als die Konkurrenz. Man spricht daher von der **Irreführungs-Hypothese**.

c. Sonderpreisaktionen von Discountern o. ä. verleiten den Fachhandel oft zu der Annahme, er würde bei den Einkaufspreisen benachteiligt. Es kann ein Mißtrauen zwischen Herstellern und Fachhandel entstehen, weshalb man in diesem Zusammenhang von der **Mißtrauens-Hypothese** spricht. Oft führt dieses Mißtrauen dazu, daß Fachhändler verärgert die betreffenden Produkte auslisten, was für die meisten Hersteller sehr gefährlich ist, weil **Produkt-Images** vor allem hochwertiger Produkte vorwiegend durch den Fachhandel Geltung erhalten.

2. Beim **selektiven Vertrieb** beschränkt man sich auf bestimmte Distributionskanäle, d.h. in der Regel beliefert man nur den Fachhandel. Entsprechend ist die Distributionsdichte hier niedriger als beim intensiven Vertrieb.

3. Vom selektiven Vertrieb unterscheidet sich der **exklusive Vertrieb** dadurch, daß den belieferten Fachhändlern zusätzlich auch **Gebietsschutz** gewährt wird, d.h. nur ein Fachhändler pro Verkaufsgebiet bzw. -region wird beliefert. Bei diesem Typ ist die Distributionsdichte die niedrigste im Vergleich zu den beiden anderen Typen.

2.3.3 Anhang Distributionspolitik

2.3.3.1 Übungsfragen zur Distributionspolitik

1. Wodurch unterscheidet sich die gewichtete von der numerischen Distribution?
2. Grenzen Sie den exklusiven Vertrieb vom intensiven und selektiven Vertrieb ab.
3. Was hat es zu bedeuten, wenn für ein Unternehmen die numerische Distribution zu- und die gewichtete Distribution abnimmt?
4. Was versteht man unter Physical supply?
5. Was versteht man unter Physical distribution?
6. Welche Hypothesen kennen Sie im Zusammenhang mit der Distributionsdichte?
7. Beschreiben Sie das Franchise-System.
8. Worin liegen die Unterschiede zwischen Reisenden und Handelsvertretern?
9. Grenzen Sie den direkten und den indirekten Vertrieb voneinander ab.
10. Wodurch unterscheiden sich Auktionen von Warenbörsen?
11. Was sind Verkaufssyndikate, und was muß bei der Gründung eines solchen bedacht werden?
12. Was versteht man unter gebundenem Absatz?
13. Welchen Problemkreis umschreibt der Begriff vertikales Marketing, und wer ist in der Distributionskette davon betroffen?
14. Warum wird der Beschaffungsbereich in der Zukunft weltweit umkämpfter werden als heute?
15. Ist es sinnvoll, den Bereich der Logistik aus dem Marketing-Mix auszuklammern?
16. Welche Art von Verpackung gehört zur Logistik?
17. Inwiefern hängen exklusiver Vertrieb und Distributionsdichte zusammen?
18. Betrifft das vertikale Marketing auch die Konsumenten?

2.3.3.2 Lösungshinweise zu den Übungsfragen

1. Kapitel 2.3.2.4

2. Kapitel 2.3.2.5

3. Kunden mit großem Marktanteil wurden verloren, dafür kamen anzahlmäßig mehr kleine Kunden mit jeweils geringem Marktanteil hinzu; Kapitel 2.3.2.4

4. Kapitel 2.3.2.3

5. Kapitel 2.3.2.3

6. Kapitel 2.3.2.5

7. Kapitel 2.3.2.2

8. Kapitel 2.3.2.2

9. Kapitel 2.3.2.2

10. Kapitel 2.3.2.2

11. Das Gesetz gegen Wettbewerbsbeschränkungen; Kapitel 2.3.2.2

12. Kapitel 2.3.2.2

13. Kapitel 2.3.2.1

14. Kapitel 2.3.1

15. Das ist nicht nur nicht sinnvoll, sondern unmöglich, denn die Logistik kann man nicht aus dem Distributions-Submix herausnehmen; Anfang von Kapitel 2.3 und Kapitel 2.3.2.3

16. Die Transportverpackung; Kapitel 2.3.2.3

17. Kapitel 2.3.2.5

18. Das vertikale Marketing betrifft die gesamte Distributionskette, also auch die Konsumenten; Kapitel 2.3.2.1

2.4 Kommunikationspolitik

Die **Kommunikationspolitik** bezieht als das vierte Marketing-Instrument die drei anderen Instrumente mit ein, d.h. der jeweilige Submix wird im Verbund kommuniziert. Der Empfänger der Kommunikation - beispielsweise einer Werbebotschaft - erfährt, welches Produkt bzw. welche Dienstleistung angeboten wird. Man setzt ihn vom genauen Preis in Kenntnis oder vermittelt ihm zumindest eine ungefähre Vorstellung des Preisniveaus. Er erfährt, wo das Produkt bzw. die Dienstleistung zu erhalten ist oder bekommt eine Vorstellung des Distributionskanals („In Ihrem Lebensmittelmarkt" etc.) vermittelt. Die Kommunikationspolitik selbst besteht wiederum aus einem Submix, der die drei anderen sinnvoll ergänzt, so daß ein Marketing-Mix entsteht.

2.4.1 Allgemeine Grundlagen der Kommunikationspolitik

Die Kommunikationspolitik hat von allen vier Marketing-Instrumenten den engsten Bezug zur Psychologie, insbesondere zur experimentellen Psychologie, einem der drei großen Felder der Psychologie, die in Abbildung 34 wiedergegeben werden:

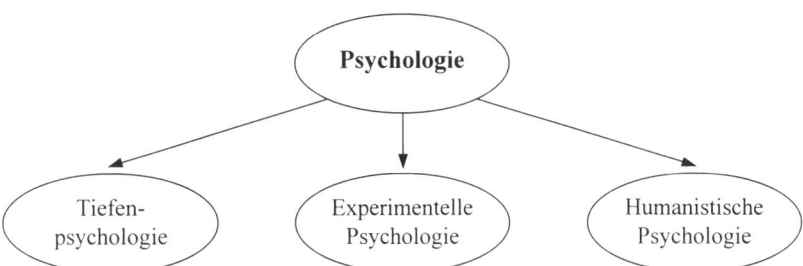

Abbildung 34: Die Psychologie und ihre thematische Dreiteilung

Der Begriff **Tiefenpsychologie** geht auf die bildliche Vorstellung zurück, das Unbewußte liege in der Tiefe der Psyche verborgen. Das Geburtsjahr der Tiefenpsychologie ist 1895 - das Jahr von Sigmund Freuds Erstveröffentlichung zur Psychoanalyse. Weitere berühmte Tiefenpsychologen: Wilhelm Reich, Erich

Fromm und derzeit Artur Janov (letzterer ist der auflagenstärkste Autor innerhalb der gesamten Psychologie). Die Tiefenpsychologie hat je zur Hälfte eine
theoretische und eine therapeutische Ausrichtung, wobei tiefenpsychologisch
orientierte Therapeuten ihre Patienten innerhalb der Therapie zu Gesundungs-
zwecken in deren Kindheit zurückkehren lassen, um dort nach unbewußten
Ursachen für spätere psychische Fehlfunktionen zu suchen. Die Tiefenpsychologie hat im Marketing vor allem auf Grund ihrer therapeutischen Ausrichtung
nie eine große Rolle gespielt.

Die **experimentelle Psychologie**, die viele für die einzige wirkliche wissenschaftliche Richtung innerhalb der Psychologie halten, wurde 1879 durch
Wilhelm Wundt in Leipzig begründet (Wundt wandte sich allerdings zur Enttäu-
schung seiner Kollegen Anfang des 20. Jahrhunderts von der experimentellen
Psychologie ab und wurde Tiefenpsychologe). In der experimentellen Psychologie wird versucht, durch psychologische Experimente psychische Gesetz-
mäßigkeiten aufzudecken.

Ein weiterer wichtiger Vertreter dieser Richtung war John B. Watson, der 1913
den Behaviorismus ins Leben rief. Watson war der wohl berühmteste amerika-
nische Psychologie-Professor seiner Zeit, gab die Professur jedoch auf und
wurde Vize-Direktor einer großen Werbeagentur. Er stellte unter anderem fest,
daß Zigarettenraucher außerstande sind, ihre präferierte Marke im Blindtest her-
auszuschmecken. Bis zu diesem Zeitpunkt ging man in der Werbung davon aus,
man müsse die Konsumenten durch faktische Werbung überzeugen. Watsons
Arbeit bedeutete den Beginn der emotionalen Werbung: Er wollte nicht Fakten,
sondern Lebensgefühl verkaufen und dürfte wohl einer der - was unsere Wahr-
nehmungs-Umgebung betrifft - einflußreichsten Männer des 20. Jahrhunderts
gewesen sein, denn wir werden heute überall mit emotionaler Werbung konfrontiert. Von Watson stammt darüber hinaus das **Black box-Modell** bzw. **S-R-
Modell**, das Abbildung 35 wiedergibt. Das S steht für **Stimulus** und das R für
Reaktion bzw. **Response**. Watson war der Überzeugung, der Mensch käme als
völlig unbeschriebenes Blatt zur Welt (was auch als **tabula rasa** bezeichnet
wird) und sei dann in jede Richtung formbar. Er meinte, man brauche ihm nur zu
sagen, was aus einem Kind werden solle, z.B. ein Anwalt oder ein Verbrecher
etc., und er würde dieses Kind ohne Probleme dazu machen können. Daher war
er auch davon überzeugt, man brauche sich überhaupt nicht darum zu kümmern,
was sich in einem Menschen abspiele, denn der Mensch reagiere auf Stimuli,
also äußere Reize. Wenn man die entsprechende Gesetzmäßigkeit erkannt habe,

Abbildung 35: Das S-R-Modell

so brauche man nur noch den entsprechenden Stimulus einzusetzen, worauf sich automatisch die gewünschte Reaktion bei den Menschen einstelle. Watson bezeichnete den Menschen als Black box, als schwarzen Kasten, weil das Innere uninteressant sei. Im Marketing kann man mit diesem Modell jedoch nichts anfangen, weil Werbebotschaften, also Stimuli, nur selten die gewünschte Reaktion - nämlich den Kauf des Beworbenen - hervorrufen. Die Weiterentwicklung dieses Modells stammt von E. Tolman aus den 30er Jahren: das **S-O-R-Modell**, das Abbildung 36 wiedergibt:

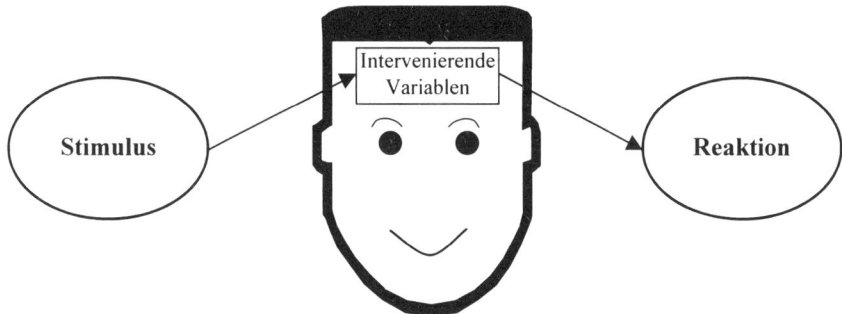

Abbildung 36: Das S-O-R-Modell

Im Gegensatz zu Watson war Tolman der Auffassung, das Innere des Menschen spiele eine ganz entscheidende Rolle im Wirkverbund zwischen Stimulus und Reaktion - daher das O, das für **Organismus** steht. Der O beinhaltet unser während unserer persönlichen Entwicklung erworbenes Wissen, unsere Erfahrungen, Einstellungen, Meinungen, Motive, Wünsche etc.

Diese wirken als Filter zwischen S und R und bewirken oft überhaupt keine Reaktion, d.h. ein Stimulus geht einfach unter, er wird psychisch nicht verarbeitet. Was sich im O befindet, bezeichnete Tolman als **intervenierende Va-**

riablen (heute spricht man umgangssprachlich auch von **internen Variablen**), als deren wichtigste die **Einstellung** gilt, die die drei Komponenten **affektiv** (emotionale Reaktion), **kognitiv** (rationale Auseinandersetzung) und **konativ** (Handlungsabsicht, im Marketing eine eventuelle Kaufabsicht) hat. Das S-O-R-Modell und das theoretische Konstrukt Einstellung haben im Marketing bis heute einen sehr hohen Stellenwert. Im Zusammenhang mit dem S-O-R-Modell und der Einstellung soll an dieser Stelle auf das **AIDA-Modell** verwiesen werden. Diese Abkürzung steht für *Attention, Interest, Desire, Action* (Aufmerksamkeit, Interesse, Begehren, Aktion, z.B. Kauf), doch ist dieses Modell, das in vergangenen Jahrzehnten sehr bekannt war, heute hinter das theoretische Konstrukt *Einstellung* zurückgetreten, was darauf zurückzuführen ist, daß eben nicht immer eine Aktion erfolgt, wenn etwas begehrt wird, und daß Interesse nicht zwangsläufig zu Begehren führt. Bei der Einstellung ist das anders: Je nach der Höhe der emotionalen Reaktion folgt eine kognitive Reaktion oder nicht, und aus der entstehenden Kombination erfolgt die Bildung der konativen Komponente, d.h. der Handlungsabsicht (was die Absicht, etwas auf gar keinen Fall zu kaufen, miteinbezieht).

Wiederum eng verbunden mit dem Begriff der Einstellung ist der Begriff der **kognitiven Dissonanz**. Kognitive Dissonanz umschreibt Streß im Gehirn, der dadurch entsteht, daß Gewohntes sich verändert bzw. etwas für Sie plausibel in Frage gestellt wird, wovon Sie bisher überzeugt waren. Stellen Sie sich dazu vor, Sie kaufen stets die gleiche Butter, d.h. Sie kaufen gewohnheitsmäßig, ohne über den Kauf weiter nachzudenken. Der Kaufakt ist quasi automatisiert, das Energie-Niveau im Gehirn beim Kauf sehr niedrig. Nun erfahren Sie, daß Ihre präferierte Butter an einige Supermärkte schadstoffbelastet ausgeliefert wurde. Sie überlegen nun, ob Sie die Butter auch weiterhin kaufen sollen, ob Sie sich gesundheitlich geschadet haben könnten usw. Ihr geistiges Energie-Niveau ist nun erheblich angestiegen, Sie leben in kognitiver Dissonanz. Ihr Ziel ist es nun, so schnell wie möglich wieder eine kognitive Konsonanz herzustellen, d.h. wieder zum Gewohnheitsverhalten zurückzukehren - entweder durch das Wechseln zu einer anderen Marke oder durch den weiteren Konsum der bisherigen Marke, nachdem Sie von der Reinheit der Butter überzeugt wurden.

Kognitive Dissonanzen gibt es vor Käufen („Das Auto gefällt mir zwar, ich würde es wirklich gerne kaufen, aber ich habe gestern von einem Bekannten gehört, seine Verarbeitung sei schlechter als die eines Konkurrenzproduktes" - um ein anderes Beispiel anzubringen) und auch nach Käufen (Sie kaufen das Auto und lesen einige Zeit später einen negativen Testbericht). Daher ist auch die **Nachkaufwerbung** („Wir gratulieren Ihnen zu diesem hervorragenden Kauf") inzwischen weit verbreitet.

Die dritte, hauptsächlich therapeutische Richtung innerhalb der Psychologie ist die **humanistische Psychologie**, die durch Abraham Maslow in den 50er Jahren begründet wurde. Obwohl die humanistischen Psychologen Tiefenpsychologen sind, halten sie eine Regression zu frühkindlichen Erlebnissen für unnötig. Sie machen ihren Patienten deren gegenwärtiges Fehlverhalten deutlich, helfen es ändern und sehen sich - anders als die klassischen Tiefenpsychologen - als gleichwertige Partner ihrer Patienten, d.h. man spricht von Mensch zu Mensch und nicht von Arzt zu Patient. Maslow hat auch Einfluß auf das Marketing ausgeübt, denn von ihm stammt die berühmte Bedürfnispyramide, die Abbildung 37 wiedergibt:

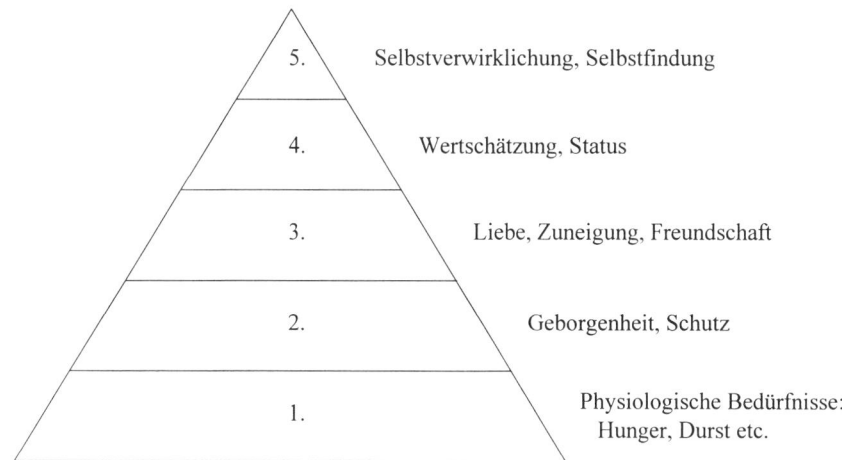

Abbildung 37: Maslows Bedürfnishierarchie

Maslow wollte damit ein ganz einfaches Modell schaffen und keineswegs jeden Ausschnitt der Realität beschreiben. In der überwiegenden Zahl aller Fälle funktioniert sein Modell jedoch. Jemand, der Hunger leidet, wird sich in einer hypothetischen Wahlsituation dementsprechend für eine angebotene Wurst und nicht für ein stattdessen angebotenes Buch entscheiden. Es müssen laut Maslow immer erst alle darunterliegenden Stufen erfüllt sein, bevor die nächsthöhere Stufe erklommen werden kann. Eine oder mehrere Stufen zu überspringen, gilt nach diesem Modell als unmöglich.

Eine vierte Richtung innerhalb der Psychologie, die von Ende der 60er Jahre bis Mitte der 80er Jahre sehr stark war, spielt heute kaum noch eine Rolle: die kognitive Psychologie. Dabei ging es um die Erforschung von Denken, Intelligenz, Sprache etc., doch je mehr geforscht wurde, desto größer wurde die Anzahl ungelöster Fragen. Das Marketing hat daher von dieser Richtung nicht nennenswert profitieren können.

Nach diesem Exkurs in die Psychologie sollen die Submix-Komponenten der Kommunikationspolitik vorgestellt werden. Abbildung 38, die bereits im Zusammenhang mit der Übersicht über die Elemente des Marketing-Mix präsentiert wurde (Abbildung 6) zeigt die Submix-Komponenten der Kommunikationspolitik.

2.4.2 Die Submix-Komponenten der Kommunikationspolitik

Der kommunikationspolitische Submix besteht aus den drei Hauptkomponenten

* Komponenten der Kommunikationspolitik (Kapitel 2.4.2.1)
* Kommunikationsträger (Kapitel 2.4.2.2)
* Zielsetzung der Kommunikation (Kapitel 2.4.2.3)

2.4.2.1 Komponenten der Kommunikationspolitik

Die Kommunikationspolitik wird in die folgenden vier Komponenten unterteilt:

* Werbung (siehe 1.)
* Verkaufsförderung (siehe 2.)
* Public Relations (siehe 3.)
* Sponsoring (siehe 4.)

1. Die endverbrauchergerichtete **Werbung** der Hersteller wird auch als **Sprungwerbung** bzw. als **Pull-Strategie** bezeichnet (stellen Sie sich dazu einfach vor, Sie gingen an einem Werbeplakat vorbei und würden sozusagen magisch davon angezogen). Das einfachste Modell der Werbung ist das **Sender-Empfänger-Modell**, das in Abbildung 39 wiedergegeben wird.

Bei dieser Darstellung handelt es sich zwar um eine starke Vereinfachung der Zusammenhänge, doch das Grundprinzip der Kommunikation wird vermittelt. Ob eine Botschaft ankommt, hängt von vielen Faktoren ab, beispielsweise von

KOMMUNIKATIONSPOLITIK

Komponenten der Kommunikationspolitik

Die Kommunikation kann vier Formen annehmen

Werbung
(die Hauptkomponente, die drei folgenden sind unterstützende Komponenten; Werbung = Pull-Strategie)

Verkaufsförderung (VKF)
(setzt an am Point of sale; VKF = Push-Strategie)

Public Relations (PR)
(• positive Meldungen werden forciert
• negative Meldungen werden bagatellisiert
• weniger gravierende negative Meldungen werden unterdrückt)

Sponsoring
(Werbung als Gegenleistung für gesponserte Geld- und Sachmittel)

Kommunikationsträger

Die Medien als Transportmittel der Kommunikation

Kommunikationsträger im engeren Sinn
(Klassische Medien:
• Printmedien
• elektronische Medien
• Plakatwände
• Stadionwerbung
• Werbung auf Bussen etc.)

Kommunikationsträger im weiteren Sinn
(Nicht-klassische Medien:
• die Verpackung als Werbefläche
• Direktwerbung
• Werbung am Point of sale
• Warenproben
• Trikotwerbung
• Werbung auf Sport-Fahrzeugen)

Zielsetzung der Kommunikation

Der Zweck guter Kommunikation

Markenbekanntheit und -erfolg

Corporate Image

Corporate Identity =
    Corporate Design
+ Corporate Behaviour
+ Corporate Communication)

Abbildung 38: Die Submix-Komponenten der Kommunikationspolitik

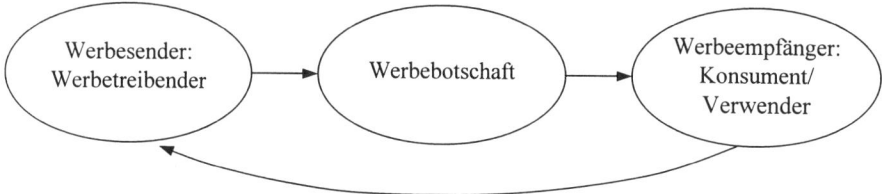

Kontrolle und Steuerung (Controlling)

Abbildung 39: Das Sender-Empfänger-Modell der Werbung

einer für den Empfänger verständlichen Sprache (gemeint ist hier zwar auch der Gebrauch z.B. englischer Wörter in deutscher Werbung, aber vorrangig eine Sprache, die der jeweiligen Zielgruppe nicht angemessen ist), unterschiedlichen ästhetischen Auffassungen etc. Mit anderen Worten: Sender und Empfänger müssen sich verstehen. Ob eine Botschaft in der vom Sender gewünschten Weise ankommt oder nicht, läßt sich im Rahmen der **Marketing-Forschung** überprüfen (z.B. durch Befragungen etc.). Entspricht die Wirkung nicht den Vorstellungen des Senders, so kann dieser steuernd eingreifen, d.h. die Werbebotschaft entsprechend verändern. **Kontrolle** und **Steuerung** zusammengenommen bezeichnet man auch als **Controlling** (Controlling ist ein Begriff, der hauptsächlich im Bereich der **Unternehmensplanung** verwendet wird, sich aber grundsätzlich auf alle Unternehmensbereiche bezieht).

Die Erweiterung des Sender-Empfänger-Modells ist das **Transformationsmodell** der Werbung, das wiederum die direkte Umsetzung des **S-O-R-Modells** in die Werbung ist. Abbildung 40 gibt dieses Modell wieder.

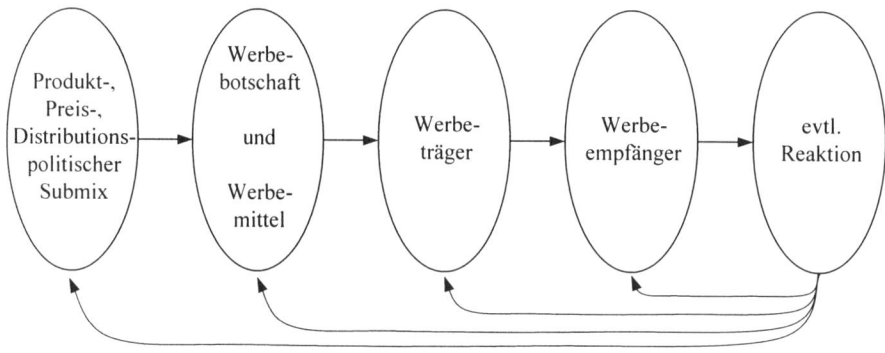

Kontrolle und Steuerung (Controlling)

Abbildung 40: Das Transformationsmodell der Werbung

Eine Möglichkeit, die Abbildungen 39 und 40 zu verbinden, stellt die **Lasswell-Formel** dar:

• Wer sagt

• Was zu

• Wem und benützt dabei

• Welchen Werbeträger, mit

• Welcher Wirkung?

Wie schon die Abbildung 39, so ist auch die Lasswell-Formel eine starke Vereinfachung der Zusammenhänge. Die folgende Erweiterung dieser Formel ist daher sinnvoll und bezieht alle Prozesse in Abbildung 40 mit ein:

• Wer übersetzt seine Zielsetzung in (siehe a.)
• Welche Werbebotschaft, benützt (siehe b.)
• Welche Werbemittel und (siehe c.)
• Welche Werbeträger, um bei (siehe d.)
• Welcher Zielgruppe zu (siehe e.)
• Welchem Zeitpunkt (siehe f.)
• Welche Wirkung zu erzielen? (siehe g.)

a. Werbung kann verschiedene Ursprünge haben: Sie kann durch Unternehmen, aber auch durch Verbände, Institutionen etc., in Auftrag gegeben werden. Unternehmen machen entweder Werbung für Produkte bzw. Dienstleistungen oder sie machen sogenannte **Firmenwerbung**, indem sie den Firmennamen in der Werbung so stark herausheben, daß das betreffende Produkt bzw. die betreffende Dienstleistung dahinter zurücksteht. Institutionen und Verbände betreiben dagegen sogenanntes **Sozio-Marketing**, d.h. sie werben für soziale Belange. Beispiel: „Keine Macht den Drogen" oder „Sport ist im Verein am schönsten".

Die jeweilige unternehmerische Zielsetzung bildet die Grundlage für die Werbung.

Üblicherweise geht man von folgendem Ablaufschema aus:

• Informationssuche in der Unternehmens-Umwelt und im Unternehmen
• Informationsverdichtung
• Interpretation der Daten und daraus entstehende Zielsetzung, z.B. Entscheidung für ein neues Produkt
• Konzeption der Produktpolitik, der Preispolitik und der Distributionspolitik
• Konzeption der Kommunikationspolitik (Werbeplan und Werbebudget)

• Markteinführung

• Kontrolle und Steuerung (Controlling)

Neben der Werbung einzelner Unternehmen, Verbände, Institutionen usw. gibt es auch Varianten der **Werbekooperation**, die man als **Kollektiv-werbung** bezeichnet. Unterschieden wird dabei die **anonyme Kollektiv-werbung** bzw. **Gemeinschaftswerbung**, aus der nicht ersichtlich ist, wer Werbetreibender ist (z.B. die kollektive Milchwerbung etc.), von der **offenen Kollektivwerbung** bzw. **Sammelwerbung**, aus der die einzelnen Werber ersichtlich sind (z.B. Werbung für Fußballtrikots einer Sportartikelfirma in Verbindung mit der Werbung eines Waschmittelherstellers etc.).

b. Lassen Sie uns hier davon ausgehen, Zielsetzung sei die erfolgreiche Markeneinführung eines neuen Automodells. Um eine **Werbebotschaft** entwickeln zu können, müssen die zu vermittelnden Botschaftsinhalte codiert werden. Das Auto wird vom Hersteller in erster Linie als Familienkombi der oberen Preisklasse beschrieben. Daneben sind Sportlichkeit, technische Details und der Preis zu kommunizieren. Diese Botschaftsinhalte müssen nun in eine konkrete Werbung „übersetzt" werden, wofür der Begriff der **Codierung** gebräuchlich ist. Wenn es nicht gelingt, die Werbung so zu gestalten, daß sie zündet (die **affektive Komponente** der **Einstellung**), also die Zielgruppe emotional interessiert, findet keine kognitive Auseinander-setzung und dadurch auch kein Kauf statt.

c. Werbung wird in der Regel für mehrere **Werbemittel** gleichzeitig konzipiert, z.B. als **Printwerbung** und in Form von **Fernseh-** und **Hörfunkwerbespots**. Bedient man sich mehrerer Werbemittel zur gleichen Zeit, so ist **Konsistenz** in der Aussage nötig, d.h. die Printwerbung muß den Werbespot ergänzen und umgekehrt. Weitere Werbemittel sind u.a. **Beilagen** (sogenannte **Supplements**) in Zeitschriften und Zeitungen (die den Vorteil haben, vier-farbig zu sein, während die Zeitungen in der Regel nur ein- oder zweifarbig sind) und **elektronische Werbung**, z.B. für das Internet.

d. Als **Werbeträger** bzw. **Kommunikationsträger** bezeichnet man die Medien der Kommunikation, z.B. die Printmedien, wie Zeitungen und Zeitschriften, den Hörfunk, das Fernsehen usw.

e. Die **Zielgruppenfestlegung** geschieht nicht in der Kommunikationspolitik, sondern in der **Produktpolitik** im Rahmen der **Marktsegmentation**. In der

Kommunikationspolitik werden die Vorgaben aus der Produktpolitik übersetzt, d.h. die vorgegebenen Segmentationskriterien werden benutzt, um zu
ermitteln, wie man eine bestimmte Zielgruppe kommunikationspolitisch am
besten erreichen kann, z.B. durch ein entsprechendes Alter der Schauspieler
in Werbespots, entsprechende Umgebung, wie etwa eine Straße in New York
oder ein Luxusrestaurant etc.

Auf dieser Stufe des kommunikationspolitischen Prozesses muß die Werbebotschaft (in Form des gewählten Werbemittels auf einem entsprechenden
Werbeträger) von den **Werberezipienten**, d.h. den Mitgliedern der Zielgruppe, transformiert werden (daher heißt das Modell aus Abbildung 40 auch
Transformationsmodell). Die Werberezipienten erreichen Lichtfrequenzen
aus Printmedien bzw. auditive oder audiovisuelle Stimuli aus dem Hörfunk
oder dem Fernsehen/Kino. Diese Stimuli werden im Organismus (Tolmans O
aus dem S-O-R-Modell) transformiert, d.h. durch Augen und Ohren (bei
Parfümproben durch die Nase) werden Eindrücke an das Gehirn weiterver-
mittelt und dort entsprechend den **intervenierenden Variablen** neu zusammengesetzt. Letztere stellen einen Filter sowohl bei der Zusammensetzung
von Sinneseindrücken im Gehirn als auch bei einer anschließenden Wieder-
gabe von Eindrücken der Werberezipienten (z.B. in Befragungen) dar. Jeder
Mensch hat auf Grund seiner individuellen intervenierenden Variablen daher
auch eine einzigartige Wahrnehmung, d.h. jeder Mensch sieht im Grunde nur
seine eigene Realität, und hat eine ebenso einzigartige Erinnerung an zuvor
Wahrgenommenes.

f. Der Zeitpunkt der **Schaltung von Werbung** spielt ebenfalls eine entscheidende Rolle: Wenn ein großer Teil der Zielgruppe z.B. in Urlaub ist, macht es
wenig Sinn, ausgerechnet in dieser Periode zu werben. Für Schlankheitsmittel
wirbt man beispielsweise am besten, wenn das schlechte Gewissen besonders
drückt: nach den Weihnachtsferien und vor Beginn der Badesaison.

g. Die liebste Wirkung ist den Werbetreibenden natürlich der Kauf ihrer
Produkte bzw. die Durchsetzung sozialer Ideen (z.B. Rückgang des Drogen-
konsums etc.). Dabei ist es entscheidend, ob die **intervenierenden Variablen**
im Durchschnitt hemmend oder forcierend wirken. Die **konative Komponente** der **Einstellung**, d.h. die Handlungsabsicht, läßt sich nur durch Test-
verfahren ermitteln. Findet aber eine Reaktion statt, z.B. ein Kauf, so können
aus den verfügbaren Daten (Absatz, Umsatz etc.) Rückschlüsse auf die
Qualität der ersten drei Komponenten des Transformationsmodells gezogen

werden. Beim Werberezipienten führen konsumptive Erfahrungen zu Bewertungen der konsumierten Produkte bzw. erhaltenen Dienstleistungen, die das zukünftige Konsumverhalten positiv wie negativ beeinflussen können.

Sämtliche oben beschriebenen Punkte a. (alleinige oder kooperative Werbung) bis g. (angestrebte Wirkung) sind als Wirkverbund mit allen Komponenten im **Werbeplan** zusammengefaßt, der nach der Zielformulierung entworfen und im Prozeß der Werbung regelmäßig kontrolliert wird, um bei Planunstimmigkeiten steuernd eingreifen zu können.

Genau wie Produkte einem **Lebenszyklus** unterworfen sind, veraltet auch Werbung, und zwar wesentlich schneller als die jeweiligen beworbenen Produkte. Man spricht vom **Wear out** der Werbung (bzw. vom **Decay-Effekt** der Marketing-Instrumente). Beim Werberezipienten wird bei jeder Wiederholung des **Werbekontakts** der zu betreibende psychische Aufwand geringer, das im Gedächtnis Abgespeicherte wird bei jeder Wiederholung nur jeweils ergänzt. Das geht solange weiter, bis schließlich gar keine Reaktion mehr erfolgt. Werbetreibende sollten diesen Punkt bestimmen lassen und entsprechend entweder die betreffende Werbung durch eine neue ersetzen oder sie so variieren, daß sie wieder Interesse hervorruft.

Neben der Dauer der Werbeschaltung ist es auch wichtig, ob **antizyklisch** oder **prozyklisch** geworben wird. Abbildung 41 gibt beide Möglichkeiten graphisch wieder. Bei der prozyklischen Werbung wird in Zeiten hoher Umsätze, Gewinne etc. viel Geld für die Werbung ausgegeben und in schlechteren Zeiten entsprechend weniger. Bei der antizyklischen Werbung verhält man sich genau umgekehrt. Eng verknüpft mit diesen beiden Begriffen ist der Begriff des **Werbebudgets**, d.h. der Bereitstellung finanzieller Mittel für Werbezwecke. Prozyklische Werbebudgets orientieren sich an der Umsatz- oder Gewinnhöhe und den Absatzzahlen. Ein bestimmter Prozentsatz des Umsatzes bzw. des Gewinns wird für Werbezwecke zur Verfügung gestellt (**Percentage of sales method**) bzw. pro Produkt wird ein bestimmter Betrag für die Werbung abgezweigt (**Per unit method**), d.h. aus der Absatzmenge ergibt sich durch die Multiplikation der Einzelbeträge das Werbebudget. Diese Vorgehensweise bedeutet eine Umkehrung der Wirkungskette, denn eigentlich sollten die Werbeaufwendungen Umsatz, Gewinn und Absatz bestimmen.

Werbebudgets lassen sich auch **konkurrenzorientiert** festlegen. Sie können in einem solchen Fall sowohl pro- als auch antizyklisch sein - je nachdem, wofür

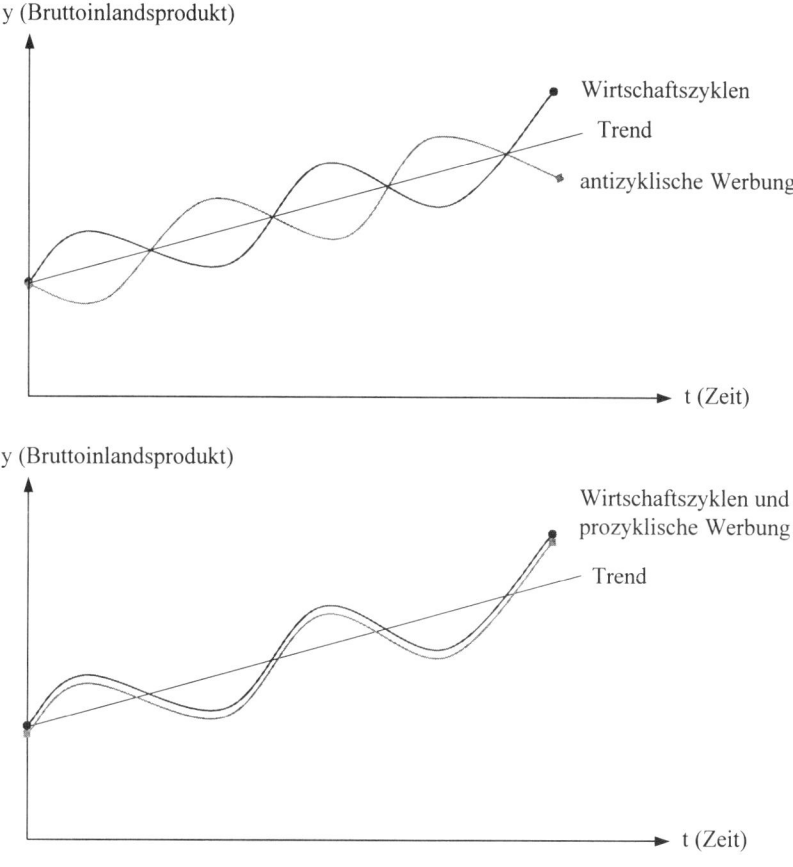

Abbildung 41: Antizyklische (oben) und prozyklische Werbung (unten)

sich der oder die Konkurrenten entschieden haben. Oft verfährt man dann nach dem **Follow the leader**-Prinzip, d.h. man orientiert sich am Verhalten des Marktführers.

2. Während die Werbung - wie bereits gesagt - als Pull-Strategie bezeichnet wird, nennt man die **Verkaufsförderung (VKF)** auch **Push-Strategie**. Stellen Sie sich dazu einfach die Situation in den Tokioter U-Bahnhöfen vor, wo die Fahrgäste von Bediensteten in die vollen U-Bahn-Abteile hineingedrückt werden. Durch die Push-Strategie werden Sie gleichsam von außen durch die Türen der Kaufhäuser etc. gedrückt. Anders als die klassische Werbung setzt die Verkaufsförderung ausschließlich am **Verkaufsort** an. Folgende Typen der Verkaufsförderung lassen sich unterscheiden:

• Merchandising (siehe a.)
• Ausstattung am Verkaufsort (siehe b.)

a. Wollte man es einfach ausdrücken, so könnte man **Merchandising** mit *Unterstützung des Handels durch die Hersteller* umschreiben, die den Zweck hat, den Handel dazu zu bewegen, die Produkte der Merchandising betreibenden Hersteller besonders in den Vordergrund zu stellen. Die erste Variante besteht darin, daß die Hersteller als sogenannte **Service-Merchandiser** fungieren. Service-Merchandiser betreuen Handelsbetriebe durch Beratung bei der Regalaufstellung und Ausstattung und bei der Positionierung von Postern etc., also vereinfachend gesagt bei den **Displays**. Unter einem Display versteht man die *Art und Weise der Warenpräsentation* (offen zugänglich oder in abgeschlossenen Glasvitrinen), Verkaufsständer, Gondeln, Poster, Regalstopper und weiteres Werbematerial. Bei dieser Variante kommt es auch vor, daß der Service- Merchandiser alle diese Tätigkeiten nicht nur beratend betreibt, sondern sie durchführt, also z.B. selbst Regale auffüllt usw. Die zweite Variante besteht darin, daß ein **Merchandiser** das Verkaufspersonal der Handelsbetriebe, mit denen er zusammenarbeitet, schult. Diese Schulungen können sowohl in den Räumen der Handelsbetriebe stattfinden als auch beim Merchandiser (letzteres ist häufiger anzutreffen). Oft finden diese Schulungen auch in Hotels u. ä. statt. Bei der dritten Variante stellt der Merchandiser selbst entweder kurz- oder langfristig das Verkaufspersonal, d.h. bei den Absatzmittlern arbeiten vorübergehend oder dauerhaft Mitarbeiter des Herstellers. Die vorübergehende Mitarbeit besteht in der Regel in der Besetzung von Probier- oder Demonstrationsständen zur Erklärung bzw. Demonstration von Produkteigenschaften. Unter langfristiger Mitarbeit versteht man die Einrichtung eigener Verkaufsabteilungen des Herstellers beim Handel (**Shop in the shop**).

b. Unter **Ausstattung am Verkaufsort** versteht man die Bereitstellung von Einrichtungsgegenständen, z.B. Dekorations-Artikel, Regale etc., und von Werbematerial, wie Postern, Regalstoppern (das sind die kleinen Täfelchen, die quer in den Regalen stecken und eine Werbeaufschrift tragen) oder Fernsehern mit Dauerwerbevideos, z.B. zur Produktpräsentation.

Zusammengefaßt ergeben sich für die Bereiche der **Werbung** und der **Verkaufsförderung** die in Abbildung 42 wiedergegebenen Wirkungszusammenhänge. Hersteller betreiben durch Werbung auf Plakatwänden, im Fernsehen etc. endverbrauchergerichtete **Pull-Strategien**, wobei dieser Begriff auf dem Wunschdenken beruht, die Konsumenten/Verwender würden durch die jeweilige Werbung gleichsam magisch angezogen. Auf diese Weise werden **Marken-**

artikel geschaffen, d.h. **Frequenzbringer** des Handels bzw. **vorverkaufte Ware**.

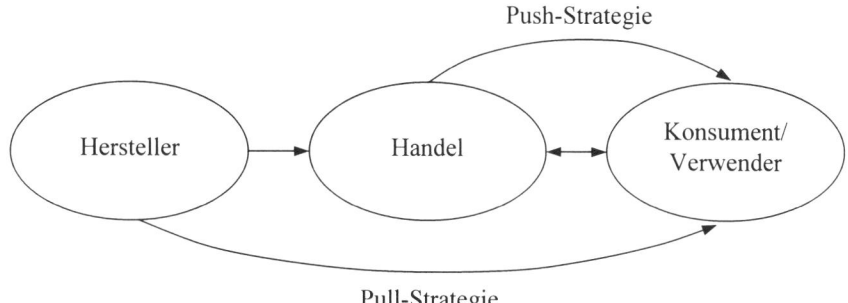

Abbildung 42: Der Wirkverbund der Pull- und der Push-Strategie

Der Konsument/Verwender fragt diese Markenartikel beim Handel gezielt nach, während der Handel über sein Verkaufspersonal wiederum die Konsumenten/Verwender berät bzw. zu beeinflussen versucht. Gleichzeitig wirkt am **Verkaufsort** die **Push-Strategie**, d.h. die Verkaufsförderung, auf den Konsumenten/Verwender ein, und zwar in Form von Warenplazierungen, Postern, Regalstoppern etc. und evtl. durch merchandiser-geschultes Verkaufspersonal.

3. Unter **Public relations (PR)** versteht man die Öffentlichkeitsarbeit von Unternehmen. Bei der PR geht es darum, ein positives Bild des betreffenden Unternehmens in der Öffentlichkeit herzustellen und auf diese Weise sozusagen einen fruchtbaren Nährboden und einen unterstützenden Faktor für die Werbung zu schaffen. Im Rahmen der PR werden positive Meldungen forciert. Wenn Unternehmen z.B. belobigt werden („Besonders umweltfreundliche Produktionsweise", „Vorbildliche Filteranlagen", „Hervorragendes soziales Engagement"), so bemühen sich diese Unternehmen, solche Belobigungen einer breiten Öffentlichkeit zugänglich zu machen. Neben diesen positiven Aspekten stehen die negativen, die oft eine gefährliche Gratwanderung bedeuten. Wenn z.B. Greenpeace oder eine andere Institution des **Konsumerismus** (d.h. *objektive Verbraucher-Information)* eine Verseuchung des Rheins durch einen Chemieunfall aufdeckt, den das verursachende Unternehmen zu vertuschen versuchte, so ist der daraus entstehende **Image-Schaden** für dieses Unternehmen oft enorm. Es hätte besser daran getan, die Meldung selbst herauszugeben - sozusagen eine Selbstanzeige zu erstatten, aus der der gute Wille zur künftigen Vermeidung solcher Vorfälle ersichtlich ist. Neben der ehrlichen Publikation negativer Meldungen haben Unternehmen die Möglichkeit, negative Meldungen entweder zu bagatellisieren („Völlig übertriebene Darstellung der Zeitung XY") oder gar ganz zu unterdrücken. Das allerdings zeitigt unabsehbare Folgen im Falle, daß ein negatives Vorkommnis - wie beim oben beschriebenen Chemie-Beispiel - doch an die Öffentlichkeit dringt.

4. Unter **Sponsoring** versteht man die Bereitstellung von Geld und Sachmitteln durch einen **Sponsor**. Man unterscheidet **Sport-Sponsoring**, **Kultur-Sponsoring** und **Sozio-Sponsoring**. Sport-Sponsoring wird häufiger betrieben als die anderen beiden Typen. Dazu zählt die Werbung auf der Kleidung von Sportlern und auf manchen Sportgeräten, z.B. Formel 1-Autos etc. Unter Kultur-Sponsoring fällt z.B. die Unterstützung eines Opernhauses durch ein Unternehmen, das dann in der Regel auf den Eintrittskarten dezent auf diese Unterstützung hinweist. Als Sozio-Sponsoring bezeichnet man z.B. die finanzielle Unterstützung beim Bau eines Kindergartens oder Spielplatzes durch ein Unternehmen.

2.4.2.2 Kommunikationsträger

Bevor wir uns mit der Submix-Komponente **Kommunikationsträger** befassen, d.h. mit den verschiedenen Medien, die als Transportmittel der Kommunikation fungieren, sollen zuvor in einem Exkurs einige Grundbegriffe aus diesem Bereich vorgestellt werden.

Im Hinblick auf diese Medien wird unterschieden in:

• Media-Analyse (siehe 1.)
• Media-Selektion (siehe 2.)
• Media-Planung (siehe 3.)

1. Bei der **Media-Analyse** geht es um die Erforschung der Zusammensetzung der Nutzer der Medien. Es interessiert also, welche z.B. **soziodemographischen Merkmale** (Alter, Geschlecht etc.) die Leser bestimmter Zeitschriften und die Fernsehzuschauer bestimmter Programme etc. haben.

2. Unter **Media-Selektion** versteht man die Auswahl jeweils sinnvoller Kommunikationsträger für eine bestimmte Werbung. So werden bestimmte Fernsehsender anderen vorgezogen und bestimmte Sendungen präferiert, bestimmte Zeitschriften sind sehr beliebt usw. Bei den Zeitschriften unterscheidet man **generelle Zeitschriften** (**General interest-Titel**, z.B. „Stern") von **Spezial-**

Zeitschriften (Special interest-Titel, z.B. „Yacht"). Entscheidend bei der Auswahl geeigneter Kommunikationsträger sind:

• Inter- und Intra-Media-Selektion (siehe a.)
• Reichweite (siehe b.)

a. Unter **Inter-Media-Selektion** versteht man die Zusammenstellung verschiedener Kommunikationsträger aus verschiedenen Mediengattungen, also z.B. die Auswahl von Plakatwänden und bestimmten Zeitschriften aus der Liste der möglichen Medien. Die **Intra-Media-Selektion** beschränkt sich hingegen auf die Auswahl innerhalb einer Mediengattung, also z.B. die Auswahl der Zeitschriften „Stern" und „Bunte" aus der Liste der möglichen Zeitschriften.

b. Bei der **Reichweite** eines Kommunikationsträgers unterscheidet man die **quantitative, qualitative** und **räumliche** Reichweite. Die quantitative Reichweite gibt die Anzahl der erreichten Personen innerhalb einer Zeiteinheit an. Unter qualitativer Reichweite versteht man den Grad der Zielgruppenerreichung. Je niedriger die sogenannten **Streuverluste** sind, desto höher ist die qualitative Reichweite. Wenn also beispielsweise 80 Prozent der „Stern"-Leser der Zielgruppe eines Werbetreibenden angehören, so bedeutet dies eine sehr hohe qualitative Reichweite und einen Streuverlust von nur 20 Prozent. Dieses Beispiel ist allerdings eher die Ausnahme, denn bei solchen Zeitschriften ist der Streuverlust in der Regel weit höher. Die räumliche Reichweite definiert das geographische Gebiet, das ein Kommunikationsträger abdeckt, d.h. die Anzahl der Personen innerhalb eines geographischen Zielgebietes wird angegeben.

Bezogen auf die Reichweite bietet der sogenannte **Tausenderpreis** einen Vergleichsmaßstab der Preise verschiedener Werbeträger. Will man beispielsweise die Insertionspreise verschiedener Zeitschriften miteinander vergleichen, die verschieden große Reichweiten haben, so muß der relative Preis ermittelt werden, und dabei hat man sich auf Tausend als Vergleichseinheit geeinigt. Beim **einfachen Tausenderpreis (TP)** fragt man, wie teuer eine Werbung je tausend Werbeträgereinheiten ist - bezogen entweder auf den Millimeterpreis (Zeitungen), halbe oder ganze Seiten (Zeitschriften), 30 Sekunden (Werbespots) und 20 oder 30 Sekunden (Hörfunk). Der **Tausend-Leser-Preis (TLP)** unterscheidet sich vom einfachen Tausenderpreis dadurch, daß es nicht um die Auflage, sondern um die Anzahl der erreichten Personen geht (so kann es z.B. sein, daß eine Zeitschrift eine Auflage von

200.000 hat, aber von 500.000 Menschen gelesen wird, z.B. von mehreren Familienmitgliedern, durch die Auslage in Arztpraxen etc.). Man fragt bei diesem Preis also danach, wie teuer eine Werbung je tausend Leser ist. Im Zusammenhang mit der internen Überschneidung (die direkt im Anschluß besprochen wird) spielt auch der **Tausend-Kontakte-Preis (TKP)** eine Rolle. Bei mehreren Insertionen in aufeinanderfolgenden Ausgaben derselben Zeitschrift (oder eines anderen Printmediums) geht es um die Frage, was je tausend Kontakte kosten. Interessiert man sich beispielsweise für den Tausend-Kontakte-Preis einer Zeitschrift bei insgesamt sechs Insertionen, so werden die Kontakte entweder anhand des **K6-Wertes** (siehe unten) kumuliert oder aber es wird die durchschnittliche Kontakthäufigkeit bestimmt und mit der Leserschaft multipliziert (wenn also z.B. nach sechs Ausgaben insgesamt 2.000.000 Menschen erreicht wurden, und zwar im Durchschnitt je dreimal, so wurden 6.000.000 Kontakte hergestellt).

Von **externer Reichweiten-Überschneidung** spricht man, wenn die Zielpersonen über verschiedene Kommunikationsträger erreicht werden, beispielsweise wenn ein Leser „Bunte" und „Für Sie" liest und in beiden die gleiche Werbung geschaltet ist. Die **interne Reichweiten-Überschneidung** bezieht sich dagegen auf mehrere Ausgaben desselben Kommunikationsträgers, etwa wenn ein Fernsehzuschauer jede Woche eine bestimmte Sendung sieht und während dieser Sendungen immer wieder derselbe Werbe-

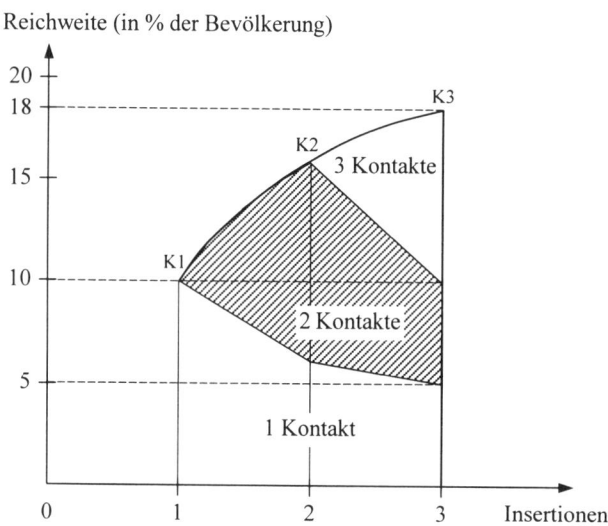

Abbildung 43: Die Kontaktverteilung (K-Wert)

spot ausgestrahlt wird. Die interne Reichweiten-Überschneidung spiegelt sich in der sogenannten **Kontaktverteilung** - d.h. dem **K-Wert** - wieder, der in Abbildung 43 vorgestellt wird.

Bei mehreren **Insertionen**, d.h. Schaltungen in einer Zeitschrift, haben in dem Beispiel aus Abbildung 43 beim K3-Wert fünf Prozent der Leser die betreffende Werbung einmal gesehen, fünf Prozent zweimal und acht Prozent dreimal, d.h. 18 Prozent der Bevölkerung wurden mindestens einmal erreicht.

3. In der **Media-Planung** wird eine Kombination jeweils sinnvoller Kommunikationsträger für bestimmte Zeiteinheiten ausgewählt, z.B. wird Printwerbung 16 Wochen lang in „Stern" und „Bunte" geschaltet und in den letzten vier Wochen durch Werbespots in bestimmten Fernsehsendungen ergänzt. Was hier so einfach klingt, setzt in der Praxis allerdings einen aufwendigen Analyse- und Planungsprozeß voraus.

Nach diesem Exkurs wollen wir uns den **Kommunikationsträgern** zuwenden, bei denen man die folgenden beiden Typen unterscheidet:

• Kommunikationsträger im engeren Sinn (siehe 1.)
• Kommunikationsträger im weiteren Sinn (siehe 2.)

1. Die **Kommunikationsträger im engeren Sinn** bezeichnet man auch als die **klassischen Medien**. Es sind dies:

• Printmedien (siehe a.)
• Elektronische Medien (siehe b.)
• Plakatwände (siehe c.)
• Stadionwerbung (siehe d.)
• Werbung auf Bussen etc. (siehe e.)

a. Printmedien nennt man gedruckte Medien, wie u. a. Zeitungen, Zeitschriften, Kalender und Beilagen (letztere nennt man auch Supplements).

b. Elektronische Medien sind vor allem das Fernsehen und das Internet, von denen man ursprünglich angenommen hat, sie würden die Printmedien ersetzen, wovon bisher allerdings nicht die Rede sein kann.

c. Ein weiterer nach wie vor beliebter und sehr verbreiteter Kommunikationsträger sind **Plakatwände**, während die früher ebenso beliebten **Litfaßsäulen** deutlich seltener geworden sind.

d. Ein klassisches Medium ist auch die **Stadionwerbung**, die es in Form von elektronisch gesteuerter Werbung auf den Stadion-Anzeigetafeln und in Form von Bandenwerbung gibt.

e. Stark im Kommen sind Busse, Straßenbahnen, Züge, Zeppeline etc. als Kommunikationsträger.

2. Bei den **Kommunikationsträgern im weiteren Sinn**, die auch als **nicht-klassische Medien** bezeichnet werden, lassen sich die folgenden Typen unterscheiden:

- Die Verpackung als Werbefläche (siehe a.)
- Direktwerbung (siehe b.)
- Werbung am Verkaufsort (siehe c.)
- Warenproben (siehe d.)
- Trikotwerbung (siehe e.)
- Werbung auf Sport-Fahrzeugen (siehe f.)

a. Auf der Produktverpackung befinden sich **Markenname**, **Markenlogo** und **Markendesign**, d.h. die warenzeichenrechtlich geschützten Komponenten von Markenartikeln. Sie dienen einerseits der **Markierung** der jeweiligen Produkte und andererseits auch zu Werbezwecken, denn die Produkte sollen auch durch das Verpackungsdesign Aufmerksamkeit erregen.

b. Unter **Direktwerbung** versteht man Werbung per Post, per Telefon (Fax) oder durch persönliche Gespräche, z.B. mit der Avon-Beraterin, dem Vorwerk-Vertreter usw. Bei der Direktwerbung per Post ist ein Werbebrief oder eine Kundenzeitschrift der Kommunikationsträger, beim Telefon sind es Telefonanlage und Telefonleitung. Für persönliche Gespräche müssen die Verkäufer genau wie bei der direkten Werbung per Telefon sehr gut geschult werden. Bei den letzteren beiden Typen folgt der Direktwerbung in der Regel mit wenigen Minuten Verzögerung ein Verkaufsgespräch, weshalb auch oft der Begriff **Direktmarketing** verwendet wird.

c. Die **Werbung am Verkaufsort** gehört in den Bereich der **Verkaufs-förderung**. Gemeint ist die Ausstattung der Handelsbetriebe mit Werbematerialien, z.B. mit Postern, Regalstoppern usw.

d. Zu den nichtklassischen Kommunikationsträgern gehören auch **Waren-proben**, die jeder von uns in regelmäßigen Abständen im Briefkasten vorfindet, die in Zeitschriften eingeklebt sind oder verteilt werden. Warenproben sind Probier-Päckchen bzw. Pröbchen, d.h. sie müssen einen geringeren Inhalt als die im Verkauf befindlichen Produkte aufweisen.

e. Eine weitere wichtige Werbefläche sind die Trikots von Sportlern. Man denke nur an die **Trikotwerbung** in der Bundesliga, beim Eishockey oder beim Radsport.

f. Auf **Sport-Fahrzeugen** findet sich fast ausnahmslos Werbung, beispielsweise in der Formel 1 oder bei anderen Rennveranstaltungen. Bei Fernseh-Übertragungen haben solche Kommunikationsträger den Vorteil, daß sie oft im Bild sind und sich Werbeaufkleber bei entsprechender Größe bemerkbar machen.

2.4.2.3 Zielsetzung der Kommunikation

Man unterscheidet die folgenden beiden Typen der **Zielsetzung der Kommunikation**:

• Markenbekanntheit und -erfolg (siehe 1.)
• Corporate Image (siehe 2.)

1. Markenbekanntheit ist ein **psychographisches Ziel** der Kommunikation und **Markenerfolg** ein **ökonomisches Ziel**. Beide Zieltypen lassen sich noch weiter differenzieren:

Ökonomische Ziele der Kommunikation (quantitative Ziele) sind vor allem:

• Umsatz
• Absatz
• Gewinn
• Return on Investment
• Deckungsbeitrag
• Marktanteil und relativer Marktanteil

Psychographische Ziele der Kommunikation (qualitative Ziele) sind vor allem:

• Bekanntheitsgrad
• Einstellung

• Unternehmens- und Produkt-Image
• Produkt-Präferenz
• Kaufabsicht

2. Das **Corporate Image** ist das nach innen, d.h. innerhalb der betreffenden Unternehmen, und nach außen, d.h. an die Öffentlichkeit, kommunizierte Bild der jeweiligen Unternehmen. Beim Corporate Image handelt es sich ebenfalls um ein psychographisches Ziel, das hier jedoch eine Alleinstellung erhält, weil es sich auf gesamte Unternehmen bezieht, während sich Bekanntheit und Einstellung eher auf Produkte und seltener auf ganze Unternehmen beziehen. Als Corporate Image bezeichnet man das Endresultat einer **Corporate Identity-Strategie**, d.h. Identity bezeichnet einen Prozeß und Image die Schaffung des nach innen und außen vermittelten Bildes eines Unternehmens. In der Praxis werden diese beiden Begriffe jedoch meist synonym gebraucht. Corporate Identity setzt sich aus der Summe dreier Komponenten zusammen, so daß man folgende Gleichung aufstellen kann:

Corporate Identity = Corporate Design + Corporate Behavior + Corporate Communication

Unter **Corporate Design** versteht man das visuelle Erscheinungsbild eines Unternehmens. Betroffen sind davon vor allem das Firmenlogo, die Typographie des Firmennamens und deren Farbgestaltung, die Gestaltung von Briefpapier und Anzeigen sowie die innere und äußere Gestaltung der Geschäftsräume (Architektur und Innenarchitektur inklusive Möbeldesign). Das **Corporate Behavior** ist das Verhalten den Mitarbeitern und der Öffentlichkeit gegenüber, d.h. nach innen und außen. Dazu zählen der Führungsstil (demokratisch bis autoritär), das Verhalten der Mitarbeiter untereinander (freundlich bis unfreundlich) und das Verhalten der Öffentlichkeit - vor allem den Medien - gegenüber (informativ bis verschleiernd). Unter **Corporate Communication** versteht man die Einheitlichkeit der kommunikativen Bemühungen eines Unternehmens. Die einzelnen Komponenten der Kommunikation sollen sich sinnvoll ergänzen, um ein einheitliches Bild nach innen und außen zu erzeugen.

2.4.3 Anhang Kommunikationspolitik

2.4.3.1 Übungsfragen zur Kommunikationspolitik

1. Interpretieren Sie bitte die folgende Graphik, indem Sie den K3-, K4- und K5-Wert ermitteln:

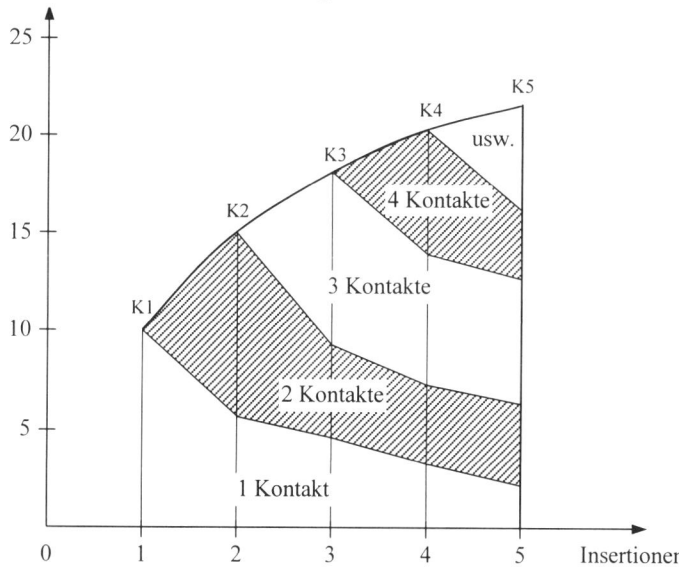

2. Aus welchen Komponenten setzt sich die Corporate Identity zusammen und wie unterscheidet sie sich vom Corporate Image?

3. Nennen Sie je drei ökonomische und psychographische Ziele der Kommunikation.

4. Nennen Sie je drei klassische und nichtklassische Medien.

5. Beschreiben Sie die Vorgehensweise bei der Media-Analyse.

6. Was versteht man unter Media-Selektion?

7. Wie unterscheidet sich die Inter- von der Intra-Media-Selektion?

8. Warum und wie unterscheidet sich der Tausenderpreis bei einer generellen Zeitschrift und einer Spezial-Zeitschrift? Geben Sie jeweils ein Beispiel.

9. Beschreiben Sie die Begriffe Reichweite und Streuverlust und grenzen Sie sie anhand eines Beispieles voneinander ab.

10. Was versteht man unter Media-Planung?

11. Nennen Sie die Komponenten der Kommunikationspolitik.

12. Beschreiben Sie das S-R- und das S-O-R-Modell und gehen Sie auf den Unterschied ein.

13. Welche Bedeutung hat das S-O-R-Modell für die Kommunikationspolitik?
14. Nennen und beschreiben Sie die wichtigste von Tolmans „intervenierenden Variablen".
15. Was besagt das AIDA-Modell und welchen Stellenwert hat es heute?
16. Was versteht man unter kognitiver Dissonanz?
17. Was besagt Maslows Bedürfnishierarchie?
18. Skizzieren und beschreiben Sie das Sender-Empfänger-Modell der Werbung.
19. Skizzieren und beschreiben Sie den Wirkverbund zwischender Pull- und der Push-Strategie.
20. Was versteht man unter PR?
21. Nennen und beschreiben Sie die drei Typen des Sponsoring.
22. Grenzen Sie die prozyklische von der antizyklischen Werbung ab.
23. Setzen Sie sich kritisch damit auseinander, daß das Werbebudget oft als Prozentsatz des Umsatzes der letzten Verkaufsperiode festgesetzt wird.
24. Worin besteht der Unterschied zwischen Werbeziel und Werbebotschaft?
25. Was besagt die Lasswell-Formel?
26. Was versteht man unter einem Werbemittel? Nennen Sie drei Beispiele.
27. Welche Formen der Kollektiv-Werbung lassen sich differenzieren?
28. Welchen Vorteil haben Supplements gegenüber Zeitungswerbung?
29. Was versteht man unter einem Werbeplan?
30. Was bedeutet Wear out?
31. Was versteht man unter Display?
32. Was bedeutet Merchandising?

2.4.3.2 Lösungshinweise zu den Übungsfragen

1. Bei mehreren Insertionen, d.h. Schaltungen in einer Zeitschrift, haben im Beispiel aus Aufgabe 1 beim K3-Wert 4 Prozent der Leser die betreffende Werbung einmal gesehen, 5 Prozent zweimal und 9 Prozent dreimal. Insgesamt wurden 18 Prozent der Bevölkerung mindestens einmal erreicht.
   Beim K4-Wert haben 3 Prozent der Leser die betreffende Werbung einmal gesehen, 4 Prozent zweimal, 6 Prozent dreimal und 7 Prozent viermal, d.h. 20 Prozent der Bevölkerung wurden mindestens einmal erreicht.
   Beim K5-Wert haben 2 Prozent der Leser die betreffende Werbung einmal gesehen, 4,5 Prozent zweimal, 6 Prozent dreimal, 3,5 Prozent viermal und

5,5 Prozent fünfmal, d.h. 21,5 Prozent der Bevölkerung wurden mindestens einmal erreicht.

2. Kapitel 2.4.2.3

3. Kapitel 2.4.2.3

4. Kapitel 2.4.2.2

5. Kapitel 2.4.2.2

6. Kapitel 2.4.2.2

7. Kapitel 2.4.2.2

8. Kapitel 2.4.2.2

9. Der „Stern" hat eine große quantitative Reichweite und z.B. bei Werbung für ein Surfboard eine geringe qualitative Reichweite, d.h. der Streuverlust einer solchen Werbung im „Stern" ist hoch; Reichweite = quantitativ, qualitativ, räumlich; außerdem unterscheidet man die externe und die interne Reichweiten-Überschneidung; Kapitel 2.4.2.2

10. Kapitel 2.4.2.2

11. Abbildung 37 und Kapitel 2.4.2.1

12. Kapitel 2.4.1

13. Es bildet die Grundlage für das Transformationsmodell; Kapitel 2.4.2.1

14. Die Einstellung; Kapitel 2.4.1 und die Konsumtypologie in Kapitel 2.1.2.2

15. Attention, Interest, Desire, Action: Die intervenierende Variable (und das theoretische Konstrukt) Einstellung hat heute einen höheren Stellenwert; Kapitel 2.4.1

16. Kapitel 2.4.1

17. Kapitel 2.4.1

18. Kapitel 2.4.2.1

19. Kapitel 2.4.2.1

20. Kapitel 2.4.2.1

21. Kapitel 2.4.2.1

22. Kapitel 2.4.2.1

23. Prozyklische Werbebudgets sind die Regel, aber sie bedeuten ein Mitschwimmen mit dem allgemeinen Trend, man macht sich zum Opfer der Entwicklung, anstatt wie bei der antizyklischen Werbung aktiv gegenzusteuern. Außerdem sollte die Werbung den Umsatz bestimmen und nicht der Umsatz die Werbeaufwendungen; Kapitel 2.4.2.1

24. Werbeziele sind entweder ökonomischer oder psychographischer Natur. Werbebotschaften sollen diese Ziele ermöglichen; siehe auch Transformationsmodell; Kapitel 2.4.2.1

25. Kapitel 2.4.2.1
26. Kapitel 2.4.2.1
27. Kapitel 2.4.2.1
28. Sie sind vierfarbig, und die Papierqualität ist in der Regel besser. Daher stechen sie viel mehr hervor, und die Chance, von Konsumenten/Verwendern beachtet zu werden, steigt; Kapitel 2.4.2.1
29. Kapitel 2.4.2.1
30. Kapitel 2.4.2.1
31. Warenpräsentation und Ausstattung mit Werbematerial; Kapitel 2.4.2.1
32. Die Funktion eines Service-Merchandisers und eines Merchandisers skizzieren und die drei Varianten beschreiben; Kapitel 2.4.2.1

3 Marketing-Forschung

Die **Marketing-Forschung** liefert einerseits die entscheidenden Anhaltspunkte für die Zielformulierung, man kann mit ihr andererseits aber auch jedes einzelne Marketing-Instrument untersuchen, indem man z.B. Produkte testet, Preisakzeptanzen ermittelt, Distributionskanäle überprüft und die Werbewirkung feststellt. Testet man Alternativen vor ihrem Einsatz im Markt, so spricht man von **Pretests,** untersucht man sie nach ihrer Markteinführung, so handelt es sich um **Posttests**.

3.1 Allgemeine Grundlagen der Marketing-Forschung

Marketing-Forschung und **Marktforschung** werden umgangssprachlich oft synonym verwendet, doch sie haben sich in der klassischen Darstellung unterschieden, wie aus Abbildung 44 ersichtlich wird:

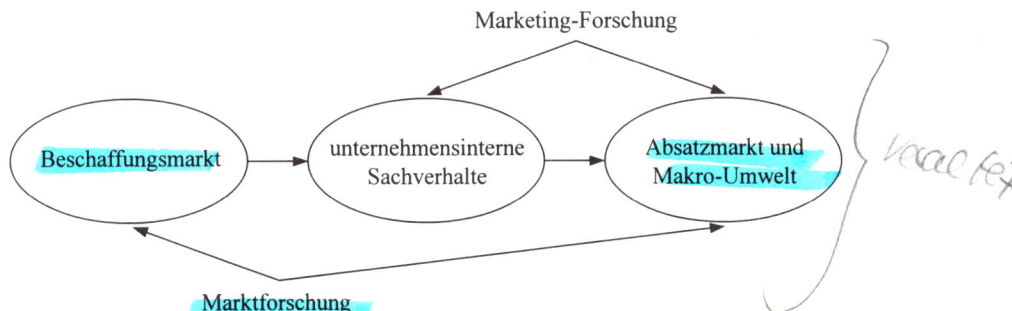

Abbildung 44: Die klassischen Wirkungsbereiche der Marketing-Forschung und der Marktforschung

Die Marketing-Forschung bezieht sich in dieser klassischen und inzwischen veralteten Darstellung auf unternehmensinterne Sachverhalte, den jeweiligen Absatzmarkt und die Makro-Umwelt.

In der Marktforschung beschäftigt man sich ebenfalls mit dem jeweiligen Absatzmarkt und der Makro-Umwelt, anstelle unternehmensinterner Sachverhalte jedoch mit dem jeweiligen Beschaffungsmarkt.

Per Definition ist Marketing absatzmarktbezogen, was allerdings nicht heißt, im Marketing interessiere man sich nicht für die Entwicklungen auf den Beschaffungsmärkten. Entscheidend ist die Betrachtungsweise als Fluß von den Beschaffungsmärkten zu den Unternehmen und von dort zu den Absatzmärkten. Wie ich schon verschiedentlich in diesem Buch anklingen ließ, spielt die Situation auf den Beschaffungsmärkten im Zuge der Rohstoffverknappung und der Machtverteilung zwischen Zulieferern und Herstellern (**vertikales Marketing**) inzwischen eine große Rolle im Marketing. Im Rahmen der **vertikalen Diversifikation** werden Beschaffungsmarkt-Komponenten in Form von **Rückwärts-Integration** bzw. **Integration vorgelagerter Produktionsstufen** aufgekauft (wenn z.B. eine Großbäckerei einen Mühlenbetrieb erwirbt), was das Beziehungsgeflecht zwischen Marketing und Beschaffungsmärkten noch weiter verdeutlicht. Stellen Sie sich als abschließendes Beispiel vor, innerhalb der Preispolitik würde im Rahmen der Kalkulation nicht auf die Beschaffungsseite geachtet. Aus diesen Ausführungen wird deutlich, daß die Marktforschung im modernen Marketing-Konzept inzwischen in der Marketing-Forschung aufgegangen ist, d.h. der Begriff der Marktforschung ist überflüssig geworden, wie aus Abbildung 45 deutlich wird:

Abbildung 45: Das moderne Konzept der Marketing-Forschung

Diese vereinfachte Darstellung der Umwelt von Unternehmen läßt sich gemäß Abbildung 46 differenzieren.

Die **Mikro-Umwelt** von Unternehmen wird durch den jeweiligen Beschaffungs- und Absatzmarkt gebildet, wobei sich die Absatzmärkte in vier Komponenten aufteilen lassen: Absatzmittler (sofern es sich nicht um Direktvertrieb handelt), Konkurrenten, Konsumenten/Verwender und **Konsumerismus**.

Ein Hersteller, der heutzutage nicht darauf achtet, umweltfreundlich zu produzieren, läuft Gefahr, daß seine Produkte bei Bekanntwerden eines solchen Verhaltens im Verkaufsregal liegenbleiben. **Umweltbewußtsein** ist für die Unternehmen vor allem seit etwa Mitte der 80er Jahre zu einem immer wichtigeren

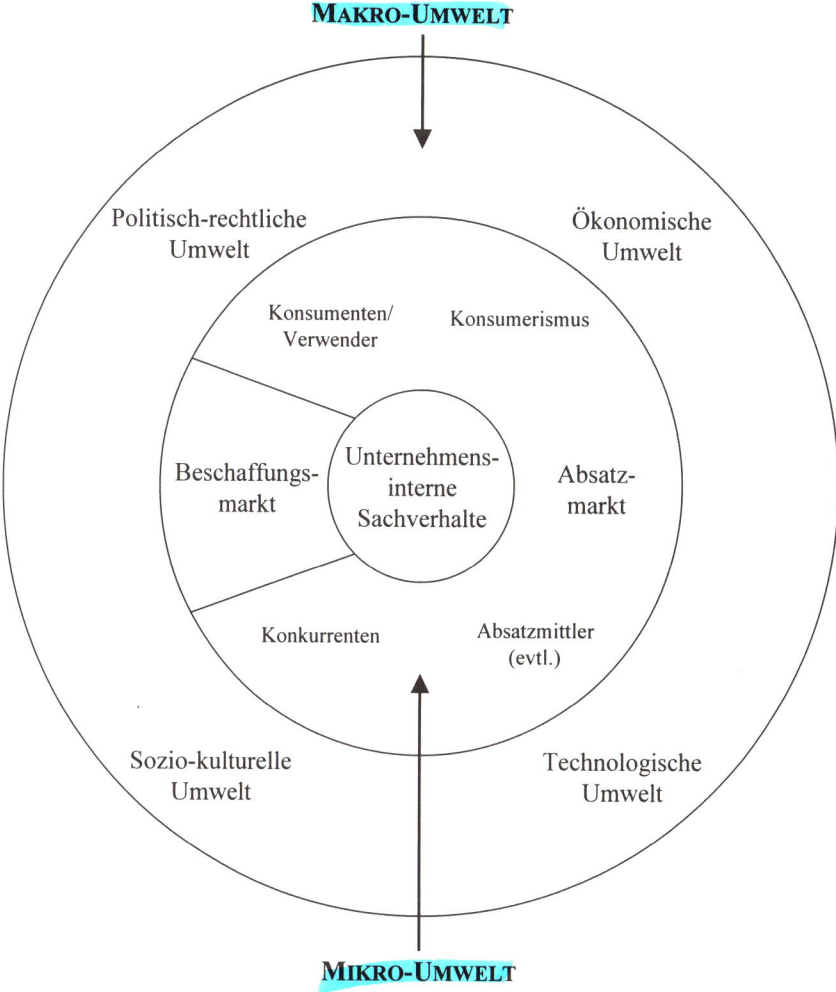

Abbildung 46: Die Mikro- und Makro-Umwelt von Unternehmen

Thema geworden. Dabei hat umweltfreundliches Produzieren den Nachteil, daß es sich oft nicht rechnet, weil man z.B. teure Filteranlagen installieren lassen muß, während die Konkurrenz aus dem Ausland neben der Tatsache billiger Arbeitskräfte und niedrigerer Lohnnebenkosten keine solchen Umweltauflagen hat und daher viel günstiger produzieren kann. Das Bewußtsein für die Umwelt ist aber auch in diesen Ländern nur eine Frage der Zeit, und somit handelt es sich zum einen um einen höchst fragwürdigen, zum anderen um einen lediglich temporären Vorteil.

Als Folge der gesetzlichen Umweltauflagen und des ständig steigenden Umweltbewußtseins der Konsumenten versuchen viele Hersteller inzwischen, die gesetzlich festgelegten Grenzwerte und Richtlinien zu unterbieten und werben auf ihren Produkten damit (z.B.: *20 Prozent besser biologisch abbaubar als vom Gesetzgeber verlangt*). Umweltfreundlichkeit ist zum Verkaufsargument geworden. Umweltunfreundlichkeit von Produkten, Umweltunfälle (z.B. die der Chemieindustrie, die diese immer wieder zu vertuschen sucht) und schlechte Produkte werden in der Regel durch unabhängige Einrichtungen aufgedeckt. Beispiele dafür sind etwa der Test der A-Klasse von Mercedes durch eine schwedische Autozeitung, die Anprangerung von Umweltsünden durch Greenpeace, die Forschungsergebnisse der Stiftung Warentest etc. Wann immer wir als Konsumenten von unabhängigen Einrichtungen objektiv informiert werden, spricht man von Konsumerismus. Der Konsumerismus zwingt die Industrie durch die Einflußnahme auf die Einstellung des Konsumenten in immer umweltkonformere Bahnen. Der Industrie ist der Konsumerismus ein Dorn im Auge, aber ohne Konsumerismus wäre es um unsere Umwelt - die ja unsere Lebensgrundlage ist - schlecht bestellt.

Die **Makro-Umwelt** besteht ebenfalls aus vier Komponenten: ökonomische, technologische, soziokulturelle und politisch-rechtliche Umwelt. Bei Analysen der Umwelt von Unternehmen müssen sowohl Mikro- als auch Makro-Umwelt untersucht werden.

Die Umwelt isoliert zu betrachten, macht allerdings genauso wenig Sinn, wie isoliert unternehmensinterne Sachverhalte zu untersuchen, wenn man erfolgreiches Marketing betreiben will. In der Praxis verbindet man beide Analysen. Dazu erstellt man im Rahmen einer **Stärken-Schwächen-Analyse** ein **Stärken-Schwächen-Profil** des betreffenden Unternehmens. In Abbildung 47 wird ein solches Profil wiedergegeben.

Für jede einzelne Komponente wird die eigene Stärke/Schwäche und die des stärksten Konkurrenten ermittelt. Durch die Verbindung dieser Punkte entsteht dann ein Stärken-Schwächen-Profil.

Gleichzeitig muß auch die Umwelt untersucht werden, indem man die Komponenten der Mikro- und der Makro-Umwelt analysiert. Eine solche hypothetische Analyse wird in Abbildung 48 wiedergegeben.

Sind beide Analysen abgeschlossen, so werden sie in einer **Chancen-Risiken-Analyse** miteinander verbunden, indem man für jede Komponente der **Umweltanalyse** die Frage stellt, ob die jeweilige Umweltentwicklung auf eine Stärke oder auf eine Schwäche des betreffenden Unternehmens trifft. Die

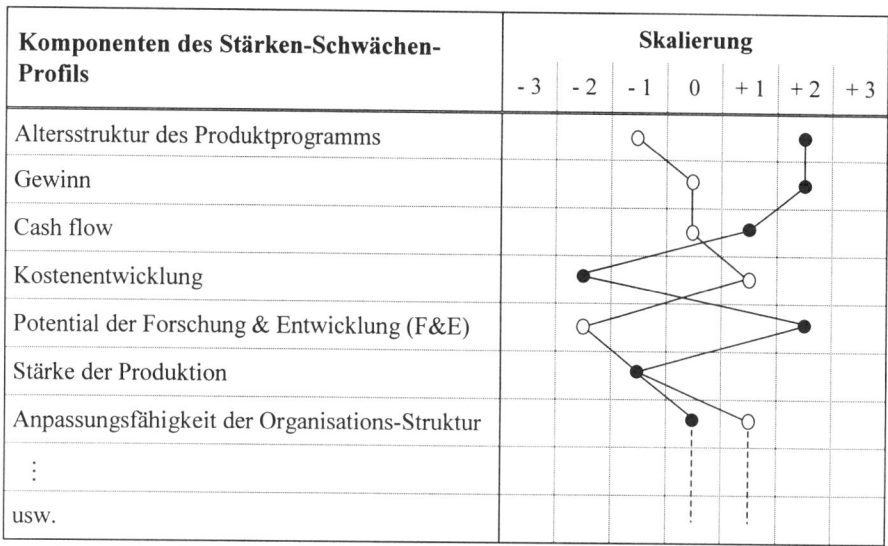

Komponenten des Stärken-Schwächen-Profils	Skalierung						
	- 3	- 2	- 1	0	+ 1	+ 2	+ 3
Altersstruktur des Produktprogramms							
Gewinn							
Cash flow							
Kostenentwicklung							
Potential der Forschung & Entwicklung (F&E)							
Stärke der Produktion							
Anpassungsfähigkeit der Organisations-Struktur							
⋮							
usw.							

●——● Bewertung des eigenen Unternehmens

○——○ Bewertung des stärksten Konkurrenten

Abbildung 47: Das Stärken-Schwächen-Profil eines Unternehmens

Komponenten der Umweltanalyse	Ergebnisse der Analyse
Ökonomische Entwicklung	Wirtschaftswachstum 3 %
Technologische Entwicklung	Rückgang der Innovationsrate
Sozio-kulturelle Entwicklung	Steigende Zahl von Singles
Politisch-rechtliche Entwicklung	Verschärfung der Umweltrichtlinien
Entwicklung im Konsumerismus	Wachsende Objektivität
Stärke des Beschaffungsmarktes	Zunehmend
Stärke der Absatzmittler	Zunehmend
Stärke der Konkurrenz	Abnehmend
Verhalten der Konsumenten/Verwender	Leichte Spartendenz

Abbildung 48: Die Umweltanalyse eines Unternehmens

Chancen-Risiken-Analyse, die sich aus dem Stärken-Schwächen-Profil (Abbildung 47) und der Umweltanalyse (Abbildung 48) zusammensetzt, wird in Abbildung 49 wiedergegeben:

Komponenten der Chancen-Risiken-Analyse	Risiko	Chance
Ökonomische Entwicklung		•
Technologische Entwicklung		•
Sozio-kulturelle Entwicklung		•
Politisch-rechtliche Entwicklung		•
Entwicklung im Konsumerismus		•
Stärke des Beschaffungsmarktes	•	
Stärke der Absatzmittler	•	
Stärke der Konkurrenz		•
Verhalten der Konsumenten/Verwender	•	

Abbildung 49: Die Chancen-Risiken-Analyse eines Unternehmens

Will man die Marketing-Forschung in den gesamtunternehmerischen Rahmen stellen, so ergeben sich die in Abbildung 50 wiedergegebenen Zusammenhänge.

Das Top-Management definiert ein Problem (z.B. ein Absatzproblem in einem Marktsegment) und gibt diese Definition an die Marketing-Forschung weiter. Diese beschafft und verdichtet Informationen aus der Umwelt und dem Unternehmen, d.h. sie filtert relevante Informationen heraus. Sie greift dabei auf vorhandene Daten zurück und erhebt - falls nötig -neue Daten. Im Prozeß der Informationsverarbeitung und der Interpretation der Ergebnisse werden Umwelt und Unternehmen einer Analyse unterzogen. Aus beiden Analysen erstellt man eine Chancen-Risiken-Analyse, die sowohl an das Top-Management als auch an dessen Beraterstab weitergegeben wird. Nachdem das Top-Management sich mit seinem Beraterstab kurzgeschlossen hat, fällt es die notwendige Entscheidung: z.B. die Entwicklung einer neuen Produktlinie für den betreffenden Markt (Produktentwicklung).

Neben den grundlegenden Fragen, wie sich Marketing-Forschung und Marktforschung unterscheiden, was die Marketing-Forschung umfaßt und welchen Stellenwert sie im Rahmen eines Gesamtunternehmens hat, steht die Frage nach dem Wie der Marketing-Forschung.

Man unterscheidet dabei die folgenden Typen der Forschung:

• Explorativ (siehe 1.)
• Deskriptiv (siehe 2.)
• Kausal (siehe 3.)

Abbildung 50:Die Marketing-Forschung im Rahmen des unternehmerischen Entscheidungsprozesses

1. Von **explorativer Forschung** spricht man immer dann, wenn man die einen Problemkreis betreffenden Zusammenhänge noch nicht kennt. Dabei wird ein Problem in der Form untersucht, daß man die beteiligten Kräfte zu entdecken trachtet. Ein Beispiel hierfür ist etwa ein Unternehmen, das seine Produkte auf einem überseeischen Markt absetzen will, ohne diesen Markt zu kennen, und daher explorative Forschung betreibt.

2. Kennt man die grundlegenden Komponenten, die auf diesem überseeischen Markt wirken, so kann man sie beschreiben, wozu die **deskriptive Forschung** dient. In der deskriptiven, d.h. *beschreibenden* Forschung wird nichts erklärt, es werden nur Fakten genannt: z.B. Kaufkraftverteilung in der Bevölkerung, eventuelle regional unterschiedliche Konsumpräferenzen, Marktanteile, Anzahl und Größe der Kommunikationsträger etc.

3. Unter **kausalen Analysen** versteht man entweder die Analyse vorhandener statistischer Daten oder aber die Durchführung von Experimenten. Das Ziel der Untersuchung vorhandener bzw. empirisch ermittelter Daten liegt in der Bestimmung von gesetzmäßigen Abläufen zwischen sogenannten **unabhängigen Variablen** (UV) und **abhängigen Variablen** (AV) unter möglichst weitgehendem oder vollständigem Ausschluß von **Störvariablen**. Wenn z.B. gefragt wird, was die Höhe des Umsatzes bedingt, so ergibt sich eine lange Liste der Einflußfaktoren, u. a. Produktqualität, Preisstellung, Werbeaufwendungen etc. Letztere sind unabhängige Variablen, die Höhe des Umsatzes - also das, worüber man etwas wissen will - ist die abhängige Variable. **Störvariablen** können u.a. auftreten, wenn man **Versuchspersonen** (VPN) in deren Wohnung einem Werbetest unterzieht, der durchgängige Konzentration erfordert, z.B. klingelt das Telefon oder es läutet an der Tür.

Nach dieser Darstellung allgemeiner Grundlagen sollen die einzelnen Komponenten der Marketing-Forschung vorgestellt werden, die im Überblick in Abbildung 51 zu sehen sind:

Fortsetzung nächste Seite

MARKETING-FORSCHUNG

Erhebungsarten

Die grundsätzlichen Möglichkeiten der Forschung

Eigenforschung
(Forschung durch eigene Marketing-Forschungs-Abteilung)

Fremdforschung
(Forschung durch externes Marketing-Forschungs-Institut)

Ökoskopische Forschung
(Erforschung ökonomischer Größen wie Umsatz etc.)

Demoskopische Forschung
(Erforschung soziodemographischer, geographischer und psychographischer Merkmale)

Primärforschung
(Labor- und Feldforschung)

Sekundärforschung
(Rückgriff auf vorhandenes Datenmaterial)

Auswahl der Probanden

Auswahlverfahren aus einer Zielgruppe

Vollerhebung
(die Grundgesamtheit wird komplett z.B. befragt)

Teilerhebung
(Ermittlung einer Stichprobe durch:
• einfache Stichprobenverfahren
• geschichtetes Stichprobenverfahren
• Flächenstichprobenverfahren
• Klumpenstichprobenverfahren
• Quotenverfahren
• Konzentrationsauswahlverfahren

Fehlermöglichkeiten bestehen durch:
• Zufallsfehler
• systematische Fehler
→ fehlende Repräsentativität)

Skalierung

Skalierungen dienen der **Vergleichbarkeit** von Daten

Skalenniveau
(• Nominalskala
• Ordinalskala
• Intervallskala
• Verhältnisskala)

Skalierungsähnliche Verfahren
(• Rating Skalen
• Rangordnungen
• Paarvergleiche)

Eindimensionale Skalierungsverfahren
(• Likert-Skalierung
• Thurstone-Skalierung)

Mehrdimensionale Skalierungsverfahren
(• Index
• Semantisches Differential)

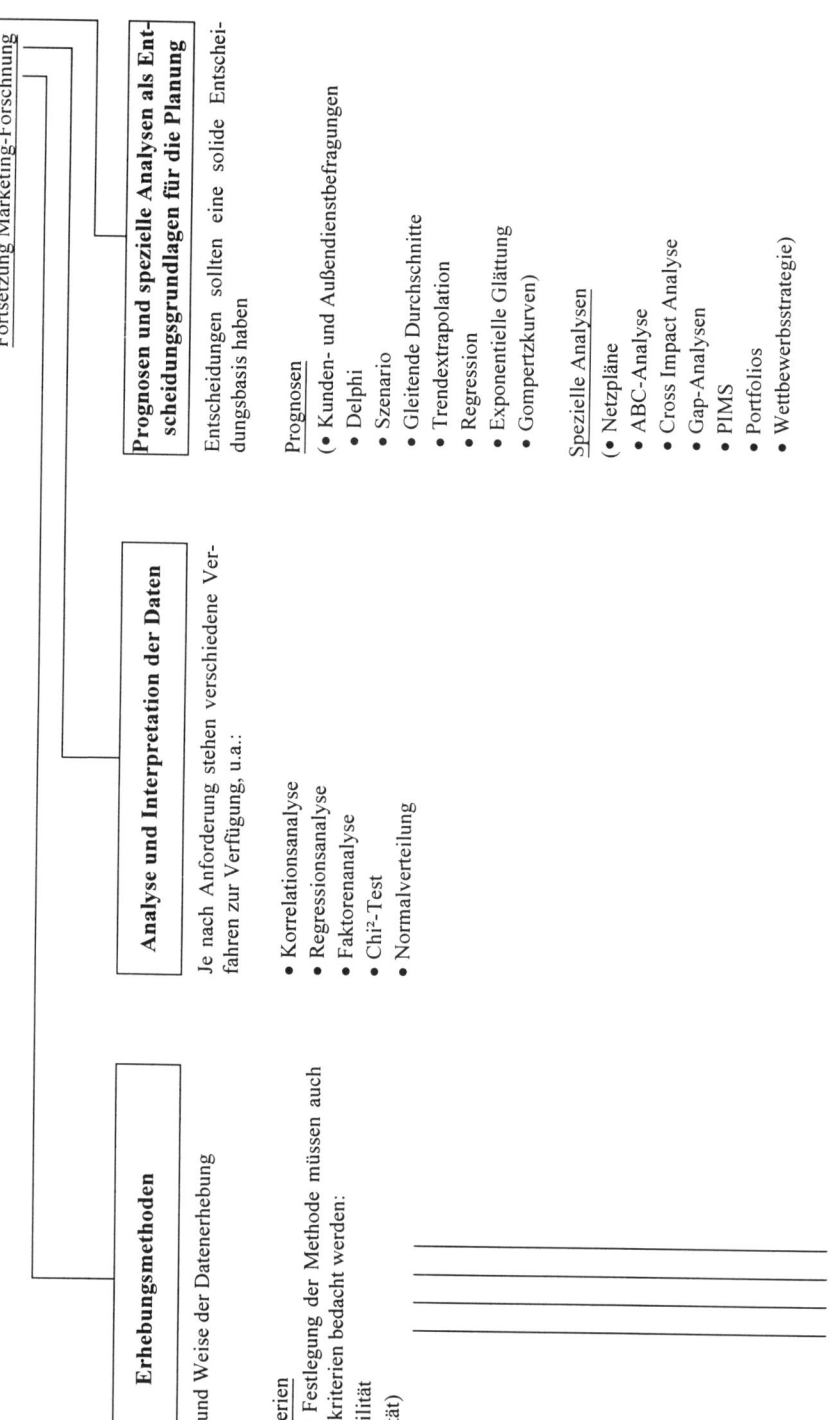

Fortsetzung Marketing-Forschung

Erhebungsmethoden

Die Art und Weise der Datenerhebung

Gütekriterien
(mit der Festlegung der Methode müssen auch die Gütekriterien bedacht werden):
• Reliabilität
• Validität

Analyse und Interpretation der Daten

Je nach Anforderung stehen verschiedene Verfahren zur Verfügung, u.a.:
• Korrelationsanalyse
• Regressionsanalyse
• Faktorenanalyse
• Chi²-Test
• Normalverteilung

Prognosen und spezielle Analysen als Entscheidungsgrundlagen für die Planung

Entscheidungen sollten eine solide Entscheidungsbasis haben

Prognosen
(• Kunden- und Außendienstbefragungen
• Delphi
• Szenario
• Gleitende Durchschnitte
• Trendextrapolation
• Regression
• Exponentielle Glättung
• Gompertzkurven)

Spezielle Analysen
(• Netzpläne
• ABC-Analyse
• Cross Impact Analyse
• Gap-Analysen
• PIMS
• Portfolios
• Wettbewerbsstrategie)

Fortsetzung nächste Seite

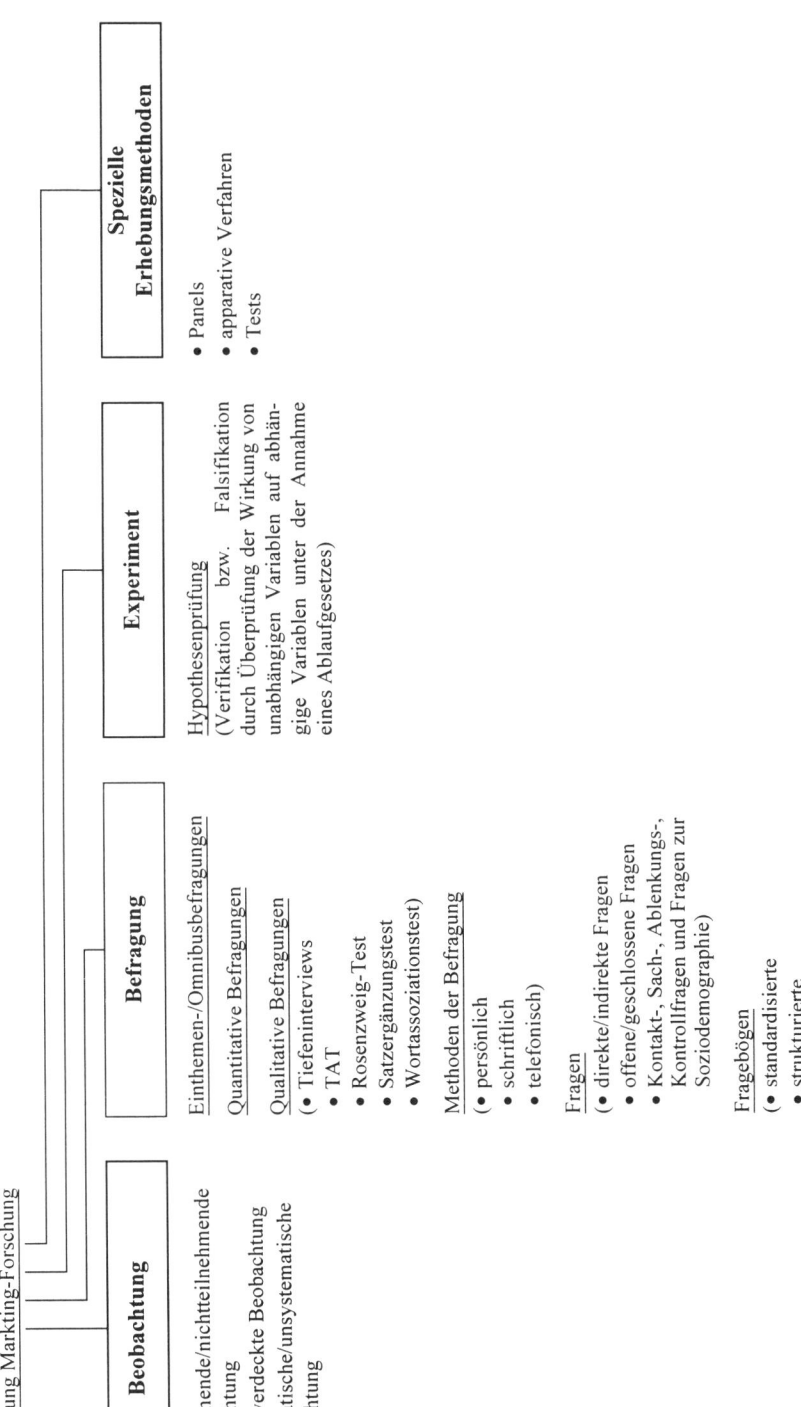

Abbildung 51: Die Komponenten der Marketing-Forschung

3.2 Die Komponenten der Marketing-Forschung

Die Marketing-Forschung setzt sich aus den folgenden Hauptkomponenten zusammen:

- Erhebungsarten (Kapitel 3.2.1)
- Auswahl der Probanden (Kapitel 3.2.2)
- Skalierung (Kapitel 3.2.3)
- Erhebungsmethoden (Kapitel 3.2.4)
- Analyse und Interpretation der Daten (Kapitel 3.2.5)
- Prognosen und spezielle Analysen als Entscheidungsgrundlagen für die Planung (Kapitel 3.2.6)

3.2.1 Erhebungsarten

Marketing-Forschung kann ebenso unternehmensintern wie unternehmensextern durchgeführt werden. Grundsätzlich weist die **Fremd-Marketing-Forschung** durch externe Institute im Gegensatz zur **Eigen-Marketing-Forschung** durch interne Marketing-Forschungs-Abteilungen folgende Unterschiede auf:

- Keine Betriebsblindheit (die intern oft auftritt)
- Größere Geschwindigkeit und Effizienz (Dienstleister stehen unter einem größeren Druck als interne Abteilungen)
- Größere Transparenz von Marktzusammenhängen und dadurch oft höhere Datenqualität, d.h. bessere und aktuellere Daten (was wiederum durch den Konkurrenzdruck unter den externen Marketing-Forschern zu erklären ist)
- Geringerer Einblick in unternehmensinterne Sachverhalte und Notwendigkeiten (hier sind die internen Marketing-Forscher im Vorteil)
- Geringere Geheimhaltungsmöglichkeiten (die externen Konkurrenten beobachten sich, und dadurch kann schon mal das eine oder andere durchsickern)
- Geringere Kontrollmöglichkeiten (den internen Marketing-Forschern kann man auf die Finger schauen)

Es ist also jeweils ein Abwägen nötig, ob ein Auftrag intern oder extern vergeben wird. Manchmal finden auch Arbeitsteilungen zwischen internen und externen Marketing-Forschern statt, z.B. leistet die interne Marketing-Forschung Vorarbeiten oder sie ist mit anderen Aspekten derselben Untersuchung betraut.

Neben der Frage, wer eine Untersuchung durchführt, steht die Frage, auf welche Art man sie durchführen kann. Hier bieten sich folgende Möglichkeiten an:

• Ökoskopische Marketing-Forschung (siehe 1.)
• Demoskopische Marketing-Forschung (siehe 2.)
• Primärforschung (siehe 3.)
• Sekundärforschung (siehe 4.)

1. In der **ökoskopischen Marketing-Forschung** beschäftigt man sich vor allem mit folgenden **ökonomischen Größen**, die sich auf den jeweils für das betreffende Unternehmen relevanten Markt beziehen:

• Umsätze

• Absätze

• Preise

• Zahl der Anbieter

• Marktanteile der Anbieter

• Relative Marktanteile

2. Die **demoskopische Marketing-Forschung** bezieht sich dagegen auf **sozio-demographische**, **geographische** und **psychographische Merkmale** der **Wirtschafts-Subjekte**, d.h. der einzelnen Marktteilnehmer (Demoskopie kommt aus dem Griechischen und heißt wörtlich übersetzt *auf das Volk schauen*). Alle drei Typen von Merkmalen lassen sich weiter differenzieren:

Soziodemographische Merkmale sind vor allem:

• Alter
• Geschlecht
• Religionszugehörigkeit
• Familienstand
• Berufsgruppenzugehörigkeit
• Einkommen

Geographisches Merkmal ist der Wohnort:

- Land, Bundesland, Nielsen-Gebiet
- Großstadt, mittlere Stadt, Kleinstadt
- Dorf

Psychographische Merkmale sind vor allem:

- Einstellungen
- Meinungen
- Neigungen
- Motive
- Kaufabsichten

In der demoskopischen Marketing-Forschung wird außerdem zwischen **quantitativer** und **qualitativer Forschung** unterschieden. In der quantitativen Forschung werden einfache Zusammenhänge mit Hilfe einer Vielzahl von **Auskunftspersonen (APN), beobachteten Personen (BPN)** bzw. **Versuchspersonen (VPN)** erforscht (meist sind es mehrere hundert Personen). Man bittet beispielsweise eine APN, auf einer Liste mit den Namen von Waschmitteln das in ihrem Haushalt verwendete Waschpulver anzukreuzen etc., d.h. man untersucht konkretes Verhalten bzw. konkrete Absichten, ohne nach den tieferen Gründen zu forschen.

Im Gegensatz dazu wird in der qualitativen Forschung nach den tieferen Gründen für konkretes Verhalten bzw. konkrete Absichten geforscht, wozu in der Regel eine Personengruppe (APN, VPN und nur selten BPN) von ca. 50 Personen ausreicht. In diesen Bereich fällt die Erforschung der Tiefenkomponente der psychographischen Merkmale, d.h. das nicht direkt Beobachtbare bzw. Erfahrbare wird untersucht. Man forscht hier beispielsweise nach den Gründen für die Bildung der positiven Einstellung, die dann - in der quantitativen Forschung meßbar - zu konkretem Verhalten, wie etwa dem obigen Waschmittelkauf, führen kann.

3. Unter **Primärforschung** versteht man aktuelle, neu durchgeführte Forschung, d.h. man interessiert sich für bestimmte Zusammenhänge und erforscht diese. Dabei unterscheidet man:

- Laborforschung (siehe a.)
- Feldforschung (siehe b.)

a. Als **Laborforschung** bzw. **Laboratory research** bezeichnet man jede Art von Forschung, bei der sich APN, BPN oder VPN in einer Räumlichkeit befinden, in der sich **Störvariablen** - d.h. zum Beispiel Unterbrechungen durch unerwünschte Vorfälle - kontrollieren lassen. Jemand, der auf der Straße darauf angesprochen wird, ob er in den Räumlichkeiten eines Marketing-Forschungs-Unternehmens eine Zeitschrift durchsehen würde (der sogenannte **Copytest**), um sich hinterher befragen zu lassen, an was in dieser Zeitschrift er sich erinnere, beteiligt sich ebenso an Laborforschung wie eine zwecks Durchführung von Messungen verkabelte VPN in einem Universitäts-Institut.

b. Die **Feldforschung** bzw. das **Field research** findet außerhalb von Labors statt. Wenn Sie also auf der Straße angesprochen bzw. zu Hause aufgesucht und gebeten werden, einen Fragebogen auszufüllen, so sind Sie APN in der Feldforschung.

4. Bei der **Sekundärforschung** bzw. beim **Desk research** greift man auf bereits vorhandenes Datenmaterial zurück. Dieses kann ebenso aus **unternehmens-internen** wie **unternehmensexternen Quellen** stammen. Unternehmensinterne Quellen sind das Rechnungswesen, vorhandene Analysen von Stärken und Schwächen, erfolgte Mitarbeiterbefragungen etc. Unternehmensexterne Quellen sind alle denkbaren verfügbaren Datenquellen aus der Umwelt des betreffenden Unternehmens, z.B. das Statistische Bundesamt, statistische Landesämter, Ver-öffentlichungen von Institutionen (Ministerien, Verbraucherverbände etc.), Zeit-schriften, Fachpublikationen und Zeitungen.

3.2.2 Auswahl der Probanden

In der Marketing-Forschung hat man im Rahmen der **Primärforschung** die Aufgabe, Probanden aus der jeweiligen Zielgruppe auszuwählen - also entweder **Auskunftspersonen** (**APN**), **beobachtete Personen** (**BPN**) oder **Versuchs-personen** (**VPN**). Grundsätzlich gibt es bei einer solchen Auswahl zwei Möglichkeiten:

• Vollerhebung (siehe 1.)
• Teilerhebung (siehe 2.)

1. Bei **Vollerhebungen** wird eine sogenannte **Grundgesamtheit** vollständig untersucht. Das ist allerdings nur möglich, wenn eine solche Grundgesamtheit zahlenmäßig klein und erreichbar ist. Wenn man also z.B. eine Umfrage bei Deutschlands Ferrari-Fahrern machen wollte, könnte man eine Vollerhebung durch Befragung jedes einzelnen Ferrari-Fahrers durchführen.

2. Aus dem obigen Beispiel ist zu ersehen, daß Vollerhebungen eine seltene Ausnahme darstellen und **Teilerhebungen** die Regel sind. Oberstes Gebot bei der Auswahl der Probanden ist bei Teilerhebungen die **Repräsentativität** der **Stichprobe**, worunter man versteht, daß die jeweilige Stichprobe ein Mini-Abbild der Grundgesamtheit ist. Wenn die Grundgesamtheit der Käufer eines Produktes X vier Millionen Menschen umfaßt, die alle zwischen 20 und 35 Jahre alt sind, davon 65 Prozent weiblich und 35 Prozent männlich - um nur einige der möglichen **soziodemographischen Merkmale** vorzugeben -, dann muß sich die Stichprobe, deren Umfang vorab festgelegt wird, auch genauso zusammensetzen. Bei Teilerhebungen unterscheidet man zwischen **Zufallsauswahlverfahren** und **bewußten Auswahlverfahren**.

Zu den **Zufallsauswahlverfahren** bzw. **Random-Verfahren** gehören:

- Einfache, d.h. einstufige Zufallsstichprobenverfahren (siehe a.)
- Höhere Zufallsstichprobenverfahren:
  - Mehrstufiges Zufallsstichprobenverfahren (siehe b.)
  - Geschichtetes Stichprobenverfahren (siehe c.)
  - Flächenstichprobenverfahren (siehe d.)
  - Klumpenstichprobenverfahren (siehe e.)

a. Es gibt mehrere sogenannte **einfache Zufallsstichprobenverfahren**, die zu den **einstufigen Zufallsstichprobenverfahren** zählen. Grundsätzlich versteht man unter diesem Oberbegriff Stichprobenverfahren, bei denen zufällig ausgewählt wird. Es werden willkürlich Menschen auf der Straße angesprochen, oder man sucht sich **Auskunftspersonen** (APN) aus dem Telefonbuch etc. Eines dieser Verfahren ist das **Urnenmodell**, bei dem aus einer Grundgesamtheit durch Ziehen Probanden ausgewählt werden. Das geht jedoch nur bei sehr kleinen Grundgesamtheiten, denn jedes Mitglied der Grundgesamtheit muß per Namensangabe in der Urne vertreten sein. Das zufällige Auswählen aus einem Telefonbuch kann man dagegen als Sonderform des Urnenmodells betrachten, bei dem die Größe der Grundgesamtheit keine Rolle spielt. Eine weitere Variante des einfachen Zufallsstichprobenverfahrens liegt in der Verwendung von **Zufallslisten**, die mittels Computer (Zufallsgenerator) erstellt werden. Stellen Sie sich vor, man wünsche eine Stichprobengröße von 2.000 Menschen und möchte die Auswahl anhand einer durchnummerierten Adressenliste treffen, in der 750.000 Namen verzeichnet sind. Mit einer entsprechenden Software werden dann per Zufallsauswahl 2.000 Zahlen zwischen 1 und 750.000 bestimmt und anschließend auf die durchnummerierte Adressenliste angewandt, d.h. wenn beispielsweise u. a. die Sieben gezogen wurde, so wird diejenige Person kontaktiert, die sich an der 7. Stelle der Adressenliste befindet.

Beim **systematischen Auswahlverfahren** verfährt man anders: Man bestimmt per Zufallsauswahl eine Zahl, die in der Regel kleiner ist als der Quotient aus der Grundgesamtheit und der Stichprobe und erhöht diese Zahl jeweils um diesen Quotienten. Stellen Sie sich dazu vor, die Grundgesamtheit bestünde aus 200.000 Personen, und die Stichprobengröße sei auf 1.000 Personen festgelegt. Der Quotient beträgt dann 200. Die zufällig auszuwählende Zahl sollte dann kleiner als 200 sein. Würde z.B. die 47 bestimmt, so sähe die entstehende Zahlenreihe wie folgt aus: 47, 247, 447, 647 usw. Genau wie bei den Zufallslisten benötigt man auch hier durchnummerierte Adressenlisten. Ein weiteres einfaches Zufallsstichprobenverfahren ist das **Schlußziffernverfahren**. Dabei wird nur eine Schlußziffer per Zufallsauswahl bestimmt. Wird z.B. die Sieben gezogen, so wird jede Nummer einer durchnummerierten Adressenliste relevant, die mit sieben endet. Man kann bei dieser Variante auch z.B. ein Telefonbuch zur Hand nehmen und alle Personen anrufen, deren Telefonnummer mit sieben endet.

b. Finden mehrere einfache Stichprobenverfahren hintereinander statt, so spricht man auch von **mehrstufigem Zufallsstichprobenverfahren**. Wählt man also z.B. per Zufallsauswahl aus 30 Großstädten fünf und aus diesen wiederum per Zufallsauswahl jeweils 500 Probanden aus, so handelt es sich um ein mehrstufiges Zufallsstichprobenverfahren, das mit dem geschichteten, dem Flächen- und dem Klumpenstichprobenverfahren zu den **höheren Zufallsstichprobenverfahren** zählt.

c. Das **geschichtete Stichprobenverfahren** zählt, wie gesagt, zu den höheren Zufallsstichprobenverfahren. Dabei wird die jeweilige Grundgesamtheit in Schichten untergliedert, wobei die Schichtung fast ausnahmslos anhand **soziodemographischer Merkmale**, wie z.B. Alter und Geschlecht, vorgenommen wird. Die Schichtung dient dazu, eine in bezug auf eines oder mehrere Kriterien heterogene Grundgesamtheit in jeweils homogene Untergruppen - die sogenannten Schichten - zu untergliedern. Möchte man beispielsweise nur nach dem Geschlecht schichten, und man weiß zum einen, daß die Grundgesamtheit aus 54 Prozent Frauen und 46 Prozent Männern besteht, und zum anderen, daß 1.000 Probanden benötigt werden, so braucht man 540 weibliche und 460 männliche Probanden, die durch eines der unter Punkt a. geschilderten Verfahren zufällig ausgewählt werden.

d. Beim **Flächenstichprobenverfahren** handelt es sich wiederum um ein höheres Zufallsstichprobenverfahren. Dabei wird eine bestimmte Region, z.B. ein Stadtgebiet, in Flächen eingeteilt, aus denen jeweils per beliebigem einfachem Stichprobenverfahren einzelne Flächen ermittelt werden (erste Stufe der Zufallsauswahl). Manchmal werden allerdings auch alle Flächen einbezogen. Aus diesen ermittelten Flächen werden dann wiederum per einfachem Stichprobenverfahren die Probanden bestimmt (zweite Stufe der Zufallsauswahl). Die Flächen können z.B. im Innenstadtbereich alle gleich groß sein, doch oft bildet man Flächen anhand der Einwohnerzahl, so daß die Flächen bei unterschiedlicher Größe jeweils die gleiche Zahl an Personen aufweisen.

e. Auch das **Klumpenstichprobenverfahren** bzw. **Cluster sampling** zählt zu den höheren Zufallsstichprobenverfahren. Will man beispielsweise Schüler nach ihren Konsumgewohnheiten befragen, so gilt jede Schule als Klumpen. Aus der Gesamtheit der Klumpen, beispielsweise aller Schulen einer Stadt, werden in der ersten Stufe der Zufallsauswahl einzelne Klumpen analog zum Flächenstichprobenverfahren zufällig ermittelt, und anschließend werden alle Personen in dem jeweiligen Klumpen befragt - also alle Schüler der jeweiligen Schule. Beim Klumpenstichprobenverfahren aber besteht die Gefahr des **Klumpeneffektes**, worunter man die Homogenität gewählter Klumpen aus einer heterogenen Klumpen-Grundgesamtheit versteht. In unserem Schulbeispiel könnten beispielsweise nur Realschulen ermittelt worden sein. Um einen solchen Klumpeneffekt zu vermeiden, kombiniert man in der Regel das Klumpenverfahren in der ersten Stufe mit dem geschichteten Stichprobenverfahren, wobei die Schichten hier durch die verschiedenen Schultypen gebildet würden.

Wie bereits beim letzten Punkt angeklungen ist, können die einzelnen Verfahren miteinander kombiniert werden. In der Praxis ist das der Regelfall. So können

Flächenstichproben mit geschichtetem und mit einfachem Stichprobenverfahren ebenso wie Flächenstichprobenverfahren mit Klumpenstichprobenverfahren und geschichtetem Stichprobenverfahren kombiniert werden etc.

Bei allen Zufallsauswahlverfahren können **Fehler** auftreten, die dazu führen, daß die Stichprobe nicht repräsentativ ist. Man unterscheidet zwei Fehlertypen:

• Zufallsfehler (siehe f.)
• Systematische Fehler (siehe g.)

f. Unter einem **Zufallsfehler** bzw. **Stichprobenzufallsfehler** versteht man das Fehlen eines oder mehrerer Merkmale der Grundgesamtheit in der Stichprobe. So kann es beispielsweise vorkommen, daß aus einem Telefonbuch anhand des **Schlußziffernverfahrens** Probanden ausgewählt wurden, deren Telefonnummer auf sieben endet, und bei der Auswertung stellt sich heraus, daß der Großteil dieser Probanden zwischen 20 und 35 Jahre alt ist, d.h. ältere Probanden sind im Vergleich zur Grundgesamtheit **unterrepräsentiert**. Dasselbe kann auch bei einer willkürlichen Auswahl von Probanden auf der Straße passieren, z.B. haben jüngere Menschen tagsüber wenig Zeit und sind in einem solchen Fall in der Stichprobe ebenfalls unterrepräsentiert usw. Wenn bestimmte Kriterien der Grundgesamtheit in einer Stichprobe unterrepräsentiert sind, sind andere dafür **überrepräsentiert**.

g. **Systematische Fehler** treten auf, wenn die Auswählenden Fehler machen. Wenn man z.B. eine veraltete Datengrundlage benutzt - etwa ein altes Telefonbuch oder eine veraltete Adressen-, Berufsgruppen- oder Unternehmens-CD-ROM -, so fehlen meist bestimmte Merkmale der Grundgesamtheit in der Stichprobe.

Zu den systematischen Fehlern zählt u. a. auch, wenn Interviewer auf der Straße nicht zufällig auswählen, sondern sozusagen den Weg des geringsten Widerstandes gehen, indem sie z.B. nur Teenager und alte Menschen befragen und absichtlich auf die schwieriger zur Beantwortung von Fragebogen zu bewegenden Berufstätigen verzichten, die meist wenig Zeit haben, gerade Mittagspause oder eine eilige Besorgung machen usw. Solche Verfahrensweisen werden in der Regel jedoch schnell erkannt und die betreffenden Interviewer entlassen. Systematische Fehler beziehen sich nicht nur auf die Zufallsauswahlverfahren, sondern sie können auch bei den im folgenden besprochenen Verfahren der bewußten Auswahl auftreten.

Zu den **bewußten Auswahlverfahren** zählen:

• Quotenauswahlverfahren (siehe h.)
• Konzentrationsauswahlverfahren (siehe i.)

h. Beim **Quotenauswahlverfahren** bzw. **Quota sampling** werden Interviewern
bzw. Versuchsleitern Quoten in Form eines Quotenplans vorgegeben, die
diese einhalten müssen, wobei es in der Regel um die **soziodemographischen Merkmale** Geschlecht, Alter und Beruf (selbständig/angestellt
reicht meist) geht. Ein Quotenplan hat die in Abbildung 52 gezeigte Form, die
natürlich um weitere soziodemographische Merkmale erweitert denkbar ist,
doch wird dann die Auswahl immer schwieriger:

Quotenplan für 100 Befragungen		
Kriterien	Ausprägungen	APN-Anzahl
Geschlecht	männlich	46
	weiblich	54
Alter	20 - 29	26
	30 - 45	28
	46 - 59	25
	60 -	21
Beruf	selbständig	25
	angestellt	75

Abbildung 52: Ein Quotenplan für 100 Befragungen

Die möglichen Kombinationen bleiben bei diesem Quotenplan dem Interviewer überlassen, d.h. er/sie könnte z.B. alle 25 Selbständigen auf die
männlichen APN verteilen usw. Seit einigen Jahren geht man daher in der
Praxis immer mehr dazu über, Quotenpläne mit vorgegebenen Kombinationen zu erstellen, d.h. die Interviewer erhalten Quotenpläne mit vorgegebenen Kriterienkombinationen, wie aus Abbildung 53 ersichtlich wird.

i. Beim **Konzentrationsauswahlverfahren** bzw. **Cut-off-Verfahren** beschränkt man sich auf für den jeweiligen Fall wesentliche Stichprobenteil-
nehmer. Will man beispielsweise eine Umfrage bei seinen Absatzmittlern
durchführen, und man beliefert 150 Absatzmittler, so kann man entweder alle

befragen, oder aber man befragt im Rahmen einer Konzentrationsauswahl diejenigen mit dem größten Absatz der eigenen Produkte. Wenn man z.B. 150 Absatzmittler beliefert, von denen mit einigen wenigen - sagen wir, mit 10 - 75 Prozent des Umsatzes erzielt werden, so befragt man nur diese 10 Absatzmittler.

Quotenplan für 100 Befragungen mit vorgegebenen Kombinationen			
Geschlecht mit Alter und Beruf			APN-Anzahl
männlich	20 - 29	angestellt	7
"	30 - 45	"	8
"	46 - 59	"	7
"	60 -	"	7
männlich	20 - 29	selbständig	5
"	30 - 45	"	5
"	46 - 59	"	4
"	60 -	"	3
weiblich	20 - 29	angestellt	12
"	30 - 45	"	12
"	46 - 59	"	12
"	60 -	"	10
weiblich	20 - 29	selbständig	2
"	30 - 45	"	3
"	46 - 59	"	2
"	60 -	"	1

Abbildung 53: Ein Quotenplan für 100 Befragungen mit vorgegebenen Kombinationen

3.2.3 Skalierung

Wenn man Befragungen durchführt, hat man bei der Erstellung der Fragebögen die Auswahlmöglichkeit zwischen **offenen Fragen,** bei denen keine Antwortkategorie vorgegeben wird („Was halten Sie von diesem Produkt?"), und **geschlossenen Fragen,** bei denen Antwortkategorien vorgegeben werden. Diese können sowohl in der Ja/Nein-Form („Haben Sie in den vergangenen vier Wochen unser Produkt gekauft?") als auch in Form einer **Skala** auftreten.

Skalen haben unterschiedliche **Skalenniveaus**:

• Nominalskala (siehe 1.)
• Ordinalskala (siehe 2.)
• Intervallskala (siehe 3.)
• Verhältnisskala (siehe 4.)

1. Bei der **Nominalskalierung** werden bestimmten Ausprägungen von Frage-bogenantworten bestimmte Skalenwerte zugeordnet, um die Antworten leichter in den Computer übertragen zu können. Ist die Antwortvorgabe im Fragebogen z.B. rot, blau, gelb und grün, so wird für rot z.b. eine 1, für blau eine 2, für gelb eine 3 und für grün eine 4 eingetragen. Ist die Antwortvorgabe männlich und weiblich, so wird z.B. männlich mit 1 und weiblich mit 2 skaliert usw. Es gibt keine Rangfolge, die Abstände zwischen den Werten haben keine Bedeutung, und ein Nullpunkt ist nicht vorhanden.

2. Die **Ordinalskala** bringt Daten in eine Rangfolge, die Abstände zwischen den Werten haben nur subjektive Relevanz, und ein Nullpunkt ist nicht vorhanden. Eine sehr bekannte Ordinalskala sind Schulnoten: 1 ist besser als 2, 2 besser als 3 usw. (Rangfolge), die Abstände sind nicht normiert (der Unterschied zwischen einer 1 und einer 2 kann für einen Dozenten minimal, für einen anderen sehr groß sein), und es gibt keinen Nullpunkt.

3. Bekannte **Intervallskalierungen** sind die Celsius- und die Fahrenheit-Ther-mometer-Skalierung. Es besteht eine Rangfolge (1 Grad ist kälter als 2 Grad), die Abstände sind metrisch, d.h. normiert (der Unterschied zwischen 1 Grad und 2 Grad ist genauso groß wie der Unterschied zwischen 30 und 31 Grad), ein Nullpunkt ist vorhanden, aber er wurde subjektiv festgelegt (0 Grad ist dort, wo Wasser gefriert; man hätte genauso gut den Punkt nehmen können, bei der ein bestimmtes Gas flüssig wird, o. ä.).

4. Die **Verhältnisskalen** stellen das höchste Niveau der Skalen dar. Es besteht eine Rangfolge, die Abstände sind metrisch, d.h. normiert, und es existiert ein natürlicher Nullpunkt. Beispiele sind das Kelvin-Thermometer, bei dem der Nullpunkt bei der tiefstmöglichen Temperatur liegt (- 273,16° Celsius), Größen und Gewichte.

Wenn man Befragungen durchführt, sind die Antworten immer subjektiv, weil sie durch eine Menge **intervenierender Variablen** gefiltert werden, die bei jedem Menschen individuell zusammengesetzt sind. Skalen haben nur einen

Zweck: sie sollen diese Antworten in Zahlen oder Buchstaben ausdrücken. Die dabei erreichten **Skalenniveaus** sind die **Nominalskalierung** und die **Ordinalskala**. Die beiden höheren Skalenniveaus sind nur dann zu erreichen, wenn Abstände zwischen Skalenwerten als von allen APN gleich groß, d.h. normiert, erkannt werden. Dazu müßte man den Einfluß der intervenierenden Variablen auf mathematischem Weg korrigieren, und an dieser Aufgabe sind die Psychologen gescheitert. Bei der Messung der wichtigsten intervenierenden Variablen, der Einstellung, hat man sich daher mit dem Ordinalskala-Niveau zu begnügen. Nur wenn objektive Tatbestände abgefragt werden, z.B. die Fragen nach Alters- und Einkommensgruppenzugehörigkeit im Rahmen der Ermittlung der **soziodemographischen Merkmale** von APN, erreicht man das höchste Skalenniveau.

Skalen kommen in verschiedenen Skalierungsverfahren zum Einsatz, die man in die folgenden drei Hauptgruppen einteilt:

• Skalierungsähnliche Verfahren (siehe 1.)
• Eindimensionale Skalierungsverfahren (siehe 2.)
• Mehrdimensionale Skalierungsverfahren (siehe 3.)

1. Bei den **skalierungsähnlichen Verfahren** unterscheidet man folgende Typen:

• Rating-Skalen (siehe a.)
• Rangordnungen (siehe b.)
• Paarvergleiche (siehe c.)

a. Unter einer **Rating-Skala** bzw. **Beurteilungsskala** versteht man eine Skala, bei der nicht genau definiert wurde, wie eine Frage zu verstehen ist. Abbildung 54 soll das verdeutlichen. Die Skala ist ordinalskaliert, aber es ist nicht ersichtlich, aus welchen Komponenten sich für jede einzelne APN der Begriff

10.	Wie gefällt Ihnen das Design unseres neuen Automodells?		
	Das Design	gefällt mir sehr	1
			2
			3
			4
			5
		gefällt mir gar nicht	6

Abbildung 54: Ausschnitt aus einem Fragebogen mit einer Rating-Skala

Design zusammensetzt. Einer APN gefällt die Kühlerhaube, nicht aber das Heck, und sie gibt eine 2, weil ihr die Front wichtiger ist; eine andere APN würde in der gleichen Situation eine 5 geben, weil ihr das Heck wichtiger ist; wieder einer anderen APN gefällt das Design des Innenraums, und obwohl ihr der Wagen von außen nur mittelmäßig zusagt, gibt sie eine 2 usw.

b. Oft testet man z.B. **Verpackungsdesigns**, indem man APN **Rangordnungen** bilden läßt. Stellen Sie sich dazu vor, Sie wären APN und sollten 5 neue Entwürfe in Form von Prototypen für eine neue Aluminium-Dose eines Cola-Herstellers in eine Rangordnung bringen. Man gibt Ihnen lediglich die Anweisung, Ihre Rangordnung von links oder von rechts zu beginnen. Sie werden vielleicht eine Weile verschiedene Rangordnungen ausprobieren oder aber schon auf Anhieb die für Sie richtige Wahl treffen. Auch hier wird der Begriff Design nicht differenziert. Eine APN beurteilt vielleicht den Schriftzug, eine andere die Farbkombination usw.

c. Der Unterschied zwischen **Paarvergleichen** und **Rangordnungen** liegt darin begründet, daß bei Rangordnungen die Paarvergleiche von den APN nicht angegeben werden. Bei Rangordnungen werden auch alle Alternativen miteinander verglichen, aber nur das Endergebnis wird erhoben. Bei Paarvergleichen wird für jedes Paar eine Beurteilung abgegeben. Aus den Einzelurteilen wird eine Rangfolge ermittelt. Nehmen wir an, wir unterziehen die Produkte A, B und C einem Paarvergleich. Folgende Paarvergleiche sind möglich: AB, AC und BC. Nehmen wir weiter an, jeweils 60 Prozent der APN präferieren A vor B, A vor C und C vor B, so ergibt sich die Rangfolge: ACB. Das läßt sich auch in der folgenden Matrix darstellen:

Produkte	Abstände			Summe
	A	B	C	
A	✕	2	1	3
B	- 2	✕	- 1	- 3
C	- 1	1	✕	0

Abbildung 55: Die Rangabstände beim Paarvergleich

Die sich jeweils ergebenden Summen sind nun durch die Anzahl der Relationen (hier jeweils zwei) zu dividieren, um den mittleren Abstand jedes Produktes zu allen anderen zu erhalten:

A = 1,5
C = 0
B = - 1,5

2. Die bekanntesten **eindimensionalen Skalierungsverfahren** sind die folgenden beiden. Sie dienen der Messung von Einstellungen:

• Likert-Skalierung (siehe a.)
• Thurstone-Skalierung (siehe b.)

a. Das Vorgehen bei der **Likert-Skalierung** erfordert mehrere Schritte:

1. Schritt: Die Einstellung einem bestimmten Unternehmen gegenüber soll ermittelt werden. Dabei gibt es eine Vielzahl von Fragen, die man APN stellen könnte. Man trägt etwa 100 bis 150 solcher Fragen in einem Fragebogen zusammen.

2. Schritt: Der Fragebogen wird APN vorgelegt. Die Skalierung hat sich im Laufe der Zeit immer wieder gewandelt. Ursprünglich wurde eine 7er-Skalierung in der Form -3, -2, -1, 0, 1, 2, 3 verwendet, dann eine 5er-Skalierung (-2, -1, 0, 1, 2), darauf hat man es ohne den Nullpunkt (-3, -2, -1, 1, 2, 3) und schließlich in der Form 1, 2, 3, 4, 5, 6 probiert, bei der 1 völlige Zustimmung und 6 völlige Ablehnung bedeutet. Nach wie vor werden alle diese Skalierungen in der Praxis verwendet, doch hat es sich gezeigt, daß die Null eine Anziehungskraft zur Mitte hat, d.h. die Null wirkt nahezu magnetisch oder - anders ausgedrückt: wer in der Skala -3, -2, -1, 1, 2, 3 eine 3 ankreuzen würde, bei dem besteht die Gefahr, daß er in der Skala -3, -2, -1, 0, 1, 2, 3 evtl. eine 2 ankreuzt. In der Mehrzahl der Fälle verwendet man daher heute in der Marketing-Forschungs-Praxis die Schulnotenskalierung bzw. die Skalierung -3, -2, -1, 1, 2, 3.

3. Schritt: Nehmen wir an, die Schulnotenskalierung wurde gewählt. Pro Frage bzw. Statement werden nun die 25 Prozent der APN, die die zustimmendsten, und die 25 Prozent, die die ablehnendsten Werte angaben, ausgewählt, aus denen jeweils das **arithmetische Mittel** gebildet wird. Nehmen wir weiterhin an, der zustimmende Mittelwert für eine bestimmte Frage sei 1,8, der ablehnende 4,9. Diese beiden Mittelwerte unterzieht man nun einem **t-Test**, d.h. einem Mittelwerttest. Dabei wird dem Mittelwert ein Streuungsbereich zugestanden, d.h. es entstehen Mittelwertintervalle. Hypothetisches Beispiel: 1,8 ± 0,4 und 4,9 ± 1,1. Die Intervalle sind also: [1,4; 2,2] und

[3,8;6]. Würden sich diese beiden Intervalle überschneiden, so hieße das, daß die beiden Mittelwerte nicht **signifikant** unterschiedlich sind. Hier sind die Intervalle überschneidungsfrei, also sind die Mittelwerte 1,8 und 4,9 signifikant unterschiedlich. Die Differenz zwischen den Intervallen (hier: 1,6) nennt man das **Diskriminationsmaß**. Aus den 100 bis 150 ursprünglichen Fragen bleiben nur die 20 bis maximal 30 Fragen übrig, die das höchste Diskriminationsmaß aufweisen.

4. Schritt: Diese ausgewählten Fragen kommen in den endgültigen Fragebogen, bei dem wiederum die gewählte Skalierung zum Einsatz kommt, hier also 1, 2, 3, 4, 5, 6.

b. Auch das Vorgehen bei der **Thurstone-Skalierung** erfordert mehrere Schritte:

1. Schritt: Wie bei der Likert-Skalierung.

2. Schritt: Der so entstandene Fragebogen wird unabhängigen Experten zur Beurteilung vorgelegt. Diese beurteilen die Fragen anhand einer 11er-Skalierung, bei der A völlige Zustimmung und K völlige Ablehnung bedeutet:

☐ ☐ ☐ ☐ ☐ ☐ ☐ ☐ ☐ ☐ ☐

A B C D E F G H I J K

Man geht dabei davon aus, daß die Abstände zwischen den Kästchen jeweils gleich groß eingeschätzt werden.

3. Schritt: Pro Frage wird nun der **Median** der Antworten bestimmt, d.h. derjenige Wert, der zahlenmäßig genauso viele Werte links wie rechts neben sich stehen hat. Zu diesem Zweck werden die Buchstaben durch Zahlen ersetzt, so daß z.B. D der Zahl 4 und J der Zahl 10 entspricht usw. Die Streuung der Antworten um den jeweiligen Median bestimmt man anhand der 25-Prozent- und 75-Prozent-Perzentile bzw. **Quartile**, d.h. man bestimmt das Intervall, das die oberen und die unteren 25 Prozent der Antworten ausklammert. Genau wie bei der Likert-Skalierung werden auch hier die ursprünglich 100 bis 150 Fragen auf 20 bis maximal 30 reduziert. Ausgewählt werden Fragen, deren Mediane sich gleichmäßig über die Skala verteilen, d.h. die Abstände von einem Median zum jeweils nächsten sollen gleich groß sein, und die ausgewählten Fragen sollen die geringstmögliche Streuung aufweisen.

4. Schritt: Diese ausgewählten Fragen erscheinen im endgültigen Fragebogen in Form von Ja/Nein-Fragen.

3. Bei den **mehrdimensionalen Skalierungsverfahren** unterscheidet man folgende Typen:

• Index (siehe a.)

• Semantisches Differential (siehe b.)

a. Unter einem **Index** versteht man die Zusammenziehung verschiedener Parameter zu einem Index-Wert. So setzt sich z.B. der **Index der Lebenshaltungskosten** aus repräsentativen Produkten und Dienstleistungen des sogenannten Warenkorbes und deren Preisen zusammen.

Bevor wir uns jedoch mit speziellen Indizes beschäftigen werden, sollen zuvor in einem Exkurs neben der **Kennzahl** Index weitere Kennzahlen vorgestellt werden, die in Indizes Verwendung finden, nämlich **Beziehungszahlen** und **Gliederungszahlen**.

Bei den **Beziehungszahlen** stammen Zähler und Nenner aus verschiedenartigen Datenkategorien, z.B. Umsatz im Vergleich zur Verkaufsfläche in Quadratmetern, d.h. Umsatz pro Quadratmeter, Produktionsmenge pro Zeiteinheit, Einwohner pro Quadratkilometer usw.

Unter einer **Gliederungszahl** versteht man eine Zahl, bei der der Zähler eine Teilkategorie des Nenners ist, z.B. weibliche Konsumenten im Vergleich zu allen Konsumenten, Umsatz einer bestimmten Filiale im Vergleich zum Gesamtumsatz, Knabengeburten im Vergleich zu allen Geburten usw.

Nach diesem Exkurs wollen wir uns mit zwei bekannten Indizes befassen, dem **Laspeyres-Index** und dem **Paasche-Index.** Die repräsentativen Waren im Warenkorb müssen zueinander in Beziehung gesetzt werden, d.h. man muß sie gewichten. Was wichtig für uns ist, z.B. Grundnahrungsmittel, erhält eine hohe Gewichtung, was weniger wichtig ist, eine niedrigere. Beim **Laspeyres-Index** stammen die Gewichte aus dem jeweiligen Basisjahr, und erst nach fünf bis sieben Jahren werden der Warenkorb und die Gewichte für jedes einzelne Produkt bzw. jede einzelne Dienstleistung neu bestimmt. Man kann mit diesem Index sowohl einen Preis- als auch einen Mengenindex berechnen, doch wird der deutsche **Index der Lebenshaltungskosten** als der wichtigste Index überhaupt als Preisindex nach Laspeyres bestimmt. Daher wollen wir es bei der Vorstellung der Preisindex-Berechnung nach Laspeyres bewenden lassen. Nehmen wir an, der Warenkorb bestünde nur aus den zwei

Produkten A und B. Im Jahr 1, dem Basisjahr, sei Produkt A 15.000mal zu einem Preis von DM 179 verkauft worden, und im folgenden Jahr 2, dem Berichtsjahr, sei der Preis auf DM 189 gestiegen. Produkt B kostete im Basisjahr DM 84 bei einer Menge von 410.000 Stück und im Berichtsjahr DM 89. Der Laspeyres-Index berechnet sich dann wie folgt:

$$\text{Laspeyres-Preisindex} = \frac{189 \cdot 15.000 + 89 \cdot 410.000}{179 \cdot 15.000 + 84 \cdot 410.000} \cdot 100 = 105{,}9$$

Beim Preisindex der Lebenshaltungskosten werden also nur alle fünf bis sieben Jahre Mengen und Preise neu bestimmt, in den Berichtsjahren müssen nur die Preise erhoben werden.

Beim **Paasche-Index** müssen dagegen jedes Jahr (oder - je nachdem - in jeder Periode) Mengen und Preise erhoben werden, d.h. die Gewichte stammen aus den Berichtsperioden. Die Berechnung mit den obigen Zahlen ist damit nicht möglich. Nehmen wir daher an, die Menge von Produkt A habe im Jahr 2 15.500 Stück betragen, die von Produkt B 405.000 Stück. Bei der Berechnung verfährt man dann wie folgt:

$$\text{Paasche-Preisindex} = \frac{189 \cdot 15.500 + 89 \cdot 405.000}{179 \cdot 15.500 + 84 \cdot 405.000} \cdot 100 = 105{,}9$$

Beim Paasche-Index müssen also in der Berichtsperiode die Mengen und die Preise ermittelt werden, d.h. der Arbeitsaufwand ist höher, und damit steigen die Kosten (wie man sieht, macht sich die Wahl des Laspeyres- oder Paasche-Index hier noch nicht bemerkbar, doch werden die Unterschiede schnell sichtbar, wenn man die Zahl der Produkte erhöht; der Paasche-Index liefert in jedem Fall die realitätsgetreueren Daten).

b. Das **semantische Differential** bzw. **Polaritätenprofil** besteht aus einer Aneinanderreihung von **Dichotomen**, d.h. *Begriffs-Gegensatzpaaren*, z.B. hell-dunkel, schnell-langsam etc. Das semantische Differential ist ein Instrument zur mehrdimensionalen Einstellungsmessung. Die Skalierung erfolgt in der Regel wie bei der Likert-Skalierung, und zwar in der Ausprägung -3, -2, -1, 1, 2, 3, manchmal auch noch in der Form -3, -2, -1, 0, 1, 2, 3. Abbildung 56 gibt ein semantisches Differential wieder. Durch die Verbindung der einzelnen Bewertungspunkte entsteht ein Profil, das man in der Regel mit einem jeweiligen Idealprofil vergleicht, indem man dieses ebenfalls einzeichnet.

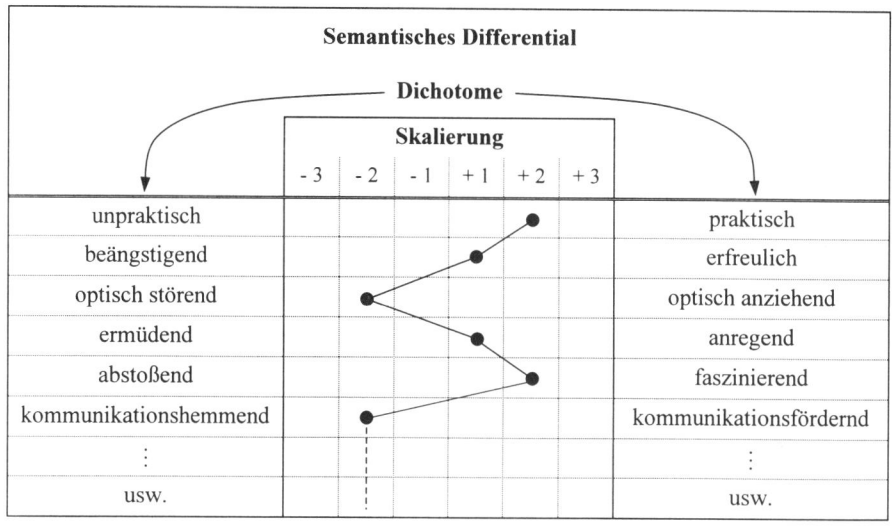

Abbildung 56: Das semantische Differential

3.2.4 Erhebungsmethoden

Schon während der Konzeption einer **Erhebungsmethode**, d.h. bei der Festlegung des **Erhebungs-Designs**, muß man sich über die **Güte** der geplanten Untersuchung Gedanken machen. Gütekriterien lassen sich in die folgenden Oberbegriffe einteilen:

• Reliabilität (siehe 1.)
• Validität (siehe 2.)

1. Reliabilität läßt sich mit *Verläßlichkeit* übersetzen: Die Ergebnisse von Untersuchungen müssen verläßlich sein, d.h. weder Uhrzeit noch Datum der Erhebung dürfen einen **signifikanten Einfluß** auf das oder die Ergebnisse haben. Wenn Sie also beispielsweise die **Hautleitfähigkeit** um 12.00 Uhr mittags und um 19.00 Uhr messen, während die VPN sich Fernsehwerbespots ansehen, so könnte die Uhrzeit die Ergebnisse dieser psychophysiologischen Messung signifikant beeinflussen. Das gleiche gilt auch für größere Zeitabstände, z.B. **Befragungen** der ersten Hälfte einer Stichprobe im Juli und der zweiten im August. In den Bereich der Reliabilität fällt auch der sogenannte **Interviewer-Einfluß**. Stellen Sie sich dazu einfach ein extremes, aber realistisches Beispiel vor: Sie wollen Frauen zu ihrem Sexualverhalten befragen und setzen für die eine Hälfte der Stichprobe eine Interviewerin und für die andere einen Interviewer ein. Mit sehr hoher Wahrscheinlichkeit werden sich die beiden Stichprobenhälften in ihren Antworten statistisch signifikant unterscheiden. In früheren Jahren zählten auch **Ortseinflüsse** zur Reliabilität, doch untersucht man sie heute in der Regel im Rahmen der Prüfung der Validität.

2. Bei der **Validität** handelt es sich um ein Gütekriterium, für das der folgende Definitionssatz in Form einer Frage gilt: *„ Wird das gemessen, was gemessen werden soll?"* Wenn Sie beispielsweise Mitarbeiter eines Unternehmens zu deren Meinung über das sie beschäftigende Unternehmen und dessen Produkte befragen, und eine APN antwortet, das Essen in der Kantine sei prima, dann war offensichtlich die Frage nicht konkret genug gestellt. Die Untersuchung ist nicht **valide**. Im Rahmen der Untersuchung der **externen Validität** überprüft man Ortseinflüsse, d.h. es kann passieren, daß man bei Untersuchungen in zwei Städten zu signifikant unterschiedlichen Ergebnissen gelangt und damit dem Gütekriterium der externen Validität nicht genügt. Der Bereich der **internen Validität** wurde mit dem Kantinen-Beispiel bereits angesprochen: Unter dieses Gütekriterium fällt alles, was die Ergebnisse außerhalb von Reliabilität und externer Validität verfälscht. Nehmen wir als weiteres Beispiel wiederum die Messung der Hautleitfähigkeit, während sich VPN Fernsehwerbespots ansehen, und man überprüft, ob hohe Meßwerte mit beispielsweise guter Erinnerung **korrelieren** (wozu man die VPN nach der Messung einer Befragung unterziehen muß), so müssen andere Faktoren ausgeschlossen werden können. Es könnte z.B. sein, daß die Erinnerung mit dem täglichen Fernsehkonsum korreliert, d.h. je mehr oder weniger die VPN fernsehen, desto besser oder schlechter - bzw. umgekehrt - erinnern sie sich an kurz zuvor zum erstenmal gesehene Werbespots, oder sie erinnern sich, weil ihnen eine Werbung auf die Nerven gegangen ist usw. Interne Validität erfordert hier also den Nachweis des Zusammenhangs zwischen Meßwerten und der Erinnerung, d.h. - komplementär ausgedrückt - den Nachweis, daß andere mögliche Einflußfaktoren nicht signifikant ursächlich für die Erinnerung sind.

Nach diesem Exkurs zu den Gütekriterien wollen wir uns den **Erhebungs- methoden** zuwenden, bei denen man folgende Typen unterscheiden kann:

• Beobachtung (Kapitel 3.2.4.1)
• Befragung (Kapitel 3.2.4.2)

• Experiment (Kapitel 3.2.4.3)
• Spezielle Erhebungsmethoden (Kapitel 3.2.4.4)

Erhebungen finden entweder als **Laborforschung** (bei der man zwar die möglichen **Störvariablen** kontrollieren kann, dafür aber in Kauf nehmen muß, daß die jeweilige Erhebungssituation unnatürlich wirkt und die Probanden sich entsprechend verhalten) oder als **Feldforschung** statt (bei der sich die Erhebung schwieriger gestaltet, weil sich die Störvariablen wesentlich schlechter kontrollieren lassen, dafür aber ein natürliches Umfeld vorhanden ist).

3.2.4.1 Beobachtung

Im Gegensatz zu den Erhebungsmethoden Befragung und Experiment wird die **Beobachtung** in der Marketing-Forschung in wesentlich geringerem Maße eingesetzt, weil das zentrale Interesse in der Marketing-Forschung der Ermittlung der Einstellung und ihrer Komponenten (affektiv, kognitiv, konativ) gilt, die man durch Beobachtung nur unzureichend erfassen kann. Durch Beobachtung kann man jedoch konkretes Konsumverhalten erfassen, und darin liegt ihr wesentliches Einsatzgebiet im Rahmen der Marketing-Forschung.

Das größte Problem bei Beobachtungen liegt in der Filterung von Umweltstimuli durch die **intervenierenden Variablen** in der Psyche jedes Beobachters. Jeder Mensch hat seine eigene einmalige Lebensgeschichte und damit völlig individuelle intervenierende Variablen, d.h. Einstellungen, Meinungen, Wünsche usw.

Insgesamt kann man drei Problembereiche definieren:

• Selektive Zuwendung (siehe 1.)
• Selektive Wahrnehmung (siehe 2.)
• Selektives Erinnern (siehe 3.)

1. Wenn der **Anreizcharakter** von Umweltsituationen nicht hoch genug ist, nehmen wir sie nicht zur Kenntnis. Mit Ausnahme einiger weniger erhaltener teilinstinktiver Zuwendungen, z.B. durch Erschrecken, hat jeder Mensch seine eigene Bewertungsinstanz für Umweltsituationen. In der einfachsten Form gibt es in dieser Instanz nur die zwei Kategorien *interessant* und *uninteressant*, aber auch die Bildung dieser Kategorien ist individuell unterschiedlich. Grundsätzlich gilt: Je interessierter ein Mensch an seiner Umwelt ist, desto mehr Umweltsituationen wendet er/sie sich zu. Hinzu kommt, daß Interesse einen dynamischen Charakter hat, d.h. je weniger man mit sich selbst beschäftigt ist bzw. je weniger Probleme man in sich trägt, desto wacher und folglich aufnahmebereiter wird man für seine Umwelt. Da das Leben für die meisten Menschen ein ständiges Auf und Ab ist, ändert sich die Zuwendungsfähigkeit somit oft im Leben. Man spricht daher von **selektiver Zuwendung**.

2. Wenn man sich für etwas interessiert, sich einer Umweltsituation zuwendet, gesellt sich das Problem der **selektiven Wahrnehmung** dazu. Wenn irgendwo ein Unfall passiert, so gibt es oft Zeugen - also Menschen, die sich diesem Umweltstimulus zugewendet haben. Doch sie nehmen oft ganz unterschiedliche Abläufe wahr. Unterschiedliche Phasen ein und desselben Unfalls werdgen von verschiedenen Zeugen wahrgenommen, d.h. durch die jeweils unterschiedlichen als Wahrnehmungsfilter wirkenden intervenierenden Variablen gelangen unterschiedliche Komponenten einer Umweltsituation in die tieferen Schichten der Gehirne der Zeugen.

3. Abgespeicherte Wahrnehmungen müssen auf ihrem Weg vom Speicherort im Gehirn wiederum die intervenierenden Variablen passieren, d.h. nur ein kleiner Bruchteil der abgespeicherten Wahrnehmungen wird zur Reproduktion freigegeben. Unter Hypnose können die intervenierenden Variablen zum größten Teil - bei manchen Menschen auch vollständig - abgeschaltet werden, und das gesamte abgespeicherte Wahrnehmungsspektrum wird von der hypnotisierten Person wiedergegeben. Aus der Hypnose-Forschung weiß man um die große Diskrepanz zwischen abgespeicherter Wahrnehmung und unhypnotisiert wiedergegebener Erinnerung. In der Marketing-Forschung kann man jedoch mit an Sicherheit grenzender Wahrscheinlichkeit die Hypnose von Beobachtern ausschließen und muß sich daher mit dem Problem der **selektiven Erinnerung** befassen.

Nur durch intensive Schulung der Beobachter kann man dieser Selektion Herr werden, z.B. indem man ihnen Dias oder Filme ohne Ton vorführt und sie hinterher zu ihrer Erinnerung befragt (durch unterschiedliche Dias bzw. Filme ohne Ton wird die Zuwendung geschult). Später wird die durchzuführende Beobachtung anhand einiger zu beobachtender Personen (BPN) in Form eines sogenannten **Pretests** vertieft und geprüft, bevor die eigentliche Beobachtung durchgeführt werden kann. Je größer die **Standardisierung** der Beobachtungssituation ist (d.h. je genauer festgelegt wird, worauf ein Beobachter zu achten hat und was er/sie sozusagen übersehen kann), desto besser läßt sich die menschliche Informationsverarbeitung kontrollieren. Probleme bestehen dabei im Auftreten unvorhergesehenen Verhaltens der BPN und - sofern ein Beobachter in eine Beobachtungssituation als unerkannter Teilnehmer involviert ist (**verdeckte teilnehmende Beobachtung**) - in der Gefahr des Erkanntwerdens durch zu große Konzentration auf bestimmte standardisierte Beobachtungssituationen.

Das Gegenteil der standardisierten Beobachtung sind **nichtstandardisierte Beobachtungen**, d.h. **unsystematische Beobachtungen**, die in der Regel bei der **teilnehmenden Beobachtung** zum Einsatz kommen. Ein Beobachter verinnerlicht dann Situationen, die er/sie für wichtig hält. Vor allem in der **explorativen Forschung** findet diese Variante Anwendung, wenn man also noch gar nicht genau weiß, wonach man eigentlich sucht.

Wie in den obigen Zeilen bereits teilweise angeklungen ist, gibt es verschiedene Möglichkeiten, Beobachtungen durchzuführen:

• Teilnehmende/nichtteilnehmende Beobachtung (siehe 1.)
• Offene/verdeckte Beobachtung (siehe 2.)
• Systematische/unsystematische Beobachtung (siehe 3.)

1. Bei einer **teilnehmenden Beobachtung** wird ein Beobachter zum Teilnehmer an einer bestimmten Umweltsituation, wobei Umwelt alles sein kann, was sich außerhalb des Körpers eines Beobachters abspielt. In der Regel beteiligen sich Beobachter bei dieser Variante an Gruppendiskussionen. Die Vorgehensweise ist dabei fast immer standardisiert. Handelt es sich zudem um eine **verdeckte Beobachtung** (was fast ausnahmslos der Fall ist), so dürfen die Diskussionsteilnehmer nicht merken, daß sie beobachtet werden, d.h. ein Beobachter muß sich auch ab und zu in die Diskussion einbringen, allerdings ohne die Richtung der Diskussion zu beeinflussen. Nur in seltenen Fällen sollen Beobachter auch provozieren - beispielsweise um herauszufinden, durch welche Argumente sich Einstellungen ändern lassen etc.

Bei der **nichtteilnehmenden Beobachtung** kann sich ein Beobachter vollständig seiner Aufgabe widmen, weil er/sie sich per Definition nicht in die jeweilige Beobachtungssituation einbringt. Bei einer Gruppendiskussion im Rahmen einer nichtteilnehmenden Beobachtung wissen die Diskussionsteilnehmer, daß sie beobachtet werden, d.h. es handelt sich um **offene nichtteil-**

nehmende Beobachtungen, denn ansonsten würde ein Beobachter schnell auffliegen. Diese Variante der Beobachtung findet beispielsweise Anwendung in **Assessment centers**, bei denen in der Regel Gruppendynamiken und Führungsverhalten beobachtet werden. Im **Feld**, also außerhalb von **Labors**, ist die **verdeckte nichtteilnehmende Beobachtung** das hauptsächliche Beobachtungsverfahren. Man beobachtet, wer vor Schaufenstern stehenbleibt, ob bestimmte Produkte gekauft werden usw. Auch Aufzeichnungen mit Kameras zählen zur nichtteilnehmenden Beobachtung.

2. Bei **offenen Beobachtungen** wissen die zu beobachtenden Personen (BPN), daß sie beobachtet werden, bei **verdeckten Beobachtungen** wissen sie es nicht. In den Bereich der verdeckten Beobachtung fallen neben unmittelbaren Beobachtungen durch Beobachter auch Einweg-Beobachtungen durch Spiegel, unsichtbare Kameras usw.

3. **Systematische Beobachtungen** bzw. **standardisierte Beobachtungen** setzen - wie oben bereits ausgeführt - intensive Beobachterschulungen voraus, um deren Zuwendung, Wahrnehmung und Erinnerungsvermögen zu schulen und um die Beobachtungen verschiedener Beobachter miteinander vergleichbar zu machen. Im Gegensatz dazu handelt es sich bei **unsystematischen Beobachtungen** um **nichtstandardisierte Beobachtungen**, die meist in der **explorativen Forschung** angewendet werden. Man verschafft sich also zuerst einen Überblick, der meist als Grundlage für spätere standardisierte Beobachtungen dient.

Die obigen Typen der Beobachtung lassen sich untereinander mischen, d.h. miteinander kombinieren, z.B. in der Form systematisch, verdeckt, nichtteilnehmend etc. Abbildung 57 gibt die möglichen Kombinationen wieder:

Beobachtung	systematisch		unsystematisch	
	offen	verdeckt	offen	verdeckt
teilnehmend	●	●	●	●
nichtteilnehmend	●	●	●	●

Abbildung 57: Die Kombinationsmöglichkeiten der verschiedenen Typen der Beobachtung

3.2.4.2 Befragung

In der Marketing-Forschung sind **Befragungen** die häufigste Erhebungsmethode. Meist handelt es sich um **Einthemenbefragungen**, d.h. eine Befragung kreist um ein Thema - beispielsweise um die Einstellung gegenüber einem bestimmten Produkt, Unternehmen usw. Manchmal werden in einer Befragung aber auch mehrere Themen angesprochen, die mehrere Sachverhalte innerhalb eines Unternehmens betreffen können, oder aber mehrere Unternehmen lassen - in der Regel aus Kostengründen - unterschiedliche Sachverhalte in einer Befragung ansprechen. Solche **Mehrthemenbefragungen** nennt man meist **Omnibusbefragungen**.

Eine weitere Unterscheidung läßt sich hinsichtlich **qualitativer** und **quantitativer Forschung** treffen. In der quantitativen Forschung werden **Interviews** mit mehreren hundert Auskunftspersonen (APN) durchgeführt, wobei die Fragen nicht sonderlich in die Tiefe gehen. Ziel ist die Erforschung tatsächlichen Verhaltens, nicht aber die Frage nach den im verborgenen liegenden Gründen für ein geäußertes Verhalten. Typische Fragestellungen sind z.B.: „Welche der folgenden Produkte haben Sie in den vergangenen vier Wochen gekauft?", oder „Benutzen Sie das Waschmittel X in Ihrem Haushalt?"

Im Gegensatz dazu versucht man in der qualitativen Forschung mit meist etwa 50 APN im Rahmen der in Abbildung 58 wiedergegebenen Methoden an die tieferen Schichten, d.h. an die **intervenierenden Variablen**, heranzukommen, deren wichtigste die **Einstellung** ist:

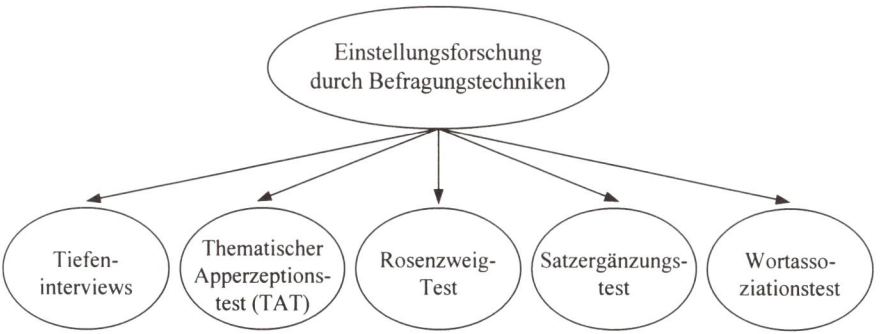

Abbildung 58: Die Erforschung von Einstellungen durch Befragungstechniken

Man unterscheidet somit in der qualitativen Forschung die folgenden fünf Typen der Befragung:

- Tiefeninterview (siehe 1.)
- Thematischer Apperzeptionstest (siehe 2.)
- Rosenzweig-Test (siehe 3.)
- Satzergänzungstest (siehe 4.)
- Wortassoziationstest (siehe 5.)

1. Tiefeninterviews bzw. **Intensivinterviews** zielen nicht auf tatsächliches Verhalten ab, sondern auf dessen Ursachen. Typische Fragestellungen sind hier z.B.: „Was assoziieren Sie mit der Farbe X?" Nehmen wir an, eine APN antwortet - bezugnehmend auf die Farbe rot: „Ich finde, rot ist eine aggressive Farbe." Man könnte sie daraufhin weitergehend befragen: „Was würde Ihrer Meinung nach passieren, wenn man eine Produktverpackung in der Hauptsache feuerrot einfärben würde?" usw.

2. Der **thematische Apperzeptionstest (TAT)** stammt von Murray und besteht aus einer Reihe von Fotografien, auf denen unklare Situationen dargestellt sind (meist handelt es sich um 20 Darstellungen). Die APN werden gebeten, etwas in die jeweilige Situation hineinzuprojizieren, d.h. zu beschreiben, was ihrer Meinung nach auf den Fotos dargestellt ist. Stellen Sie sich beispielsweise ein Foto vor, auf dem zwei sich gegenüberstehende Personen in Großaufnahme gezeigt werden, von denen die eine einen Waschpulverkarton in der einen Hand hochhält und mit der anderen auf diesen zeigt. Beliebige Beschreibungen von APN könnten lauten: „Das beste Waschmittel überhaupt", „Kannst Du voll vergessen, das Zeug" bis „Hast Du Dir schon einmal Gedanken darüber gemacht, auf ein ökologisch verträglicheres Waschpulver umzusteigen?" usw.

3. Der **Rosenzweig-Test** bzw. **Picture frustration-Test** hat in der Marketing-Forschung im Gegensatz zum Einsatz in der Sozialforschung keinen provokativen Charakter. Den APN wird eine Art Comic vorgelegt, in dem sich gezeichnete Personen begegnen. Die Sprechblase der antwortenden Person ist jeweils leer, d.h. die APN sollen sich in diese Rolle projizieren und ihre jeweilige Erwiderung in die dafür vorgesehene Sprechblase schreiben. In einer Sprechblase steht beispielsweise: „Du, ich kaufe jetzt das neue X", und die APN erwidern darauf etwas.

4. Beim **Satzergänzungstest** werden den APN unvollständige Sätze vorgelegt, die diese komplettieren sollen, wie z.B.: „ Ich kaufe das neue X, weil ... „ oder „Das Produkt Y hat mein Interesse geweckt, weil ... „ usw.

5. Beim **Wortassoziationstest** wird den APN eine Liste mit Begriffen vorgelegt, die untereinander stehen. Zu jedem dieser Begriffe sollen sie spontan antworten, was sie mit dem Begriff assoziieren. Die Antwort kann aus einem Wort bestehen, aus mehreren oder aber aus ganzen Sätzen. Beispielsweise könnte eine beliebige Assoziation zu dem Wort *Frühling* lauten: „Aufblühen, Freude" usw.

Genau wie schon bei der Beobachtung muß man Erheber, d.h. hier die **Interviewer**, intensiv schulen. Das Ziel solcher Schulungen ist die Vermeidung des sogenannten **Interviewer-Einflusses** bzw. **Interviewer bias**, d.h. der ungewollten Beeinflussung der APN durch die Interviewer. An dieses Problem muß schon bei der Auswahl der Interviewer gedacht werden, denn wenn beispielsweise intime Sachverhalte erfragt werden sollen, geben APN einem gleichgeschlechtlichen Interviewer vielleicht ganz andere Antworten als einem Interviewer des jeweils anderen Geschlechts.

Hat man das Auswahlproblem bezüglich der Interviewer einigermaßen gelöst, kann es dennoch gravierende Unterschiede in den Antworten geben, was sich meist erst während der Auswertung zeigt. Nicht selten müssen die Ergebnisse einzelner Interviewer aus einer Untersuchung ausgeschlossen werden. Das ist immer dann der Fall, wenn sich bei gleicher **Soziodemographie** der befragten **Stichprobe** die APN-Antworten einzelner Interviewer **statistisch signifikant** von denen der anderen Interviewer unterscheiden.

Zur Interviewschulung gehört auch der reibungslose Umgang mit dem jeweils eingesetzten Fragebogen. Man testet daher Fragebogen so oft in sogenannten **Pretests** an sehr kleinen APN-Gruppen, bis ein endgültiger Fragebogen entsteht. Dabei ist dem Problem der **Validität** gerecht zu werden, d.h. die APN müssen die Fragen verstehen. So setzt z.B. die Frage „Gefallen Ihnen Komplementärfarben genauso gut wie Grundfarben?" das Wissen voraus, was Komplementär- und Grundfarben sind. Darüber hinaus dürfen die Interviewer nicht ins Stocken geraten, während sie dem Fragebogenablauf folgen. Fragebögen müssen daher übersichtlich und einfach strukturiert sein. Abbildung 59 gibt einen Ausschnitt aus einem Fragebogen wieder.

Nehmen wir an, eine APN urteilt mit 5, so muß in dem Beispiel aus Abbildung 59 mit Frage 28 fortgefahren werden. Diese Frage muß ohne Mühe sofort aufgefunden werden können, weil sonst der Fluß in einem Interview gefährdet wird. Falls es Probleme beim Auffinden gibt, so wird so lange pregetestet, d.h. der Fragebogen variiert, bis man mit einem Griff und Blick zu Frage 28 gelangt.

10.	Wie gefällt Ihnen das Design unseres neuen Automodells?		
	Das Design	gefällt mir sehr	1
			2
			3
			4
			5
		gefällt mir gar nicht	6
	Bei APN-Skalierung 1 - 3 weiter mit Frage 11		
	Bei APN-Skalierung 4 - 6 weiter mit Frage 28		

Abbildung 59: Ausschnitt aus einem Fragebogen

In Fragebögen kommen verschiedene Arten von Fragen gleichzeitig zur Anwendung. In der Regel bedient man sich des folgenden Fragenablaufes:

• Kontakt- und Eisbrecherfragen (siehe 1.)
• Sachfragen (siehe 2.)
• Ablenkungsfragen (siehe 3.)
• Kontrollfragen (siehe 4.)
• Fragen zur Soziodemographie (siehe 5.)

Oft baut man in solche Fragebogenabläufe auch noch **motivierende Hinweise** zwischendurch mit ein. Eine Motivation kann z.B. darin bestehen, daß der Interviewer anmerkt: „Prima läuft das mit Ihnen, jetzt sind wir gleich durch."

1. Kontakt- und Eisbrecherfragen sind Fragen, die einer APN eventuelle Vorbehalte oder Ängste nehmen sollen. Man stellt beispielsweise sehr einfache und leicht zu beantwortende Fragen, auf die lediglich mit Ja/Nein zu antworten ist.

2. Sachfragen sind die eigentlichen Fragen zum Thema der Befragung, die man mit den Kontakt- und Eisbrecherfragen vorbereitet. Mit den Sachfragen beginnt das eigentliche Interview.

3. Zwischen Sachfragen und Kontrollfragen schiebt man oft **Ablenkungsfragen** ein, damit die APN nicht merken, daß sie eine Beurteilung zur Kontrolle ein zweites Mal machen. Ablenkung erreicht man z.B. durch zwischenzeitlichen Themenwechsel zu einem zwar verwandten, dennoch aber weit genug entfernten Thema.

4. Um die bei Sachfragen gemachten Einschätzungen kontrollieren zu können, baut man in Fragebögen auch **Kontrollfragen** mit ein, indem man Fragen so umformuliert, daß - unmerklich für die APN - dieselben Einschätzungen noch einmal gemacht werden. So könnte eine Sachfrage beispielsweise lauten: „Wie schätzen Sie die technische Qualität von Produkt X ein?", was die APN anhand einer 6er-Skalierung von „sehr hoch" (1) bis „sehr niedrig" (6) einstufen soll. Eine entsprechende Kontrollfrage (nach Ablenkungsfragen und weiter unten im Fragebogen) könnte lauten: „Das Produkt X hat sehr gute technische Eigenschaften", was die APN anhand einer 6er-Skalierung von „stimme vollkommen zu" (1) bis „stimme überhaupt nicht zu" (6) einstufen soll.

5. Oft ist es nicht einfach, von APN soziodemographische Angaben zu erhalten (z.B. wollen APN ihr Alter oder die Höhe ihres Einkommens nicht angeben), weshalb man die APN vor den **Fragen zur Soziodemographie** grundsätzlich motivieren sollte.

Neben der Art der Fragen spielt auch der Typ der Frage eine wichtige Rolle in Fragebögen. Folgende Typen lassen sich unterscheiden:

• Direkte Fragen (siehe 1.)
• Indirekte Fragen (siehe 2.)
• Offene Fragen (siehe 3.)
• Geschlossene Fragen (siehe 4.)

1. Bei **direkten Fragen** entsteht oft das Problem falscher Antworten. Wenn man beispielsweise eine APN fragt: „Besitzen Sie eine Geschirrspülmaschine?", so könnte die APN es peinlich finden, keine zu haben und antwortet mit einem Ja. In allen Fällen, in denen man vermuten kann, daß mit Fragen das Prestigedenken der APN berührt wird oder Tabuthemen angesprochen werden, stellt man besser indirekte Fragen.

2. Bei **indirekten Fragen** macht man die jeweilige APN zum Teil eines größeren Ganzen. Man fragt z.B.: „Können Sie mir Auskunft darüber geben, wer bei Ihnen im Haus eine Geschirrspülmaschine besitzt?" Man erhält in der Regel ehrlichere Antworten als bei der direkten Frage nach einem Geschirrspüler.

3. Bei **offenen Fragen** wird kein Antwortschema vorgegeben, d.h. die APN antwortet frei z.B. auf die Frage: „Was halten Sie von der Formgebung unseres neuen Automodells?" Eine weitere Form offener Fragen ist der **Satz-**

ergänzungstest, bei dem jeweils begonnene Sätze von den APN komplettiert werden sollen.

4. Bei **geschlossenen Fragen** wird ein Antwortschema vorgegeben. Abbildung 60 gibt einen Überblick über die Typen von geschlossenen Fragen:

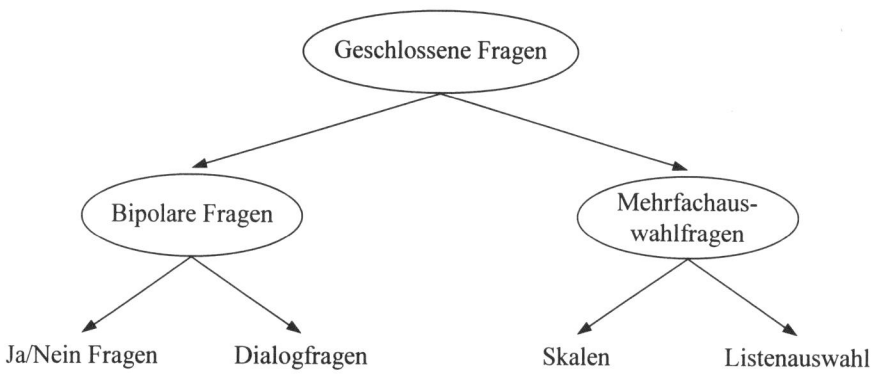

Abbildung 60: Geschlossene Fragen

Man unterscheidet also zwei Typenklassen von geschlossenen Fragen:

• Bipolare Fragen (siehe a.)
• Mehrfachauswahlfragen (siehe b.)

a. **Bipolare Fragen** bzw. **Alternativfragen** kommen meist in Form von JA/Nein-Fragen zur Anwendung, z.B.: „Haben Sie das Produkt X in den vergangenen vier Wochen gekauft?" **Dialogfragen** sind dagegen wesentlich seltener: „A sagt: Das Waschmittel X riecht besser als Y. B sagt: Das Waschmittel Y riecht besser als X. Wem stimmen Sie zu?"

b. **Mehrfachauswahlfragen** haben entweder **Skalen**, d.h. man kreuzt z.B. eine Zahl zwischen 1 und 6 an, wobei der Bereich von 1 bis 3 Zustimmung und der Bereich von 4 bis 6 Ablehnung bedeutet (demnach zählen die **Pretest-Fragen** bei der **Thurstone-Skalierung** zu den Mehrfachauswahlfragen, die Endversion des Fragebogens enthält jedoch nur bipolare Fragen), oder sie gehören zur **Listenauswahl**. Beispielsweise könnte man als APN gebeten werden: „Kreuzen Sie bitte von den folgenden Produkten alle an, die Sie zur Zeit in Ihrem Haushalt haben." Man kann Listenauswahlen aber auch nach oben oder unten begrenzen: „Beurteilen Sie bitte das Produkt X, indem Sie höchstens vier Attribute aus der folgenden Liste auswählen", oder „ ... indem Sie mindestens zwei Attribute aus der folgenden Liste auswählen."

Nachdem nun alle Möglichkeiten von Fragen, die in Fragebögen Verwendung finden, erörtert wurden, wollen wir uns der grundsätzlichen Konzeption von Fragebögen zuwenden. Die folgenden drei Möglichkeiten stehen zur Diskussion:

- Standardisierte Fragebögen (siehe 1.)
- Strukturierte Fragebögen (siehe 2.)
- Freie Interviews (siehe 3.)

1. Bei **standardisierten Fragebögen** wird den Interviewern alles vorgegeben: die Fragen und die Fragenabfolge. Die Fragen sind meist geschlossen, und das Anliegen der Befragung fällt in der Regel in den Bereich der **quantitativen Forschung**.

2. In **strukturierten Fragebögen** sind nur zentrale Fragen vorgegeben. Zwischen diesen Fragen stellen die Interviewer freie Fragen, d.h. Fragen ohne Vorgaben durch den Fragebogen. Strukturierte Fragebögen werden vorwiegend in der **qualitativen Forschung** eingesetzt.

3. Freie Interviews sind **Intensiv-** bzw. **Tiefeninterviews**. Die Interviewer haben lediglich einen **Interviewleitfaden**, an den sie sich halten, aber keine vorgegebenen Fragen. Dieser Typ der Befragung findet ausschließlich in der qualitativen Forschung Anwendung.

Nachdem nun geklärt ist, wie man Befragungen und Fragebögen aufbauen und Interviewer schulen kann, soll nachfolgend besprochen werden, welche Möglichkeiten bei der Durchführung von Interviews zur Verfügung stehen:

- Persönlich (siehe 1.)
- Schriftlich (siehe 2.)
- Telefonisch (siehe 3.)

1. Das **persönliche Interview** ist die teuerste der drei Methoden (hauptsächlich verursacht durch den Zeitaspekt, denn wenn man beispielsweise jemanden zu Hause nicht antrifft, folgen in der Regel mindestens zwei weitere Besuche). Meist werden Einzelpersonen, manchmal aber auch Gruppen interviewt. Eine Variante des persönlichen Interviews ist die **Realkontakt-Befragung**. Sollen beispielsweise Vorgehen und Verhalten der Personalabteilung eines Unternehmens getestet werden, so kann ein Interviewer als vermeintlicher Stellungssuchender dort vorsprechen. Ein solches Gespräch fällt in den Bereich des **freien Interviews**.

2. Schriftliche Befragungen sind wesentlich billiger als persönliche Interviews, sie weisen aber auch einige Problembereiche auf: Einerseits antwortet immer nur ein Teil der angeschriebenen Personen, d.h. die **Rücklaufquote** entspricht nur in den seltensten Fällen der Stichprobengröße, und andererseits weiß man nicht genau, wer den Fragebogen ausgefüllt hat (wenn nur Hausfrauen und Mütter angeschrieben werden, so können diese die Fragebögen zur Beantwortung z.B. auch an ihre Töchter weitergegeben haben etc.).

3. Auch **telefonische Interviews** sind weit günstiger als persönliche Befragungen. Der Nachteil dieser Methode besteht darin, daß nur APN mit einem Telefonanschluß befragt werden können.

3.2.4.3 Experiment

Mit **Experimenten** werden **Hypothesen** entweder **verifiziert** oder **falsifiziert**. Untersucht wird der Einfluß einer oder mehrerer **unabhängiger Variablen (UV)** auf zumeist eine (manchmal auch mehrere) **abhängige Variable (AV)** unter der Annahme der Gesetzmäßigkeit des Zusammenhangs, d.h. einer **Kausalität**.

Nehmen wir als Beispiel den Zusammenhang zwischen geistiger Verarbeitung (UV) und Erinnerung (AV). Es wurde folgende Kausalität festgestellt und als Hypothese formuliert: *Je höher der Grad der geistigen Verarbeitung, desto besser ist auch die spätere Erinnerung.* Dazu mußte zuerst einmal herausgefunden werden, wie man geistige Verarbeitung messen kann. Das naheliegendste war die Messung der Hirnstromwellen durch ein sogenanntes Elektroenzephalogramm (EEG), von dem man sich viel versprach. Im Hinblick auf Werbereize konnte jedoch auch nach langjähriger Forschung keine schlüssige Kausalität gefunden werden. Man probierte also andere psychophysiologische Parameter aus, wie z.B. die Messung der Herzrate und die der Hautleitfähigkeit. Letztere stellte sich schließlich als der entscheidende Parameter, als genauester Indikator für geistige Aktivität heraus. Trotzdem dauerte es noch einmal viele Jahre, bis der Zusammenhang zwischen Hautleitfähigkeitswerten und der Erinnerung experimentell nachgewiesen war.

Um die Hypothese zu verifizieren, daß hohe Meßwerte mit guter Erinnerung korrelieren, hat man Versuchspersonen (VPN) z.B. Werbespots gezeigt und dabei mittels zweier kleiner Elektroden, die auf der Innenseite der passiven Hand an Zeige- und Mittelfinger angebracht und mit einem Meßgerät verbunden waren, die Hautleitfähigkeit gemessen. Anschließend wurden die VPN befragt. Nach der Auswertung der Meßdaten wurden die Meßwerte mit den Erinnerungswerten verglichen. Auf diese Weise konnte die **Korrelation**, d.h. der positive Zusammenhang zwischen UV und AV, nachgewiesen werden.

Aus der Tatsache, daß eine Hypothese verifiziert werden konnte, ergibt sich allerdings noch nicht, daß sie universelle Gültigkeit hat. Sie kann in weiteren Überprüfungen bestätigt, aber auch teilweise oder ganz falsifiziert werden. Aus einer Reihe verifizierter und sich ergänzender Hypothesen entstehen **Theorien**, die ebenfalls verifiziert bzw. falsifiziert werden können. Werden sie teilweise falsifiziert, so schränkt sich ihr Gültigkeitsbereich entsprechend ein.

3.2.4.4 Spezielle Erhebungsmethoden

Neben den drei beschriebenen Erhebungsmethoden Beobachtung, Befragung und Experiment gibt es eine Reihe **spezieller Erhebungsmethoden**, die jeweilige Sonderformen darstellen:

• Panel (siehe 1.)
• Apparative Verfahren (siehe 2.)
• Tests (siehe 3.)

1. Unter einem **Panel** versteht man eine sich wiederholende Untersuchung bei denselben Probanden zum gleichen Thema, d.h. man möchte Veränderungen im Zeitverlauf erfassen. Panels sind mit jeder der Erhebungsmethoden möglich, d.h. es gibt **Beobachtungs-**, **Befragungs-** und **Experimentalpanels**.

Aus Gründen der Verweigerung, durch Krankheit, Umzug o. ä. fallen immer wieder Personen aus Paneluntersuchungen heraus. Man spricht in diesem Zusammenhang von **Panelmortalität** bzw. **Panelsterblichkeit**. Um die Schrumpfung der Panelstichprobengröße zu vermeiden, wird die Gesamtstichprobe - also die Gesamtzahl der zur Verfügung stehenden Personen - so hoch angesetzt, daß sich Ausfälle kompensieren lassen. Um ausgefallene Panelteilnehmer zu ersetzen, benötigt man **statistische Zwillinge**, d.h. Menschen, die die gleiche Soziodemographie aufweisen. Im Rahmen der **Panelrotation** hat man dieses Vorgehen systematisiert: Nehmen wir dazu an, eine Stichprobe bestehe aus 2.000 Personen mit gleicher Soziodemographie, und davon bilden 1.000 Personen die **Testpopulation**, so werden bei der Panelrotation regelmäßig einige hundert Personen ausgetauscht.

Weitere Probleme entstehen bei Panels durch **Lern-** und **Freezing-Effekte**. Wenn man Panelteilnehmer beispielsweise zu einem ihnen unbekannten bestimmten Produkt befragt, könnte ihnen die „Wissenslücke" so peinlich sein, daß sie sich bis zur nächsten **Panelwelle** über das Produkt informieren. Dieser Lerneffekt ist jedoch vor allem dann unerwünscht, wenn man die Wirkung von zwischenzeitlich geschalteter Werbung für das betreffende Produkt testen will. Dieses Problem wird meist durch Panelrotation gelöst. Unter einem Freezing-Effekt versteht man die Erinnerung und Wiederholung früher gegebener Antworten. Um diesen Effekt zu vermeiden, wendet man ebenfalls die Panelrotation an oder dehnt den Abstand zwischen den Befragungswellen weit genug aus.

Unter **Panelpflege** versteht man schließlich vor allem die Bereitstellung neuer statistischer Zwillinge und die Motivation der Teilnehmer durch kleine Geschenke, z.B. Fernsehzeitungen usw.

Panels können in den verschiedensten Bereichen durchgeführt werden. In der Marketing-Forschung handelt es sich in der Hauptsache um **Beschaffungs-markt-**, **Hersteller-**, **Handels-** und **Konsumentenpanels**. Das bekannteste deutsche Panel ist das GfK-Panel in Haßloch/Pfalz. Es handelt sich dabei um ein Konsumentenpanel in einer Kleinstadt mit 20.000 Einwohnern, die ihren Bedarf zu 95 Prozent am Ort decken. Ein Großteil der dortigen Haushalte beteiligt sich an diesem Panel. Als Anreiz zum Dabeibleiben werden die Kabelgebühren für Fernsehen und Rundfunk bezahlt und eine Fernsehzeitung gratis verteilt. Darüber hinaus gibt es hin und wieder weitere kleine Geschenke. Von einem zentralen Punkt in Haßloch aus ist die gesamte Stadt sternförmig verkabelt, so daß von diesem Punkt aus Fernsehwerbeblöcke manipuliert werden können. In die in Deutschland ausgestrahlten Werbeblöcke werden bei jeweils 1.000 Haushalten, die einer **Test-** bzw. **Experimentalgruppe** angehören, an bestimmten Stellen unmerklich andere Werbespots montiert. Eine Kontrollgruppe von ebenfalls 1.000 Haushalten empfängt das normale Programm. Von den ca. 5.000 Haushalten, die sich an dem Panel beteiligen, weiß niemand, ob er gerade zur Testgruppe, zur Kontrollgruppe oder überhaupt nicht zum Panel gehört. Sämtliche Geschäfte in Haßloch haben Scannerkassen. Die am Panel beteiligten Einwohner ziehen bei jedem Einkauf eine persönliche Identifizierungskarte über den Scanner. Anhand des auf diese Weise registrierten Konsums läßt sich die Wirkung neuer Werbespots vor einer eventuellen bundesweiten Ausstrahlung einem **Pretest** unterziehen.

Am häufigsten werden in der Marketing-Forschung Befragungspanels eingesetzt. Der große Vorteil solcher Panels liegt darin, daß man erfährt, wer seine
Meinung geändert hat und wer nicht. Im Rahmen der Überprüfung einer
Werbewirkung nach Beginn der bundesweiten Ausstrahlung (dem sogenannten
Posttest) kann beispielsweise eine **Trendanalyse** durchgeführt werden. Man
befragt im Juli 1.000 Personen der Zielgruppe, ob sie das betreffende Produkt
kennen oder nicht. Einen Monat später befragt man wiederum 1.000 Personen
mit entsprechender Soziodemographie und stellt die numerische Veränderung
fest, ohne zu wissen, durch wen sie verursacht wurde. Da beim Panel dieselben
Personen befragt werden, kann man genau erkennen, wer auf die Seite der Pro-
duktkenner hinüberwechselte. Die Anzahl der Wechsler bezeichnet man als
Turnover. Geben also im Juli von 1.000 Panelteilnehmern 350 an, das Produkt
zu kennen, und im August sind es 650, so beträgt der Turnover 300.

2. Apparative Verfahren der Erhebung werden vor allem auf folgende Arten
durchgeführt:

• Hautleitfähigkeitsmessung (siehe a.)
• Blickaufzeichnung (siehe b.)
• Tachistoskopverfahren (siehe c.)
• Schnellgreifbühne (siehe d.)

a. Die **Hautleitfähigkeit** hat sich als der genaueste **psychophysiologische**
   Indikator für geistige Aktivität herausgestellt. Man mißt die Hautleitfähigkeit, um sich über die Qualität von Werbung in Werbepretests Klarheit zu
   verschaffen, denn es besteht eine hohe **Korrelation** zwischen den Meßwerten
   und dem Erfolg der getesteten Werbung. Bei diesem Verfahren werden
   jeweils Mittelwerte gebildet. Die VPN sehen z.B. eine Printwerbung zehn
   Sekunden lang. Für diese Zeit wird der Mittelwert bestimmt, aus dem sich die
   Bewertung ersehen läßt. Das Auswertungsverfahren ist jedoch sehr kom-
   pliziert.

b. Bei der **Blickaufzeichnung** geht es im Gegensatz zur Messung der Hautleitfähigkeit nicht um den Gesamteindruck einer Werbung, sondern eher um die
   Anordnung der Komponenten. Mit dem beim **Pretest** von Printwerbung
   eingesetzten Verfahren mißt man die Pupillenbewegung von VPN mit Hilfe
   einer Spezialbrille. Dabei werden von der Brille aus Infrarotstrahlen in die
   Augen geschickt und von den Netzhäuten zur Brille zurückreflektiert. Aus
   der Intensität des von den Netzhäuten reflektierten Lichtstrahls läßt sich per

Computer die Augenbewegung nachvollziehen. Man kann auf diese Weise feststellen, welche Teile einer Printwerbung besondere Beachtung finden und welche weniger. Mit Hilfe dieser Technik wird die betreffende Werbung solange variiert, bis sie den gewünschten Anforderungen genügt.

c. Ein **Tachistoskop** ist im Grunde genommen nichts anderes als eine Zeitschaltuhr für Diaprojektoren. Damit kann die Expositionszeit einer Werbung bis in den Millisekundenbereich verkürzt werden. Man beginnt mit der kürzesten Zeit und zeigt ein Dia einer Printwerbung z.B. eine fünfhundertstel Sekunde lang. Danach werden die VPN gefragt, was ihrer Meinung nach auf dem Dia zu sehen war. Sodann wird die Zeit stufenweise verlängert, und nach jeder weiteren Darbietung werden die VPN befragt. Man kann auf diese Weise ermitteln, ob die vom jeweiligen Werbetreibenden als besonders wichtig eingestuften Bildelemente von den VPN auch tatsächlich vorrangig, d.h. *zuerst,* erkannt werden. Ist das nicht der Fall, besteht Anlaß zur Verbesserung der betreffenden Werbung.

d. Ein Verfahren, das vor allem zur Beurteilung des Designs von Produktverpackungen dient, ist die **Schnellgreifbühne**, bei der es sich um einen Kasten mit einem in Augenhöhe befindlichen Sehschlitz handelt. Im Kasten stehen mehrere Produktverpackungen nebeneinander, die sichtbar werden, wenn gleichzeitig durch Knopfdruck die Klappe vor dem Sehschlitz entfernt und die Beleuchtung im Kasten angeknipst wird. Wie beim Tachistoskop beginnt man mit einer sehr kurzen Expositionszeit, die dann sukzessive verlängert wird. Die VPN geben je Durchgang entweder den ihrer Meinung nach besten Entwurf oder eine Präferenzordnung an.

3. Zu den Erhebungsmethoden zählen schließlich auch verschiedene **Tests**. Eine erste Unterscheidung läßt sich hier bezüglich **Produkttests** und **Werbetests** treffen. Werden Produkte bzw. Werbemittel vor ihrer Markteinführung getestet, so spricht man von **Pretests**, werden sie nach ihrer Markteinführung getestet, spricht man von **Posttests**. Andere Unterscheidungen betreffen den Ort von Tests, wobei man folgende Typen unterscheiden kann:

• Storetest (siehe a.)

• Markttest (siehe b.)

a. Beim **Storetest** werden Produkte in ausgewählten Geschäften getestet, wobei man in der Regel von durchschnittlich 20 Geschäften ausgeht. Man testet entweder Veränderungen einzelner Marketing-Instrumente für bereits im Markt eingeführte Produkte, wie z.B. die Reaktion auf Preisveränderungen oder spezifische Verkaufsförderungsaktionen usw., oder aber man testet neue Produkte.

b. **Markttests** werden in abgegrenzten Testregionen durchgeführt. Probeweise werden dort neue Produkte getestet, d.h. man stellt den jeweiligen Marketing-Mix auf den Prüfstand. Dazu muß gewährleistet sein, daß sich die kommunikationspolitischen Maßnahmen auf den jeweiligen **Testmarkt** begrenzen lassen und daß der Testmarkt ein repräsentatives Abbild der Grundgesamtheit darstellt. Eine Variante des Markttests ist der sich auf einen kleineren regionalen Raum - z.B. eine Kleinstadt - beziehende **Mini-Markttest**. Beim GfK-Panel in Haßloch handelt es sich um einen Mini-Markttest, für den die gleichen Bedingungen wie für den Markttest gelten, der aber auf Grund der geringeren räumlichen Ausdehnung preisgünstiger durchzuführen ist.

Wird die Wirkung von Werbung durch Befragung getestet, so geschieht das oft mit Hilfe des sogenannten **Copytests**. Dabei werden APN gebeten, eine Zeitschrift durchzublättern, und anschließend befragt man sie, woran sie sich erinnern, d.h. die **ungestützte Erinnerung** bzw. **unaided recall** wird abgefragt. Können sich die APN nicht an die jeweils von den Marketing-Forschern zu testende Werbung erinnern, so hilft man nach („Erinnern Sie sich daran, Werbung für das Produkt X gesehen zu haben?"). Man spricht dann von **gestützter Erinnerung** bzw. von **aided recall**.

Erinnern sich APN ungestützt, so ist es wichtig zu wissen, ob sie die betreffende Werbung bereits kannten. Man spricht dann von **Wiedererkennung** bzw. **recognition**. In solchen Fällen wendet man meist eine spezielle Form des Recognitiontests, den **Starchtest**, an, mit dem ermittelt wird, ob APN eine Werbung nur zur Kenntnis genommen haben (noted), ob sie sich darüber hinaus auch an das beworbene Produkt erinnern können (seen associated) oder ob sie sogar den Großteil des Werbetextes gelesen haben (read most).

3.2.5 Analyse und Interpretation der Daten

Nach ihrer Erhebung werden die Daten in der Regel anhand der vorgenommenen Skalierungen in einen Computer übertragen, analysiert und interpretiert. Die gängigsten Analysen sollen hier vorgestellt werden:

- Korrelationsanalyse (siehe 1.)
- Regressionsanalyse (siehe 2.)
- Faktorenanalyse (siehe 3.)
- Chi²-Test (siehe 4.)
- Normalverteilung (siehe 5.)

1. Unter **Korrelation** versteht man die Stärke des Zusammenhangs zwischen Variablen, der mit dem **Korrelationskoeffizienten** (Γ) angegeben wird. Der numerische Bereich ist dabei definiert als das Intervall zwischen - 1 und + 1. Eine Korrelation von Γ = + 1 bedeutet, daß zwei Variablen vollständig positiv miteinander korrelieren, d.h. wenn die eine hoch ist, ist auch die andere hoch, und wenn die eine niedrig ist, ist auch die andere niedrig. Stellen Sie sich dazu einfach vor, der Umsatz eines beliebigen Unternehmens hinge ausschließlich von der Menge der geschalteten Werbung ab: Je weniger Sie werben, desto niedriger würde der Umsatz, und je mehr Sie werben, desto höher stiege der Umsatz. Eine Korrelation von Γ = - 1 bedeutet, daß zwei Variablen vollständig negativ miteinander korrelieren. In unserem Werbebeispiel würde also jede Erhöhung der Werbemenge zu einem Umsatzrückgang und jede Senkung der Werbemenge zu einer Umsatzerhöhung führen. Beträgt die Korrelation Γ = 0, so haben die beiden Variablen überhaupt keinen Einfluß aufeinander. Der Korrelationskoeffizient läßt sich allerdings noch weiter differenzieren:

- 0   - 0,19:   schwacher Zusammenhang
- 0,2 - 0,49:   mittelstarker Zusammenhang
- 0,5 - 0,59:   starker Zusammenhang
- 0,6 - 1:   sehr starker Zusammenhang

Diese Differenzierung gilt gleichermaßen für den positiven wie den negativen Bereich.

2. Bei der **Regressionsanalyse** lassen sich die folgenden drei Typen unterscheiden:

- Univariate Regression
- Bivariate Regression
- Multivariate Regression

Je nach Funktionstyp unterteilt man außerdem in **nichtlineare** und **lineare** **Regression**. Mit der Regressionsanalyse untersucht man Zusammenhänge zwischen **unabhängigen Variablen** (**UV**) und **abhängigen Variablen** (**AV**). Bei der **univariaten Regression** bzw. **einfachen Regression** untersucht man den Einfluß einer UV auf eine AV, bei der **bivariaten Regression** den Einfluß zweier UV's auf eine AV und bei der **multivariaten Regression** den Einfluß von mehr als zwei UV's auf eine AV (die letzteren beiden Typen der Regression bezeichnet man auch als **mehrfache Regression**). Parallel zu den UV's bezieht man auch Variablen in die Regressionsanalyse mit ein, bei denen man einen Einfluß auf die AV möglichst auszuschließen versucht.

Nehmen wir als Beispiel wieder an, die Menge der Werbung (UV) hätte einen Einfluß auf den Umsatz (AV). Bei einer univariaten Regression dürfte es dann neben dieser UV keine weitere UV geben. Würde man neben der Werbemenge weitere Variablen testen, z.B. Produktqualität, Preis usw., so würde sich in der Praxis herausstellen, daß es sich um eine multivariate Regression handelt, bei der viele UV's die Umsatzhöhe bedingen. Bei der Berechnung wird dabei nicht nur jede UV mit der AV in Beziehung gesetzt, sondern es werden auch alle UV's untereinander verglichen. Bei einer univariaten Regression würde sich herausstellen, daß nur eine einzige UV die jeweilige AV beeinflußt und daß der Einfluß anderer getesteter Variablen nicht **signifikant** ist.

Die Regression eignet sich außerdem als Prognosemethode: Aus berechneten Entwicklungen des Zusammenhanges zwischen UV's und AV aus den vergangenen Jahren läßt sich auch die zukünftige Entwicklung prognostizieren.

3. Die **Faktorenanalyse** besteht aus einer Reihe verschiedener mathematischer Verfahren. Es werden u. a. **Korrelationen**, **Regressionskoeffizienten** und **Varianzen** berechnet. Wie bei der multiplen Regression geht es um den Zusammenhang zwischen UV's und AV, nur ist die Zielsetzung eine andere: Mit der Faktorenanalyse werden große Mengen (oft mehrere hundert) unabhängiger Variablen untersucht, deren Zusammenhang mit der jeweiligen AV und untereinander bestimmt wird. Dabei wird die Anzahl der UV's reduziert, d.h. UV's mit geringem Einfluß auf die jeweilige AV werden kenntlich gemacht und aussortiert. Die verbleibenden UV's werden zu Variablen-Bündeln - den sogenannten **Faktoren** - zusammengefaßt, die dann je nach positiver oder negativer Wirkung eine entsprechende Bezeichnung erhalten. Solche Bündel zeichnen sich dadurch aus, daß sie jeweils mehrere UV's mit ähnlicher Wirkung auf eine AV enthalten.

4. Der **Chi²-Test** (χ^2) dient in erster Linie dazu, **theoretische Verteilungen** mit **empirischen Verteilungen** zu vergleichen. Nehmen wir als Beispiel die in

Abbildung 61 wiedergegebene **Normalverteilung**. Mit dem Chi²-Test läßt sich überprüfen, ob eine empirische Verteilung - beispielsweise eine in einem Experiment erhobene Datenmenge - mit dieser theoretischen Verteilung annähernd oder sogar vollständig übereinstimmt. Es gibt verschiedene Verteilungen, und es ist entscheidend zu wissen, wie erhobene Daten verteilt sind, bevor weitere - für jede Verteilung unterschiedliche - Berechnungen angestellt werden können.

5. Die **Normalverteilung** bzw. **Gaußsche Normalverteilung** ist die wohl bedeutendste statistische Verteilung. Bei einer **normalverteilten Grundgesamtheit** sollte auch die **Stichprobe** normalverteilt sein: beispielsweise wenige junge, viele mittelalte und wenige alte Menschen in Grundgesamtheit und Stichprobe. Darüber hinaus werden erhobene Daten im Falle einer annähernden oder vollständigen Normalverteilung (letzteres kommt in der Marketing-Forschung so gut wie nie vor) speziellen weiteren Analysen unterzogen, die weiter unten besprochen werden. Die sogenannte Standard-Normalverteilung, die den Idealfall darstellt, wird in Abbildung 61 wiedergegeben:

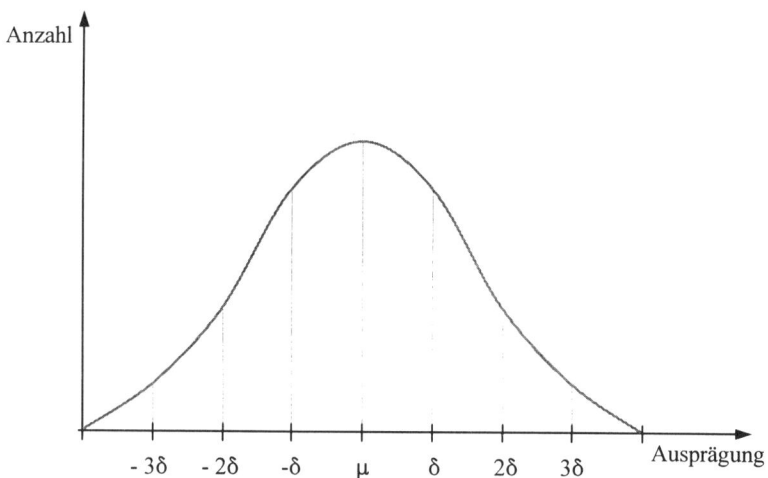

Abbildung 61: Die Standard-Normalverteilung

Im Zusammenhang mit der Normalverteilung spielen die folgenden Maße eine besondere Rolle:

- Lagemaße (siehe a.)
- Streuungsmaße (siehe b.)

a. Die **Lagemaße** sind: **Arithmetisches Mittel**, **Median**, **Modus** bzw. **Modalwert** und (selten verwendet) **geometrisches Mittel**. Das arithmetische Mittel berechnet sich aus der Summe der Meßwerte, dividiert durch die Anzahl der Meßwerte (z.B.: 3, 4, 5; 3 + 4 + 5 = 12 : 3 = 4). Der Median ist der mittlere Meßwert in einer Reihe von Meßwerten und berechnet sich aus der Anzahl der Meßwerte plus 1, dividiert durch 2 (z.B.: 3, 4, 5; 3 + 1 = 4 : 2 = 2, also ist die zweite Zahl, d.h. die 4, der Median). Der Modus, der oft auch Modalwert genannt wird, ist der am häufigsten auftretende Wert (z.B.: 3, 4, 4, 5; 4 ist der Modalwert). Das geometrische Mittel errechnet sich aus der n-ten Wurzel des Produktes von n Zahlen (z.B.: 3, 4, 5; 3. Wurzel aus 3· 4 · 5 = 3,91).

Im Beispiel aus Abbildung 62 beträgt das arithmetische Mittel genau wie der Median und der Modus 43. Im Rahmen der Berechnung einzelner Parameter der Normalverteilung beschränkt man sich auf das arithmetische Mittel, das bei einer Stichprobenuntersuchung mit $\bar{x}$ bezeichnet wird, während man den wahren Wert der Grundgesamtheit mit μ bezeichnet, d.h. $\bar{x}$ ist **Schätzer** für μ, denn der ermittelte Wert von 43 muß nicht identisch sein mit dem wahren Mittelwert, den man nur bei einer Vollerhebung ermitteln könnte, in der z.B. sämtliche Männer Deutschlands nach ihrer Schuhgröße befragt würden.

b. Die Streuungsmaße sind: **Spannweite** bzw. **Spannbreite** und **Varianz**, deren Wurzel die **Standardabweichung** ist. Stellen Sie sich vor, Sie befragen 30 Männer nach deren Schuhgröße und erhalten folgende Antworten:

Größe 40:   1 x
Größe 41:   3 x
Größe 42:   6 x
Größe 43:   10 x
Größe 44:   6 x
Größe 45:   3 x
Größe 46:   1 x

Die Schuhgröße ist bei dieser Stichprobe genau normalverteilt, d.h. es handelt sich um eine Standard-Normalverteilung der Schuhgrößen, die in Abbildung 62 wiedergegeben wird.

Die Spannweite bzw. -breite ist der Abstand vom höchsten zum niedrigsten Meßwert: hier also 6. Das wichtigere der beiden Streuungsmaße ist jedoch die Varianz bzw. Standardabweichung. Wie bei dem Lagemaß arithmetisches Mittel gibt es auch hier einen empirisch ermittelten Wert s, der der Schätzer für den wahren Wert der Grundgesamtheit δ ist.

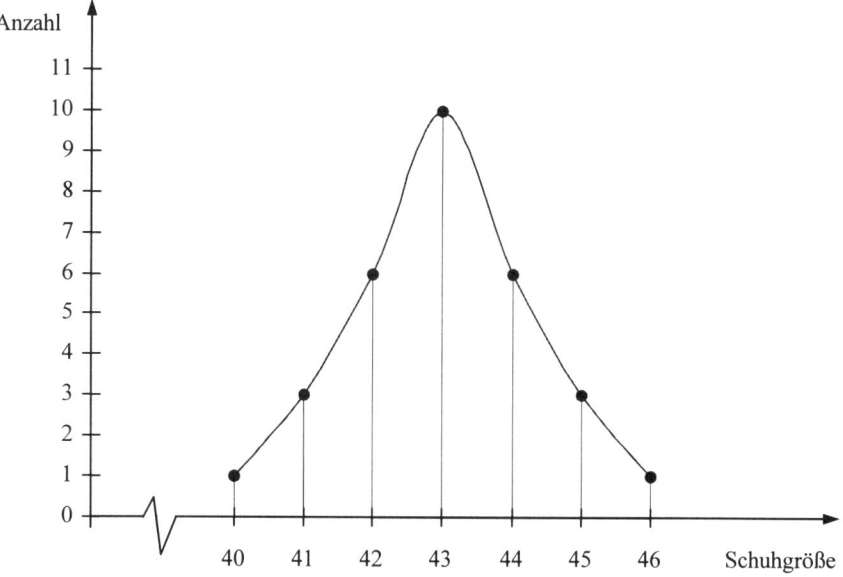

Abbildung 62: Eine empirische Standard-Normalverteilung

Die Varianz wird folgendermaßen berechnet:

$$s^2 = \frac{\sum\limits_{i=1}^{n} (x_i - \overline{x})^2}{n-1}$$

Angewandt auf unser Beispiel aus Abbildung 62 heißt das:

$$s^2 = \frac{9 + 3 \cdot 4 + 6 \cdot 1 + 6 \cdot 1 + 3 \cdot 4 + 9}{29} = 1,86$$

Die Standardabweichung (s) ist die Wurzel aus der Varianz, d.h. sie beträgt hier 1,36. Wie aus Abbildung 61 ersichtlich ist, wird durch die horizontalen Linien, die von den Sigmas aus nach oben gehen, die Fläche unter der Normalverteilungsglocke unterteilt. 68,3 Prozent dieser Fläche werden von -δ bis δ abgedeckt, 95,5 Prozent von -2δ bis 2δ und 99,7 Prozent von -3δ bis 3δ. Da man hier die wahren Werte der Grundgesamtheit - wie fast immer - nur schätzen kann, ist s = 1,36 der Schätzer für δ. Um die Fläche unterhalb der Glocke zu ermitteln, die 68,3 Prozent der Gesamtfläche ausmacht, berechnet man 43 ± 1,36 ($\overline{x}$ ± s) und erhält das Intervall [41,64; 44,36].

68,3, 95,5 und 99,7 Prozent sind statistische Sicherheiten, die in bestimmten Rechenverfahren vielfach Anwendung finden, u. a. bei der Berechnung der

Stichprobengröße, bei der man meist mit einer Sicherheit von 95,5 Prozent - also einer Irrtumswahrscheinlichkeit von 4,5 Prozent rechnet.

Um die Mittelwerte und Standardabweichungen unterschiedlicher Messungen miteinander vergleichen zu können, gibt es die folgenden beiden Tests:

- t-Test (siehe c.)
- F-Test (siehe d.)

c. Nehmen wir an, an einem anderen Ort würden ebenfalls 30 männliche APN nach ihrer Schuhgröße befragt und es ergäbe sich ein von der ersten Befragung abweichender Mittelwert, so stellt sich die Frage, ob dieser Wert sich von dem der anderen Befragung signifikant unterscheidet. Mit dem **t-Test** testet man die **Mittelwerte**, indem man ihnen jeweils ein Streuungsintervall zugesteht. Überschneiden sich die Intervalle, so unterscheiden sich die Mittelwerte nicht signifikant, sind die Intervalle dagegen überschneidungsfrei, so liegt ein signifikanter Mittelwertunterschied vor, d.h. man müßte mindestens noch eine dritte Befragung durchführen.

d. Nehmen wir weiterhin an, die zweite Befragung hätte auch eine von der ersten Befragung abweichende Standardabweichung ergeben, so werden mit dem **F-Test** die beiden **Standardabweichungen** daraufhin untersucht, ob sie sich signifikant unterscheiden oder nicht. Für den Fall eines signifikanten Unterschiedes müßte man ebenfalls mindestens noch eine dritte Befragung durchführen.

Bei allen in diesem Kapitel besprochenen Verfahren der Analyse und Interpretation empirisch ermittelter Daten können **Fehler** auftreten, die dazu führen, daß Hypothesen fälschlicherweise angenommen oder abgelehnt werden. Man unterscheidet die folgenden beiden Fehlertypen:

- α-Fehler (siehe 1.)
- β-Fehler (siehe 2.)

1. Wenn eine Hypothese als falsch verworfen wird, obwohl sie richtig ist, spricht man von einem α-**Fehler** bzw. von einem **Fehler erster Art**.

2. Unter einem β-**Fehler** bzw. einem **Fehler zweiter Art** versteht man die Annahme einer Hypothese, obwohl sie falsch ist.

3.2.6 Prognosen und spezielle Analysen als Entscheidungsgrundlagen für die Planung

Zur besseren Übersicht werden die beiden Themenbereiche in separaten Kapiteln behandelt:

• Prognosen (Kapitel 3.2.6.1)
• Spezielle Analysen (Kapitel 3.2.6.2)

3.2.6.1 Prognosen

Unter einer **Prognose** versteht man die Einschätzung zukünftiger Entwicklungen auf der Grundlage von Daten aus der vergangenen bis gegenwärtigen Situation. Man unterscheidet **kurz-**, **mittel-** und **langfristige Prognosen**, die in Abbildung 63 wiedergegeben werden.

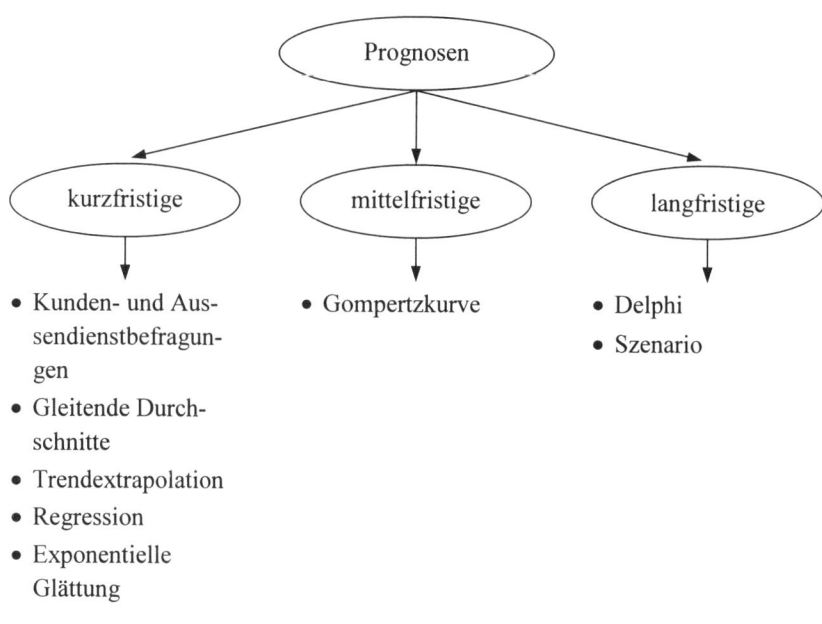

Abbildung 63: Kurz-, mittel- und langfristige Prognosen

Unter einer kurzfristigen Prognose versteht man die Entwicklung für ein Jahr, unter mittelfristig die Entwicklung für ein bis drei Jahre und unter langfristig die Entwicklung für mehr als drei Jahre. Man kann die kurzfristigen Prognosen aus Abbildung 63 auch im mittelfristigen Bereich verwenden, doch werden sie dann zu ungenau. Die beiden einzigen wirklich langfristigen Prognosen sind **Delphi** (bis 15 Jahre) und **Szenario** (bis 20 Jahre, manchmal sogar darüber).

Eine weitere Unterteilung läßt sich im Hinblick darauf treffen, wie - d.h. auf welche Art und Weise - prognostiziert wird. Die beiden Möglichkeiten gibt Abbildung 64 wieder.

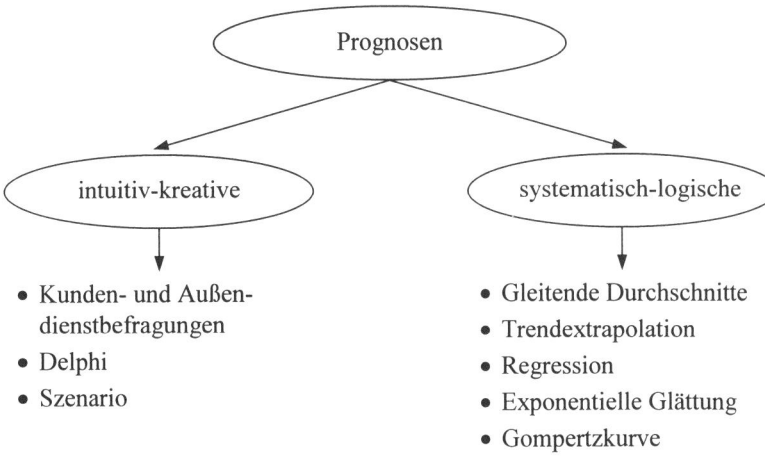

Abbildung 64: Intuitiv-kreative und systematisch-logische Prognosen

Im Anschluß an diese Einteilungen sollen nun die einzelnen Prognoseverfahren vorgestellt werden:

• Kunden- und Außendienstbefragungen (siehe 1.)

• Delphi (siehe 2.)

• Szenario (siehe 3.)

• Gleitende Durchschnitte (siehe 4.)

• Trendextrapolation (siehe 5.)

• Regression (siehe 6.)

• Exponentielle Glättung (siehe 7.)

• Gompertzkurve (siehe 8.)

1. Kunden von Unternehmen sind Absatzmittler und - beim direkten Vertrieb - auch Konsumenten. Sie stellen Vergleiche an, entwickeln Präferenzen, d.h. Einstellungs-Rangfolgen für Produkte und Dienstleistungen, und man kann daher durch **Kundenbefragungen** auch Prognosewerte ermitteln. Bei **Außendienstbefragungen** handelt es sich im Grunde um dieselbe Art von Prognose, nur daß anstelle der direkten Befragung der Kunden der indirekte Weg gegangen wird, d.h. die Außendienstmitarbeiter fassen ihre Erfahrungen mit ihren Kunden zusammen, und auch daraus lassen sich Prognosewerte ableiten. Beide Arten der Befragung gehören zu den **intuitiv-kreativen, kurzfristigen Prognoseverfahren**.

2. Delphi-Prognosen beruhen auf **Expertenbefragungen**. Meist werden ca. 30 Experten mit der Bitte angeschrieben, sich - gegen Bezahlung - zu einem bestimmten Prognosegegenstand zu äußern. Grundsätzliche Bedingung ist die **Anonymität** der Experten, d.h. kein Experte weiß, wer außer ihm/ihr eine Prognose abgibt. Die Prognose verläuft in sogenannten **Iterationen**, d.h. **Befragungsrunden** (in der Regel reichen drei bis vier Iterationen). In der ersten Iteration erhalten die Experten Informationen über das Prognosegebiet. Sie schätzen die Eintrittswahrscheinlichkeit und die zeitliche Abfolge möglicher zukünftiger Entwicklungen ab. Zu Beginn der zweiten und jeder weiteren Iteration werden die Experten dann mit jeweils unterschiedlichen Beurteilungen konfrontiert, um ihre Meinung zu begründen oder zu korrigieren (nur ganz selten besteht schon zu Beginn einer Delphi-Prognose Einigkeit über zukünftige Entwicklungen). Aus den überzeugendsten Argumenten wird schließlich die zukünftige Entwicklung prognostiziert. Das Delphi-Verfahren zählt zu den **intuitiv-kreativen, langfristigen Prognosen** (bis 15 Jahre).

3. Auch beim **Szenario** handelt es sich um eine **Expertenbefragung** von wiederum meist 30 Experten, die gegen Bezahlung ihre Prognose abgeben. Die Vorgehensweise erfolgt dabei in mehreren Schritten:

1. Schritt: Die möglichen Einflußvariablen (UV's) auf eine zukünftige Entwicklung (AV) werden bestimmt und einer **Faktorenanalyse** unterzogen.

2. Schritt: In der Faktorenanalyse werden die UV's mit geringem Einfluß aussortiert und die verbleibenden UV's nach Ähnlichkeit in Richtung und Stärke ihres Einflusses gebündelt.

3. Schritt: Das Bündel mit der positivsten Wirkung auf eine zukünftige Entwicklung wird in der Regel **Strukturwandel** und das Bündel mit der negativsten Wirkung **Lethargie** genannt. Beide Bündel werden unter Angabe ihrer Komponenten an die beteiligten Experten verschickt.

4. Schritt: Die Experten geben für jedes Bündel einen Prognosewert pro Jahr an. Bei einer Prognose über 20 Jahre gibt jeder Experte also 40 Prognosewerte an. Oft soll auch die **wahrscheinlichste Entwicklung** angegeben werden, die zwischen beiden Extremen liegt (dann geben die Experten jeweils 60 Prognosewerte an).

5. Schritt: Pro Jahr und pro Bündel werden die arithmetischen Mittel aus den Expertenurteilen gebildet und die Punkte in einer Graphik eingetragen und miteinander verbunden. Es entsteht der Raum der **wahrscheinlichen Entwicklung**. Sollte auch die wahrscheinlichste Entwicklung angegeben werden, so entsteht ebenfalls durch Bildung des arithmetischen Mittels pro Jahr die Linie der **wahrscheinlichsten Entwicklung**.

Diese Zusammenhänge werden in Abbildung 65 wiedergegeben:

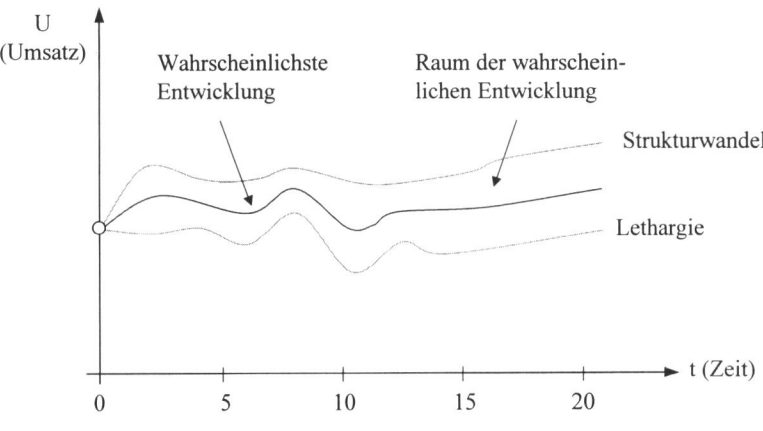

Abbildung 65: Ein Szenario für 20 Jahre

Das Szenario zählt zu den **intuitiv-kreativen, langfristigen Prognosen** (bis 20 Jahre, manchmal auch noch langfristiger).

4. Gleitende Durchschnitte berechnet man meist als 3er-Durchschnitte und nur manchmal als 4er-Durchschnitte (für letztere braucht man sehr lange **Zeitreihen**, d.h. Daten aus in der Regel mehr als 15 Jahren). Abbildung 66 gibt das Verfahren wieder.

Die Umsätze (U) der ersten drei Jahre werden addiert und anschließend durch 3 dividiert, was gerundet 117 ergibt. Zur Berechnung des zweiten 3er-Durchschnitts beginnt man bei der zweiten Umsatzzahl (120) und verfährt entsprechend usw. Die 3er-Durchschnitte repräsentieren den **Trend** der Umsatzentwicklung. Man kann nun sowohl den Trend als auch den zukünftigen Umsatz berechnen. Für die **Trendprognose** berechnet man das durchschnittliche Wachstum aus der Zeitreihe Wachstum, indem man die einzelnen Werte addiert und durch n dividiert. Es ergibt sich eine durchschnittliche Wachstumssteigerung von 3,2, d.h. der Trendwert für 1997 beträgt 136,2 (Summe Wachstum = 16 ; 16 : 5

Jahr	U in Mio	Trend	Wachstum
90	100		
91	120	117	
			- 4
92	130	113	
			- 13
93	90	100	
			- 3
94	80	97	
			13
95	120	110	
			23
96	130	133	
97	150	?	
98	?		

Abbildung 66: Ein gleitender 3er-Durchschnitt

= 3,2; 133 + 3,2 = 136,2). Anhand dieses Trendwertes läßt sich nun der Umsatz für 1998 prognostizieren: Man multipliziert 136,2 mit 3 und subtrahiert von diesem Produkt die Umsätze von 1996 und 1997. Der prognostizierte Umsatz beträgt DM 129 Mio. (136,2 · 3 = 409; 409 - 130 - 150 = 129). Dem großen Umsatzsprung von DM 130 Mio. auf DM 150 Mio. wird hier zwar Rechnung getragen, aber dieser Sprung hat die gleiche Bedeutung wie die frühere Entwicklung. In Abbildung 67 werden die beschriebenen Zusammenhänge graphisch wiedergegeben:

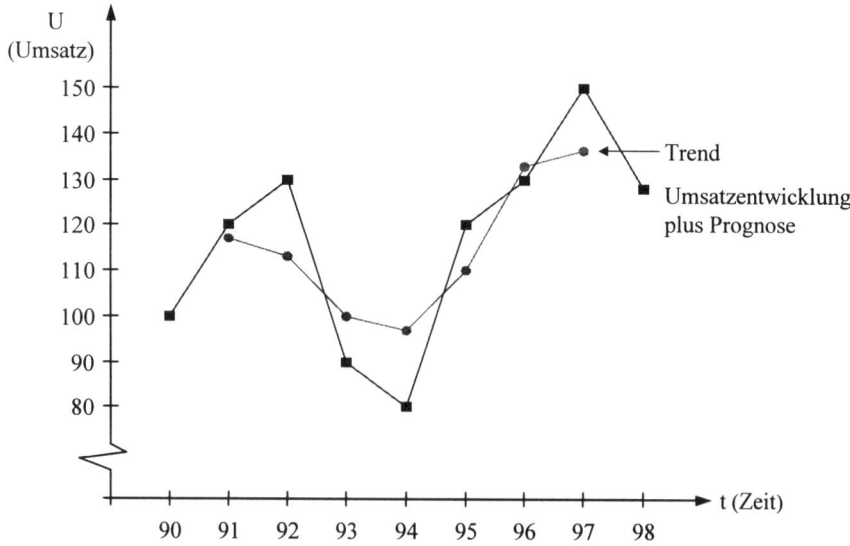

Abbildung 67: Die graphische Umsetzung der Abbildung 66 inklusive der Prognose

Das Verfahren der gleitenden Durchschnitte zählt zu den **systematisch-logischen, kurzfristigen Prognosen**.

5. Bei der **Trendextrapolation** werden mit Hilfe eines mathematischen Verfahrens Vergangenheits- und Gegenwartswerte in die Zukunft verlängert, d.h. man berechnet z.B. den Umsatz für die Folgeperiode, wobei man sich mathematisch am Trend der bisherigen Umsatz-Zeitreihe orientiert. Die Trendextrapolation zählt zu den **systematisch-logischen, kurzfristigen Prognosen**.

Bei einer Trendentwicklung differenziert man zwischen den folgenden vier Komponenten, die graphisch in Abbildung 68 wiedergegeben werden:

- Trend
- Konjunkturkomponente
- Saisonale Komponente
- Irreguläre Restkomponente

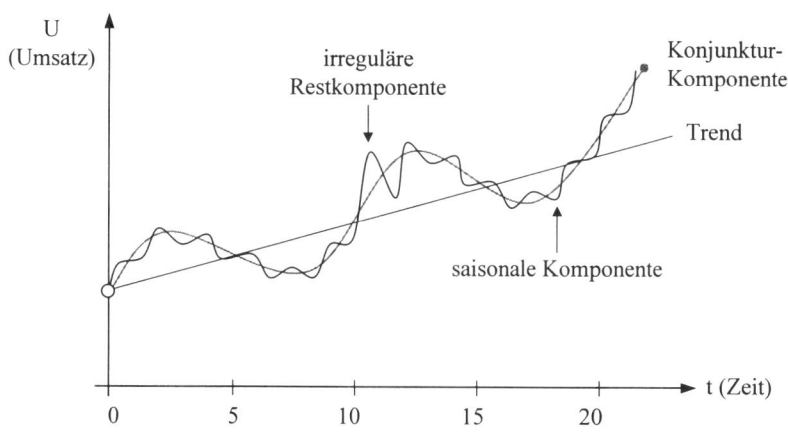

Abbildung 68: Die Komponenten einer Trendentwicklung

Aus der saisonalen Komponente in Verbindung mit der irregulären Restkomponente wird die Konjunkturkomponente und aus letzterer der Trend, also die langfristige generelle Entwicklung, berechnet.

6. Die **Regression** ist in der Hauptsache ein **Analyseverfahren** und nur nebenbei auch ein Prognoseverfahren. Wenn man die Beziehungen zwischen einer oder mehreren unabhängigen Variablen (UV's) und einer abhängigen Variablen (AV) kennt, d.h. wenn man sie anhand der Berechnung der Regression analysiert hat, so kann man auch prognostizieren, indem man die UV's variiert. Nehmen wir als Beispiel eine **univariate Regression**, d.h. eine Regression mit nur einer UV, z.B. der Anzahl an Filialen. Wenn man anhand der Regression die Beziehungen zwischen der Anzahl der Filialen und dem Umsatz kennt, so kann z.b. prognostiziert werden, wie sich der Umsatz entwickeln wird, wenn man Filialen schließt oder neue Filialen hinzukommen sollen. Die Regression zählt zu den **systematisch-logischen, kurzfristigen Prognosen**.

7. Wie schon bei den gleitenden Durchschnitten und der Trendextrapolation, so wird auch bei der Methode der **exponentiellen Glättung** eine Trendberechnung durchgeführt, nur im Unterschied zu den ersteren beiden Methoden unter Einbeziehung einer Gewichtung für die einzelnen Jahre, aus denen die Daten stammen. Die Gewichtung wird anhand des **Glättungsfaktors** α festgelegt, der im Intervall zwischen 0 und + 1 liegt, wobei diese beiden Zahlen ausgeklammert sind ($0 < \alpha < 1$). Ein kleines α (z.B. 0,1) bezieht viele zurückreichende Jahre in die Berechnung mit ein, ein großes α (z.B. 0,8) nur wenige Jahre. Hält man also nur die Entwicklung der letzten zwei bis vier Jahre für entscheidend für die zukünftige Entwicklung, so wählt man ein großes α, sind aber die Einflußfaktoren über viele Jahre relativ stabil geblieben, so präferiert man ein kleines α. Die exponentielle Glättung zählt zu den **systematisch-logischen, kurzfristigen Prognosen**.

8. Eine andere Art, Entwicklung nicht **linear**, sondern **exponentiell** zu betrachten, bietet neben der exponentiellen Glättung auch die **Gompertzkurve**. Man unterstellt dabei, daß Wachstum nicht unbegrenzt möglich ist, sondern daß man sich exponentiell einer Wachstumsgrenze nähert. Die Idealform einer solchen Entwicklung stellen **logistische Kurven** dar, deren Wendepunkt in der Funktionsmitte liegt, d.h. sie sind symmetrisch oder - anders ausgedrückt: sie steigen steil an und weisen dann ein annähernd lineares Wachstum auf, um sich dann schnell der Grenze des Wachstums anzupassen. Solche Idealentwicklungen sind jedoch in der Praxis so gut wie nie anzutreffen. Die Gompertzkurve ist eine realistische Sonderform einer logistischen Kurve, bei der ein steiler Anstieg vorliegt, gefolgt von einem annähernd linearen Wachstum, um sich dann langsam der Wachstumsgrenze anzupassen, d.h. die Gompertzkurve ist asymmetrisch, und ihr Wendepunkt liegt nicht in der Funktionsmitte. In Abbildung 69 wird eine Gompertzkurve wiedergegeben. Man bezieht also bei dieser Art der Prognose die Entfernung von der jeweiligen Wachstumsgrenze mit ein. Die Gompertzkurve zählt zu den **systematisch-logischen, mittelfristigen Prognosen**.

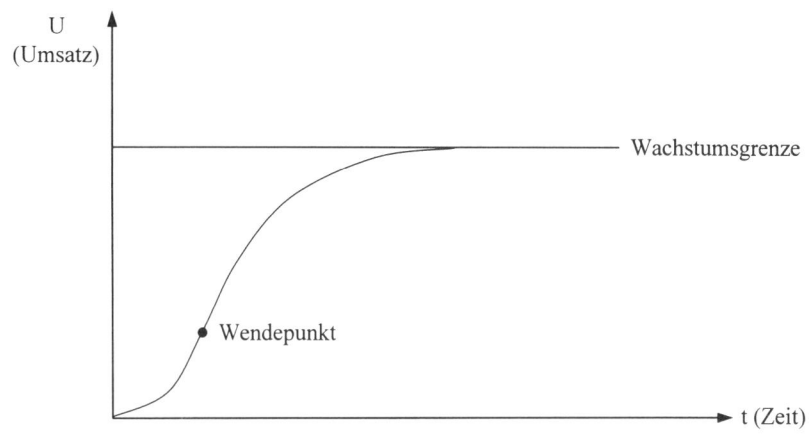

Abbildung 69: Die Gompertzkurve

3.2.6.2 Spezielle Analysen

In diesem Kapitel werden einige Analysemethoden besprochen, die in anderen Veröffentlichungen in der Regel in der Marketing-Planung behandelt werden. In diesem Buch wird im Gegensatz dazu dem Konzept Rechnung getragen, sämtliche Analysen der Marketing-Forschung zuzurechnen, wobei es keine Rolle spielt, wer diese Analysen durchführt. Wenn beispielsweise Unternehmensberatungen Portfolios erstellen, so werden dazu Analysen durchgeführt, d.h. wir befinden uns im Bereich der Marketing-Forschung. Eine Ausnahme bilden lediglich Analysen, die eng mit Marketing-Instrumenten verknüpft sind und deshalb dort besprochen werden, wie z.B. die Ideenfindungs- und Ideenbewertungsverfahren (Produktpolitik) oder die Break even-Analyse (Preispolitik).

Folgende **spezielle Analysen** - die wie die im vorangegangenen Kapitel besprochenen Prognosen sämtlich als Entscheidungsgrundlage für die Planung dienen - sollen in diesem Kapitel besprochen werden:

• Netzpläne (siehe 1.)
• ABC-Analyse (siehe 2.)
• Cross impact-Analyse (siehe 3.)
• Gap-Analyse (siehe 4.)
• PIMS (siehe 5.)
• Portfolios (siehe 6.)
• Wettbewerbsstrategie (siehe 7.)

1. Netzpläne sind im Grunde genommen erweiterte **Balkendiagramme**. Das soll anhand der Vorgangsliste aus Abbildung 70 verdeutlicht werden:

Vorgang	Beschreibung	Vorgänger	Dauer (Tage)
A	Design des Messestandes	-	4
B	Beschaffung Normteile	A	5
C	Beschaffung Inneneinrichtung	A	4
D	Beschaffung Beleuchtung	A	3
E	Spezielle Schulung Verkaufspersonal	B	7
F	Aufbau und Einrichtung Messestand	B, C, D	8
G	Messe	E, F	4

Abbildung 70: Vorgangsliste für die Planung einer Messe

Diese Vorgangsliste läßt sich nun in das in Abbildung 71 wiedergegebene Balkendiagramm transformieren.

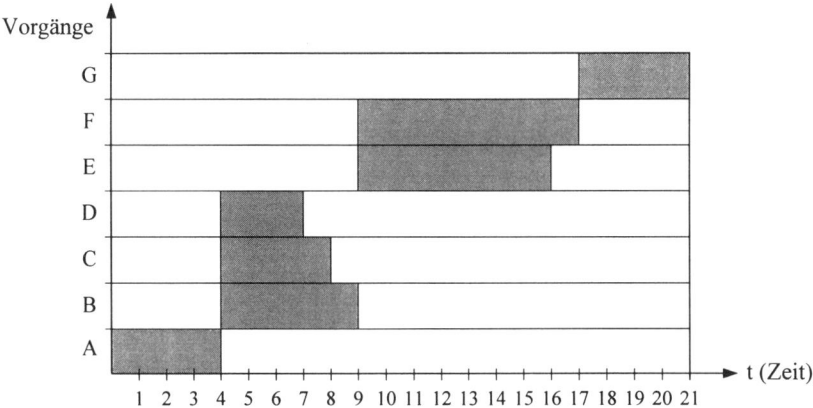

Abbildung 71: Balkendiagramm zu Abbildung 70

Balkendiagramme haben gegenüber den Netzplänen den Nachteil, daß aus ihnen weder zeitliche noch sachliche Zusammenhänge ersichtlich sind. Man gibt in der Praxis daher so gut wie immer Netzplänen den Vorzug vor Balkendiagrammen.

Netzpläne lassen sich in die folgenden drei Typen einteilen:

• Pert (siehe a.)
• MPM (siehe b.)
• CPM (siehe c.)

a. **Pert** ist eine computergestützte Netzplantechnik und die Abkürzung für **Program evaluation and review technique**. Die einzelnen Parameter von Pert-Netzplänen werden durch Wahrscheinlichkeitsberechnungen bestimmt. Dabei werden je Vorgang drei Zeiten berechnet: die optimistischste, die pessimistischste und die optimale Zeit, die zwischen den ersten beiden Zeiten liegt. Pert wird daher auch als **Dreizeitenschätzung** bezeichnet.

b. **MPM** steht für **Metra potential method**, zu deutsch **Knotennetzplan**. Ein typischer Knoten hat die folgende Form:

Vorgang	FAZ	FEZ
Dauer	SAZ	SEZ

Abbildung 72: Typischer Baustein eines Knotennetzplanes

FAZ steht für *frühester Anfangszeitpunkt*, FEZ für *frühester Endzeitpunkt*, SAZ für *spätester Anfangszeitpunkt* und SEZ für *spätester Endzeitpunkt*. Auf Vorgabe der Vorgangsliste aus Abbildung 70 ergibt sich der in Abbildung 73 wiedergegebene Knotennetzplan. Die obere Zeile dient dabei der **Vorwärtsrechnung**, die untere Zeile der **Rückwärtsrechnung**. Zu Beginn der Berechnung sind die Knoten bis auf die Vorgangsbezeichnung und die Vorgangsdauer leer. Bei der Konstruktion von Knotennetzplänen ist darauf zu achten, daß von oben nach unten und von links nach rechts aufgebaut wird, d.h. D könnte nicht über C oder G links von F stehen. Dabei ist außerdem auf Übersichtlichkeit zu achten, d.h. so wenig wie möglich Zeilen sollen entstehen. Die zweite Regel betrifft die Pfeile, die sich nicht kreuzen sollen. Während die erste Regel ein Muß ist, wird die zweite in der Praxis ab und zu verletzt.

Nach der Konstruktion des Gerüstes kann mit der Berechnung begonnen werden, und zwar bei A mit der Vorwärtsrechnung: A hat als FAZ 0 und als FEZ 4 (0 + 4 = 4); B, C und D können also frühestens bei 4 begonnen werden (FAZ); B hat als FEZ 9 (4 + 5 = 9), C hat als FEZ 8 (4 + 4 = 8) usw. Treffen mehrere Pfeile auf einen Nachfolger wie bei F, so geht immer die größte FEZ weiter, hier also die 9 von B. Ist man bei der FEZ von G angelangt (21), so beginnt man in der unteren Zeile die Rückwärtsrechnung:

Man überträgt die 21, subtrahiert 4 und erhält als SAZ 17. Diese SAZ wird als SEZ in die jeweiligen davorliegenden Knoten übertragen und jeweils die Vorgangsdauer davon subtrahiert, um zur jeweiligen SAZ zu gelangen. Gehen mehrere Pfeile von einem Vorgänger aus, so geht immer die kleinste SAZ rückwärts, bei B also die 9 und bei A die 4.

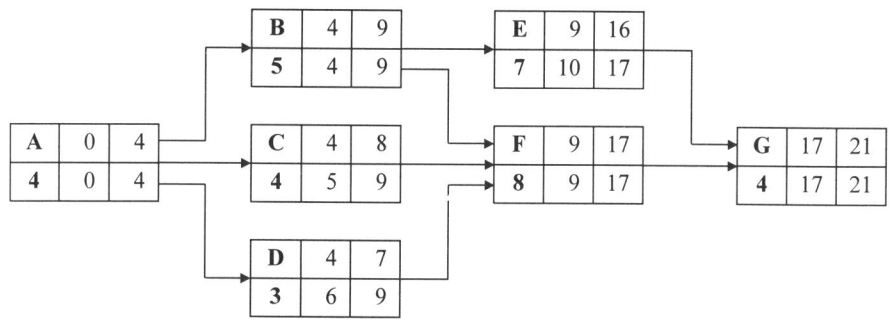

Kritischer Pfad: A - B - F - G

Abbildung 73: Knotennetzplan zu Abbildung 70

Oft werden bei MPM-Netzplänen auch **Gesamtpuffer** und **freie Puffer** berechnet: Der Gesamtpuffer gibt diejenige Zeit an, die als **Puffer** zur Verfügung steht, wenn alle Vorgänger eines Knotens zum frühestmöglichen und alle Nachfolger zum spätestmöglichen Termin beginnen oder - anders ausgedrückt: der Gesamtpuffer ist die Zeitdifferenz zwischen der oberen und der unteren Zeile in jedem Knoten, z.B. 1 bei E und 0 bei F. Der freie Puffer gibt diejenige Zeit an, die als Puffer zur Verfügung steht, wenn alle Vorgänger zum frühestmöglichen Zeitpunkt beginnen, d.h. der freie Puffer ist die Zeitdifferenz zwischen der FEZ eines Vorgängers und der FAZ eines Nachfolgers (bei mehreren Nachfolgern immer die kleinste FAZ). Bei E beträgt er 0. Wo der Gesamtpuffer 0 beträgt, muß folglich auch der freie Puffer 0 betragen, und die Knoten, bei denen das der Fall ist, markieren den kritischen Pfad, der hier A - B - F - G ist, d.h. falls auf diesem Pfad eine Verzögerung auftritt, verlängert sich die gesamte Zeit (hier 21) um die Zeitdauer der Verzögerung.

c. **CPM** steht für **Critical path method** - eine aus meiner Sicht unglücklich gewählte Bezeichnung, denn bei allen Netzplänen gibt es einen kritischen Pfad. In deutscher Sprache wurde eine bessere Bezeichnung gewählt: **Pfeilnetzplan**. Die einzelnen Knoten sind bei Pfeilnetzplänen nur Verzweigungsstationen, während die Pfeile die Vorgänge symbolisieren. Abbildung 74 gibt einen solchen Knoten wieder.

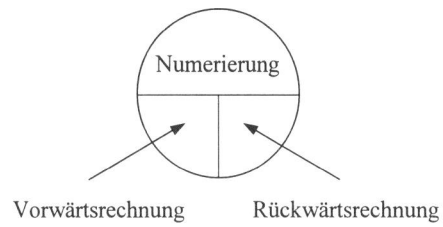

Abbildung 74: Typischer Baustein eines Pfeilnetzplans

Um das Verfahren zu verdeutlichen, wird in Abbildung 75 eine weitere Vorgangsliste vorgestellt. Die Konstruktion ist schwieriger als bei Knotennetzplänen. Die Konstruktionsbedingungen sind zwar teilweise dieselben (von oben nach unten und von links nach rechts), wobei das hier für die Knoten *und* die Pfeile mit möglichst wenigen Zeilen gilt, aber hier sind Überkreuzungen grundsätzlich verboten. Die Pfeile verlaufen darüber hinaus niemals vertikal, sondern immer von links nach rechts. Genau wie bei Knotennetzplänen gibt es für die Knoten Stempel. Nachdem der Netzplan konstruiert ist, beginnt man die leeren Knoten durch Berechnungen mit Zahlen zu füllen. Das linke untere Tortenstück steht für die Vorwärtsrechnung, das rechte für die Rückwärtsrechnung zur Verfügung. Knoten 1 beginnt bei 0. Zu dieser 0 wird durch Vorgang B eine 3 addiert, so daß in Knoten 2 eine 3 notiert wird. Bei der Vorwärtsrechnung geht auch hier die größere Zahl weiter: Knoten 1 plus A ergibt 4 (0 + 4 = 4), Knoten 2 + C ergibt aber 5 (3 + 2 = 5) usw. Ist man bei Knoten 6 bei 11 angelangt, so überträgt man die 11 und beginnt die Rückwärtsrechnung, die genauso durchgeführt wird, nur daß rückwärts die jeweils kleineren Zahlen weitergehen, bei Knoten 3 also die 5 (9 - 4 = 5) und nicht die 6 (8 - 2 = 6).

Vorgang	Beschreibung	Vorgänger	Dauer (Tage)
A	Film-Rohschnitt	-	4
B	Ton-Rohschnitt	-	3
C	Musik unterlegen	B	2
D	Filmendversion schneiden	A, C	4
E	Ton-Master erstellen	A, C	2
F	Musik-Master unterlegen	E	1
G	Endkopien erstellen	D, F	2

Abbildung 75: Vorgangsliste für Arbeiten an einem Werbespot nach Drehschluß

Abbildung 76 gibt den Pfeilnetzplan zu Abbildung 75 wieder:

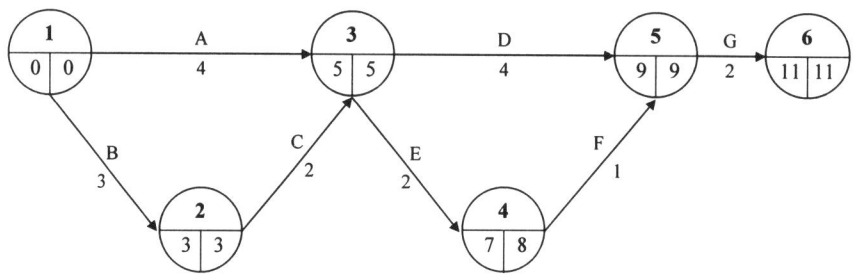

Kritischer Pfad: B - C - D - G

Abbildung 76: Pfeilnetzplan zu Abbildung 75

Wenn man in der Praxis einen Netzplan erstellen möchte, weil man z.B. tatsächlich eine Messe vorzubereiten hat, stellt sich die Frage, ob man einen Knoten- oder Pfeilnetzplan verwenden soll. Das ist nicht leicht zu beantworten, man muß es ausprobieren. Es gibt nur einen Anhaltspunkt: Wenn eine Vorgangsliste mehr als einen Vorgang ohne Vorgänger aufweist, so präferiert man in der Regel den Pfeilnetzplan (in seltenen Fällen kann es allerdings passieren, daß ein Pfeilnetzplan dennoch unkonstruierbar ist).

2. Die **ABC-Analyse** ist ein in der Praxis sehr häufig verwendetes Verfahren der Analyse bzw. der Einordnung in Kategorien für Produktprogramme, aber auch z.B. für Kunden im Rahmen der Markt-Analyse. Im Bereich der Kunden-Analyse sind z.B. A-Kunden solche, mit denen ein sehr hoher Umsatz pro Periode erzielt wird, B-Kunden befinden sich im mittleren und C-Kunden im unteren Umsatz-Bereich. Auf Produkte bezogen sind A-Teile z.B. aufwendig hergestellt und teuer, B-Teile mit mittlerem Aufwand hergestellt und entsprechend günstiger, und C-Teile werden sehr billig in Massen hergestellt.

3. Bei der **Cross impact**-Analyse werden verschiedene für ein Unternehmen relevante mögliche Umweltereignisse in Beziehung zueinander gesetzt. Diese Ereignisse können bremsend, neutral oder beschleunigend aufeinander wirken. Eine Cross impact-Analyse wird in Abbildung 77 wiedergegeben:

Das potentielle Auftreten eines neuen Konkurrenten hat in der Regel keine Wirkung auf die Einführung schärferer Umweltrichtlinien und auf den Konsumerismus, denn das Verhalten von Institutionen, wie z.B. Umweltministerium oder Greenpeace, orientiert sich nicht an der Zahl der Konkurrenten in Marktsegmenten, sondern an deren Umweltverhalten. Die Einführung schärferer Umweltrichtlinien wirkt bremsend auf den potentiellen Eintritt eines neuen Konkurrenten, weil mit den Umweltauflagen fast immer auch die Produktionskosten steigen und damit die betreffenden Märkte an Reiz verlieren. Die Einführung schärferer Umweltrichtlinien wirkt dagegen beschleunigend auf den Konsumerismus, denn bei schärferen Richtlinien besteht ein erhöhter Sicherheits- und damit Kontrollbedarf. Die Verstärkung des Konsumerismus wirkt bremsend auf den potentiellen Eintritt eines neuen Konkurrenten, weil die Wahrscheinlichkeit, wegen umweltschädigendem Verhalten an den Pranger gestellt zu werden, steigt und weil aus Angst davor die Umweltfreundlichkeit forciert werden muß, was - wie oben ausgeführt - die Kosten in die Höhe treibt. Die Verstärkung des Konsumerismus wirkt beschleunigend auf die Verschärfung von Umweltrichtlinien, weil beim Aufdecken von Umweltsünden - beispielsweise durch Greenpeace - auf seiten des Umweltministeriums Aufmerksamkeit und schließlich Handlungsbedarf entsteht.

Umweltereignisse	Potentieller neuer Konkurrent	Schärfere Umweltrichtlinien	Verstärkung des Konsumerismus
Potentieller neuer Konkurrent		neutral	neutral
Schärfere Umweltrichtlinien	bremsend		beschleunigend
Verstärkung des Konsumerismus	bremsend	beschleunigend	

Abbildung 77: Die Cross impact-Analyse

4. Die **Gap-Analyse** differenziert den Begriff des **Absatzpotentials**. Als **operative Lücke** bezeichnet man die Lücke zwischen **Absatzvolumen** und dem **operativen Absatzpotential**. Diese Lücke kann durch **Rationalisierung** geschlossen werden. Als **strategische Lücke** bezeichnet man die Lücke zwischen dem operativen Absatzpotential und dem **strategischen Absatzpotential**. Diese Lücke kann nur durch neue Produkte geschlossen werden. Abbildung 78 gibt eine Gap-Analyse graphisch wieder:

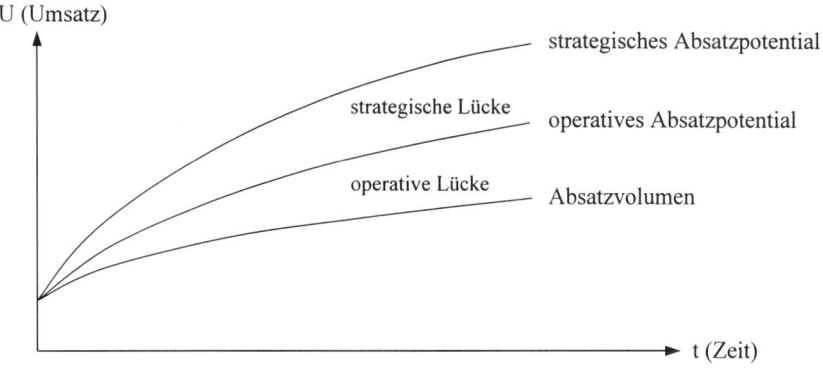

Abbildung 78: Die Gap-Analyse

5. PIMS ist die Abkürzung für **Profit impact of market strategies** und wurde Anfang der 60er Jahre als wissenschaftliches Projekt gegründet, das ausschließlich von General Electric unterstützt und genutzt wurde. Anfang der 70er Jahre wurde das Projekt durch das Marketing Science Institute der Harvard Business School (HBS) übernommen und war nun einer breiten Gruppe von Unternehmen zugänglich. Seit 1975 wird das Projekt vom Strategic Planning Institute (SPI) betreut, das gemeinnützigen Charakter hat.

Als das Projekt begonnen wurde, war das Ziel die empirische Ermittlung von Marktgesetzmäßigkeiten auf der Grundlage der Untersuchung von **quantitativen Daten** (z.B. Marktwachstum, Marktanteile usw.) möglichst vieler **strategischer Geschäftseinheiten** (**SGE** bzw. **SBU: strategic business unit**), d.h. weitestmöglich autonom steuerbarer Einheiten größerer Unternehmen. Es wurde mit verschiedenen Regressionsmodellen versucht, die Beziehungen zwischen unabhängigen Variablen (UV's) und abhängigen Variablen (AV's) empirisch zu ermitteln, wobei anfangs erst einmal geeignete AV's gefunden werden mußten. Als aussagekräftigste AV's wurden der **Return on investment (ROI)** und der **Cash flow (Cf)** ermittelt, d.h. diese beiden AV's sind die entscheidenden Erfolgsgrößen für SGE's (der ROI ist definiert als Produkt der Brüche *Gewinn dividiert durch Umsatz* und *Umsatz dividiert durch investiertes Kapital*; der Cf ist die Innenfinanzierungskraft von SGE's, d.h. er gibt an, ob das Verhältnis von eingehenden zu abgehenden Geldern positiv, negativ oder neutral ist). Es gelang, 37 UV's aus einer riesigen Datenmenge zu extrahieren, die 80 Prozent der ROI-Varianz erklären (darüber hinaus konnten 19 UV's bestimmt werden, die 70 Prozent der Cf-Varianz erklären). Diese 37 UV's konnten in der Folgezeit faktorenanalytisch zu 7 Faktoren gebündelt werden, deren wichtigste die folgenden beiden sind:

* Marktattraktivität (Hauptvariable: Marktwachstum)
* Wettbewerbsposition (Hauptvariable: Marktanteil)

Heute zählt PIMS weltweit mehr als 600 Mitglieder mit insgesamt mehr als 2.000 SGE's, die pro Periode jeweils mehr als 200 quantitative Daten liefern. Als Gegenleistung erhalten die PIMS-Mitgliedsunternehmen die folgenden Berichte:

* Par-ROI/Cf-Report (durchschnittlicher ROI bzw. Cf vergleichbarer SGE's)
* Strategy analysis report (Resultate alternativer Strategien durch Simulation)
* Optimum strategy report (optimale Strategien-Kombination)

Die PIMS-Ergebnisse waren maßgeblich für die Entwicklung von **Portfolios** (die direkt im Anschluß besprochen werden), und sie sind nach wie vor bei Konzernen begehrt, doch es wurde auch Kritik geäußert:

* PIMS veröffentlicht keine Varianzen, d.h. man kann nicht ersehen, wie weit die Daten streuen.
* Das PIMS zugrundeliegende Regressionsmodell wurde nie veröffentlicht und kann daher nicht auf seine Qualität hin kontrolliert werden.
* Die UV's und AV's sind nicht vollständig überschneidungsfrei, d.h. orthogonal.

6. Aus einer ganzen Reihe von **Portfolios** sollen hier vier der wichtigsten besprochen werden:

* BCG-Portfolio (siehe a.)
* McKinsey-Portfolio (siehe b.)
* Little-Portfolio (siehe c.)
* Kraljic-Portfolio (siehe d.)

Die ersten drei zählen zu den absatzmarktbezogenen Portfolios, das Kraljic-Portfolio ist dagegen beschaffungsmarktbezogen. Der Begriff Portfolio ist abgeleitet von Portefeuille, was *Wertpapierbündel* bedeutet. Als Definitionskriterium gilt der folgende Satz: „*Das Gesamtrisiko des Bündels muß kleiner sein, als das kleinste Risiko eines einzelnen Wertpapiers*". Auf die Ebene von diversifizierten Unternehmen übertragen, sind die Wertpapiere gleichzusetzen mit strategischen Geschäftseinheiten. Oft spricht man anstelle von SGE's auch von **Erfolgsobjekten**. Vorreiter auf dem Gebiet der Portfolio-Entwicklung war - wie schon bei PIMS - das Unternehmen General Electric, das Anfang der 60er Jahre auf der Grundlage der PIMS-Daten die General Electric-Matrix entwickelte, die in Zusammenarbeit mit McKinsey weiterentwickelt wurde und heute als McKinsey-Portfolio bzw. als **Marktattraktivitäts-Geschäftsfeldstärken-Matrix** bekannt ist (und unter Punkt b. besprochen wird).

a. In der zweiten Hälfte der 60er Jahre entwickelte die **Boston Consulting Group (BCG)** ihr Portfolio, die sogenannte **Marktanteils-Marktwachstums-Matrix**. Der Marktanteil steht für die *Unternehmensdimension* (BCG versteht unter Marktanteil den relativen Marktanteil) und das Marktwachstum für die *Umweltdimension*. Diese zwei Faktoren sind die beiden Haupteinflußfaktoren auf den ROI, die durch das PIMS-Modell bestimmt wurden. Daher entspricht die Skalenmitte auf der Umwelt-Achse auch dem durchschnittlichen Marktwachstum, das mit dem PIMS-Modell ermittelt wird. Andere wichtige PIMS-Variablen wurden und werden von der BCG zugunsten einer einfachen Matrix außer acht gelassen.

Neben diesen beiden unabhängigen Variablen aus dem PIMS-Modell ruht die BCG-Matrix auf einer weiteren bereits besprochenen Säule, dem **Lebenszykluskonzept**, mit den vier Phasen Einführung, Wachstum, Reife und Sättigung. Diese vier Lebenszyklusphasen führten zur Wahl einer Vierfelder-Matrix.

Die dritte Säule der BCG-Matrix ist die **Kostenerfahrungskurve**, die folgendes besagt: *„Wird die Produktionsmenge eines Produktes verdoppelt, so verringern sich die inflationsbereinigten Stückkosten um 20 bis 30 Prozent."* Den Effekt hat die Boston Consulting Group festgestellt. Die BCG

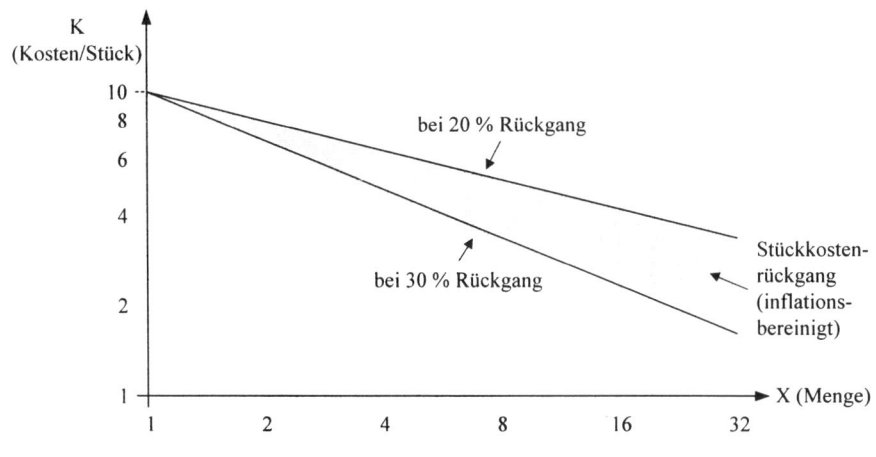

Abbildung 79: Die Kostenerfahrungskurve

spricht allerdings nicht von einer allgemeinen Gesetzmäßigkeit, sondern führt den Kostenerfahrungseffekt auf Managementmaßnahmen zurück, die durch die BCG vorgegeben werden. Abbildung 79 gibt die Kostenerfahrungskurve graphisch wieder.

Nachdem alle drei Säulen der BCG-Matrix vorgestellt worden sind, wird in Abbildung 80 die Matrix selber vorgestellt.

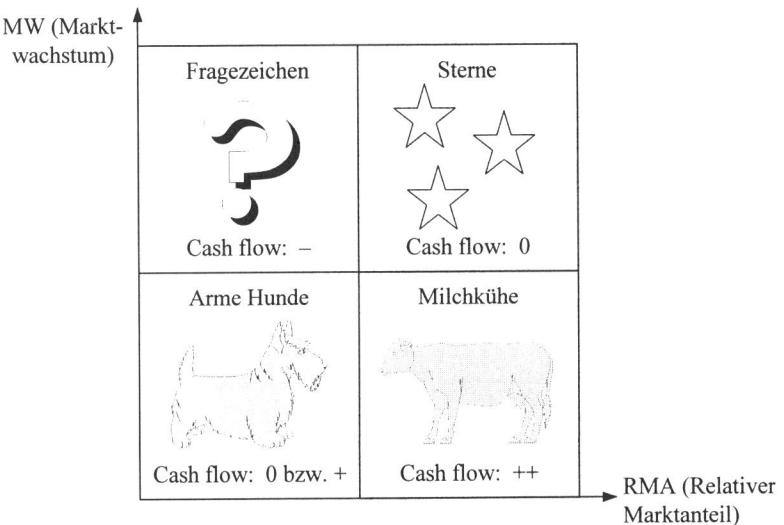

Abbildung 80: Die Marktanteils-Marktwachstums-Matrix der
Boston Consulting Group

Die **Fragezeichen** bzw. **Question marks** weisen einen niedrigen RMA und ein hohes Marktwachstum auf. Sie heißen Fragezeichen, weil man nicht genau weiß, ob sie sich bewähren werden. Die **Normstrategien** für Fragezeichen heißen daher **investieren** bzw. **desinvestieren**. Der aus Abbildung 80 ersichtliche **Cash flow** ist negativ, d.h. es fließt mehr Geld in Fragezeichen hinein, als durch sie erwirtschaftet wird. Fragezeichen treten in der Einführungsphase von Lebenszyklen auf. Die **Sterne** bzw. **Stars** sind Fragezeichen, die sich bewährt haben, d.h. der RMA konnte erhöht werden. Wir befinden uns nun in der Lebenszyklusphase Wachstum. Man ruht sich aber nicht etwa auf seinen Lorbeeren aus, sondern läßt die Sterne leuchten, d.h. man hält den Cash flow bei Null, indem man das Geld, das die Sterne erwirtschaften, in sie investiert, um den RMA so hoch wie möglich zu treiben. Die Normstrategie lautet demnach: **investieren**. Erst wenn das Wachstum langsam zum Stillstand kommt, beginnt die Zeit des Melkens in der Phase der

Milchkühe bzw. **Cash cows**. Der Cash flow wird nun stark positiv, d.h. hohe Gewinne werden erzielt. Der RMA ist hoch und das Marktwachstum mittelmäßig bis niedrig. Die Normstrategie lautet: **halten**. Auf den Lebenszyklus übertragen befinden sich die Milchkühe in der Phase der Reife, auf die die Sättigungsphase folgt, in der die **poor dogs** bzw. **armen Hunde** auftreten. Arme Hunde erhalten ihr Altenbrot, sie weisen einen niedrigen RMA und ein niedriges Wachstum auf, und anfangs lautete die Normstrategie: **desinvestieren**, denn bis 1982 ging die BCG davon aus, daß arme Hunde im Durchschnitt einen negativen Cash flow bewirken. Als einzige Hinderungsgründe für Desinvestitionen galten bis dahin die **Marktaustrittsbarrieren**, z.B. Stillegungskosten, Sozialpläne, staatliche Auflagen usw. Im Jahre 1982 veröffentlichten Hambrick, McMillan und Day eine Meta-Analyse von 1.028 Erfolgsobjekten aus BCG-Portfolios, darunter 418 arme Hunde. Das Ergebnis war erstaunlich: der Cash flow der armen Hunde stellte sich als im Durchschnitt so hoch heraus, daß sich damit die Fragezeichen finanzieren lassen. Seit dieser Meta-Analyse müssen die armen Hunde genauer analysiert werden, bevor man eine der folgenden Normstrategien ausspricht: **desinvestieren**, **halten** oder eventuell sogar ein **Relaunch**, damit aus einem armen Hund wieder eine Milchkuh wird. Abbildung 81 gibt die BCG-Matrix inklusive des Lebenszyklus- bzw. Evolutionspfades der Erfolgsobjekte wieder:

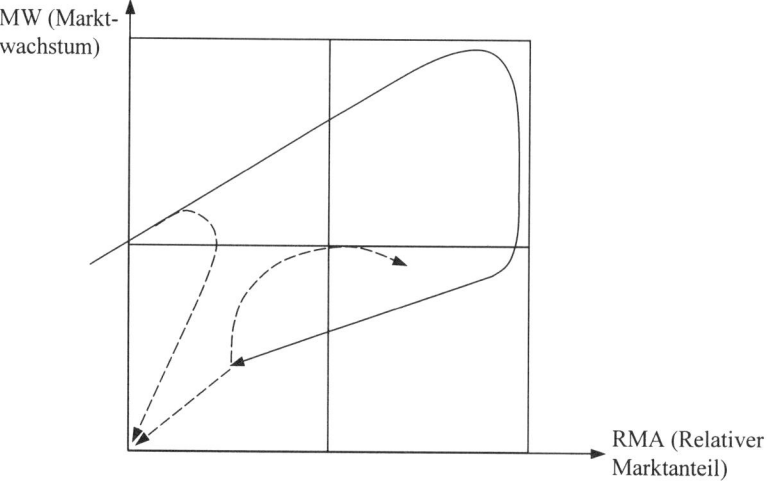

Abbildung 81: Der Evolutionspfad von Erfolgsobjekten

Die gestrichelten Linien geben mögliche Entwicklungsrichtungen an: Fragezeichen können in der Einführungsphase direkt wieder desinvestiert werden, und bei den armen Hunden gibt es die gerade beschriebenen Möglichkeiten.

An der BCG-Matrix kann man vor allem folgende Kritik äußern:

- Marktwachstum ist in vielen Märkten gar nicht mehr erreichbar.
- Es gibt auch sehr erfolgreiche kleine Unternehmen, d.h. der relative Marktanteil ist nicht immer ein Indikator für Erfolg.
- Die BCG-Matrix ist absatzmarktorientiert und zielt zu wenig auf unternehmensinterne Stärken und Schwächen ab.
- Die Reduktion auf nur zwei unabhängige Variablen aus dem PIMS-Modell stellt eine grobe Vereinfachung der Gegebenheiten dar.
- Die Kostenerfahrungskurve entspricht keiner allgemeinen Gesetzmäßigkeit.

b. Auch die Matrix der General Electric Company, die sogenannte GE-Matrix, die - nach eigenen Versuchen in der ersten Hälfte der 60er Jahre - in Zusammenarbeit mit **McKinsey** entstand und heute als McKinsey-Portfolio bzw. als **Marktattraktivitäts-Geschäftsfeldstärken-Matrix** bezeichnet wird, ruht auf den PIMS-Variablen. Im Gegensatz zur Wahl nur zweier unabhängiger Variablen durch die BCG handelt es sich bei dieser Matrix jedoch um ein **Multifaktorenkonzept**. Der Faktor Geschäftsfeldstärke (Unternehmensdimension) enthält 9 unabhängige Variablen, u. a. den RMA als wichtigste UV, der Faktor Marktattraktivität (Umweltdimension) enthält 11 unabhängige Variablen, u. a. das Marktwachstum als wichtigste UV. Wie bereits ausgeführt, konnten durch das PIMS-Modell 37 UV's bestimmt werden, die 80 Prozent der ROI-Varianz erklären. Bei den UV's im McKinsey-Portfolio handelt es sich um 20 dieser 37 UV's. Je nach Bedeutung werden diese 20 UV's unterschiedlich gewichtet, d.h. die beiden wichtigsten UV's erhalten jeweils die höchste Gewichtung, und die unwichtigsten UV's erhalten die niedrigste Gewichtung.

Neben diesem Unterschied in der Wahl der unabhängigen Variablen gibt es noch einen weiteren Unterschied zur Matrix der BCG: McKinsey benutzt eine 9-Felder-Matrix. **IW** steht in Abbildung 82 für die Normstrategie **Investition** und **Wachstum**, **AD** steht für die Normstrategie **Abschöpfung** bzw. **Desinvestition** und **S** steht für **selektive Strategien**, d.h. entweder Investition und Wachstum oder Abschöpfung und Desinvestition. Zieht man eine Diagonale entlang der S-Felder, also von der linken oberen Ecke zur rechten unteren Ecke, so entspricht - vereinfachend ausgedrückt - die unter der Diagonale liegende Fläche der Mittelfreisetzung und die über der Diagonale liegende Fläche der Mittelbindung.

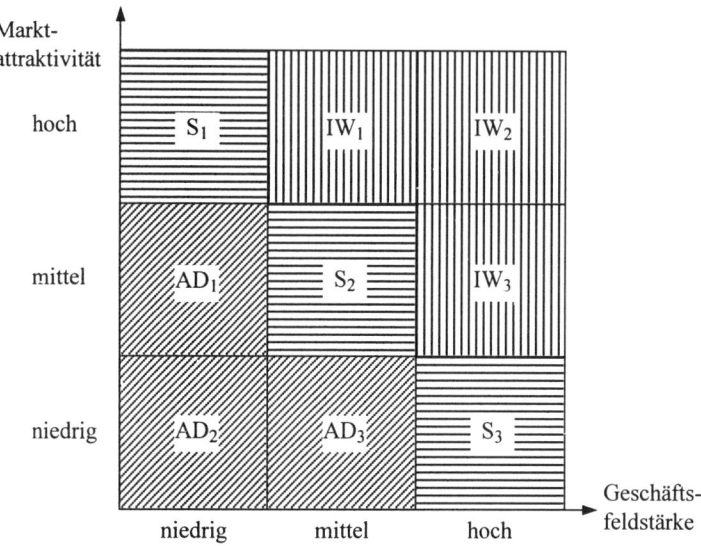

Abbildung 82: Die Marktattraktivitäts-Geschäftsfeldstärken-Matrix von McKinsey

Auch an der McKinsey-Matrix lassen sich Kritikpunkte feststellen:

• Eine Untersuchung wie die Meta-Analyse von Hambrick, McMillan und Day an BCG-Erfolgsobjekten kann bei McKinsey-Portfolios nicht durchgeführt werden, weil je nach Bedarf verschiedene der 37 unabhängigen PIMS-Variablen gewählt werden (mit Ausnahme der immer gleichen Hauptvariablen) und die Gewichtungen ebenfalls von Fall zu Fall variieren.

• Bei der Punktbewertung qualitativer Variablen (z.B. Produktqualität, Qualität des Marketing-Mix) lassen sich subjektive Bewertungen nur schwer vermeiden.

• Subjektivität läßt sich auch bei der Gewichtung der UV's nicht ganz vermeiden.

c. Das Portfolio von **A. D. Little** wird als **Marktstadien-Wettbewerbspositions-Matrix** bezeichnet. Es handelt sich um eine sehr differenzierte Matrix mit 20 Feldern, wobei auf der X-Achse (der Abszisse) die vier Lebenszyklusphasen und auf der Y-Achse (der Ordinate) die fünf Abstufungen der Wettbewerbsposition von schwach bis dominant markiert werden. Letztere Einstufung erfolgt wie bei der McKinsey-Matrix anhand einer Multifaktoren-Bewertung, wobei es sich ebenfalls um ausgewählte unabhängige Variablen zur Erklärung des ROI aus dem PIMS-Modell handelt. Abbildung 83 gibt eine Little-Matrix wieder:

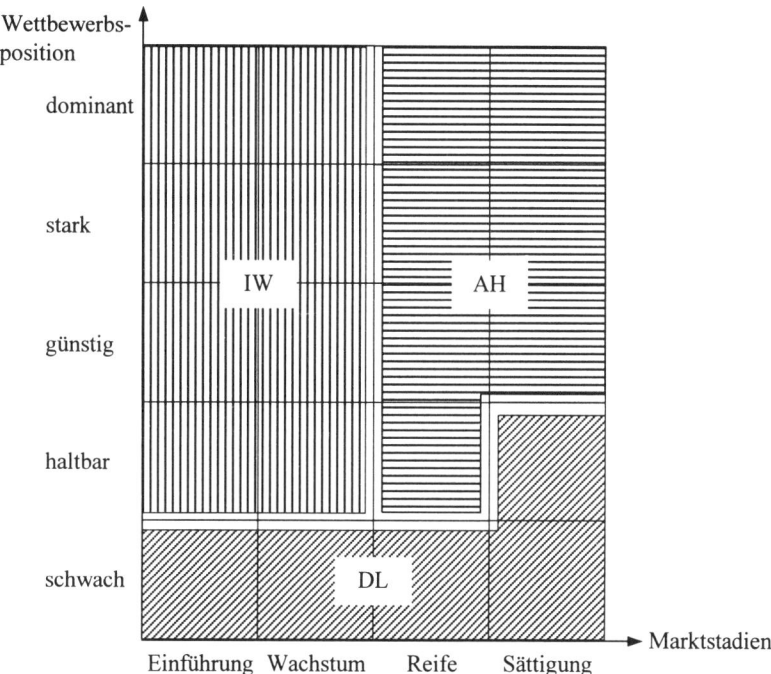

Abbildung 83: Die Marktstadien-Wettbewerbspositions-Matrix von A. D. Little

Die Normstrategien entsprechen denen der vorhergegangenen beiden Portfolios, d.h. **IW** bedeutet **Investition** und **Wachstum**, **AH** bedeutet **Abschöpfung** oder **Halten** und **DL** bedeutet **Desinvestition** bzw. **Liquidation**. In der Praxis werden diese Normstrategien für jedes der 20 Felder noch feiner differenziert.

Auch bei dieser Matrix lassen sich Kritikpunkte benennen:

• Für die Ermittlung der Wettbewerbsposition gelten die bereits bei McKinsey genannten Kritikpunkte.

• Lebenszyklusphasen lassen sich immer erst ex post relativ genau abgrenzen; ex ante ist eine solche Abgrenzung nur schwer möglich. Subjektive Bewertungen lassen sich hier kaum ausschließen.

Bei allen besprochenen Portfolios wird meist auch die Größe der Erfolgsobjekte (d.h. ihr Umsatzanteil) in die jeweilige Matrix eingetragen: Es wird also der Mittelpunkt des jeweiligen Erfolgsobjektes anhand der Abszissen- und Ordinatenwerte eingezeichnet und anschließend mit einem Zirkel ein Kreis um diese Punkte gezogen. Das größte Erfolgsobjekt erhält den größten Kreis, das kleinste den kleinsten Kreis. Das läßt sich per Augenmaß oder auf mathematischem Weg machen: Man dividiert den jeweiligen Umsatz durch π und erhält den Durchmesser des Kreises, den man anschließend halbiert, um das Zirkelmaß zu erhalten. Ein Umsatz von DM 10 Mio. entspricht einem Durchmesser von 3,18 cm und einem Zirkelmaß von 1,59 cm. Bei höheren Umsätzen werden die Kreise zu groß: Bei DM 100 Mio. beträgt der Kreisdurchmesser 31,8 cm. In solchen Fällen dividiert man alle Umsätze durch denselben Nenner, wobei sich hier die 10 anbietet.

d. Nach der Besprechung von drei absatzmarktbezogenen Portfolios soll nun das beschaffungsmarktbezogene Portfolio von **Kraljic,** einem McKinsey-Mitarbeiter, besprochen werden. Es handelt sich um die **Beschaffungsmarkt-Unternehmensstärken-Matrix,** die in Abbildung 84 wiedergegeben wird.

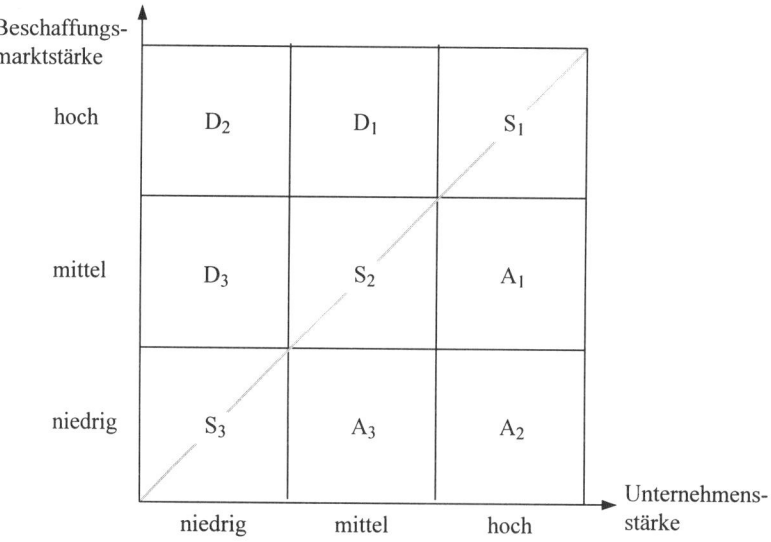

Abbildung 84: Die Beschaffungsmarkt-Unternehmensstärken-Matrix von Kraljic

Die Ähnlichkeiten zum unter Punkt b. besprochenen McKinsey-Portfolio sind unübersehbar: Es handelt sich um eine 9-Felder-Matrix und um ein Multifaktorenkonzept. Die Felder A_1 bis A_3 stehen für die Normstrategie **Ausschöpfung,** d.h. die Stärke des Unternehmens übertrifft die des Beschaffungsmarktes, daher greift man in die Preispolitik der Lieferanten ein und drückt deren Preise. D_1 bis D_3 steht für **Diversifikation,** der Beschaffungsmarkt ist nun stärker, und man diversifiziert **vertikal,** d.h. vorgelagerte Produktionsstufen werden von dem betreffenden Unternehmen integriert

(Rückwärtsintegration). Sofern möglich, werden also Zulieferer aufgekauft bzw. die Produktion von Zulieferteilen selbst aufgebaut und durchgeführt. S_1 bis S_3 sind die **Selektivfelder**, d.h. in diesen Feldern ist ein Abwägen von Fall zu Fall nötig.

Die Kritikpunkte an dieser Matrix entsprechen denen der McKinsey-Matrix.

7. Die **Wettbewerbsstrategie** stammt von Porter (1997), der der Harvard Business School (HBS) angehört. Zuweilen spricht man auch vom **Porter-Ansatz** bzw. von der **Wettbewerbsmatrix**. Bei diesem Ansatz werden die **Branchenattraktivität** und die **Wettbewerbsposition** von Unternehmen ermittelt mit dem Ziel, die jeweilige Unternehmenszukunft zu sichern. Die drei tragenden Säulen der Wettbewerbsstrategie sind die folgenden:

• Wettbewerbskräfte (siehe a.)
• Wertschöpfungskette (siehe b.)
• Generische Strategien (siehe c.)

a. Die Branchenattraktivität wird bestimmt durch **fünf Wettbewerbskräfte**, die jeweils mehrere Einflußfaktoren haben:

  • Verhandlungsmacht der Lieferanten
  • Bedrohung durch vorhandene Konkurrenten
  • Bedrohung durch neue Konkurrenten
  • Bedrohung durch Substitute (d.h. *Ersatzprodukte*)
  • Verhandlungsmacht der Käufer

Neben diesen fünf Wettbewerbskräften wird außerdem die **Lebenszyklusphase der Branche** (wachsende, reifende, schrumpfende) und die **Wettbewerbsausdehnung** (regional begrenzt, global) untersucht. Porter ist dabei nicht an einer statischen Momentaufnahme interessiert, sondern sein Konzept ist dynamisch, d.h. es wird untersucht, ob durch das jeweilige untersuchte Unternehmen Strukturveränderungen herbeigeführt werden können.

b. Die Wettbewerbsposition wird durch die **Wertschöpfungskette** bestimmt, d.h. durch die relativen Kosten (relativ im Vergleich zur Konkurrenz) in verschiedenen unternehmensrelevanten Bereichen. Diese Bereiche bezeichnet Porter als **generische Aktivitäten**, von denen es 9 gibt, die sich in die **5 Primäraktivitäten**

• Marketing
• Interne Logistik
• Produktion
• Externe Logistik
• Service

und die **4 Sekundär-** bzw. **Unterstützungsaktivitäten**

• Beschaffung
• Technologie-Entwicklung
• Human Resources Management
• Unternehmens-Infrastruktur

unterteilen lassen. Aus der Summe der Einzelanalysen der neun generischen Aktivitäten ergibt sich die Wertschöpfungskette. Laut Porter spielt die Unternehmensgröße eine entscheidende Rolle für die Wettbewerbsposition, aber anders als die Boston Consulting Group geht er nicht von einer uneingeschränkt wirksamen Kostenerfahrungskurve aus: der ROI folgt einer U-Kurve, d.h. kleine und große Unternehmen haben einen hohen ROI, mittlere dagegen einen niedrigen ROI (der sogar negativ sein kann). Abbildung 85 gibt diesen Zusammenhang wieder:

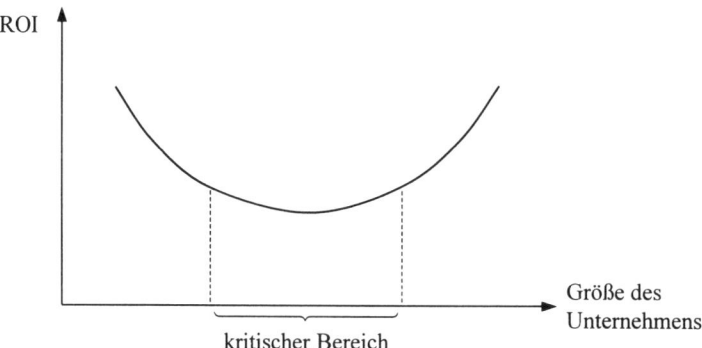

Abbildung 85: Die Abhängigkeit des ROI von der Unternehmensgröße nach Porter

c. Aus den Analysen der Wettbewerbskräfte und der Wertschöpfungskette leitet Porter **generische Strategien** ab, die sich aus der Position in seiner **Wettbewerbsmatrix** ergeben. Die **Kostenstrategie** bedeutet Kostenführerschaft (wer zu den niedrigsten Kosten produziert, ist Kostenführer), und sie ist nur durch die beste Wertschöpfungskette im Vergleich zur relevanten Konkurrenz zu erreichen. Durch niedrige Verkaufspreise hält eine solche Strategie unliebsame Konkurrenz fern, der auf Grund des Kostendruckes die Gewinnaussichten zu mager erscheinen. Mit der Kostenstrategie wird Wachstum angestrebt. Die **Differenzierungsstrategie** setzt im Gegensatz zur Kostenstrategie Produkte voraus, mit denen man sich von der Konkurrenz abhebt bzw. differenziert. Anders ausgedrückt, wird hier eine **Unique selling proposition (USP)** der betreffenden Produkte vorausgesetzt. Der USP sorgt - in der Regel in Verbindung mit hoher Qualität - für hohe Verkaufspreise. Auch hier kann unliebsame Konkurrenz durch **Markteintrittsbarrieren** ferngehalten werden, z.B. durch hohe F&E-Aufwendungen und hohe Kundentreue.

Beide Strategien können sowohl **segmentspezifisch** als auch **branchenweit** durchgeführt werden. Bearbeitet ein Unternehmen nur eines oder wenige Segmente, so spricht man von einem **Spezialisten**, bearbeitet es dagegen den Gesamtmarkt, ist also branchenweit tätig, so handelt es sich um einen **Generalisten**. Abbildung 86 gibt die Wettbewerbsmatrix wieder:

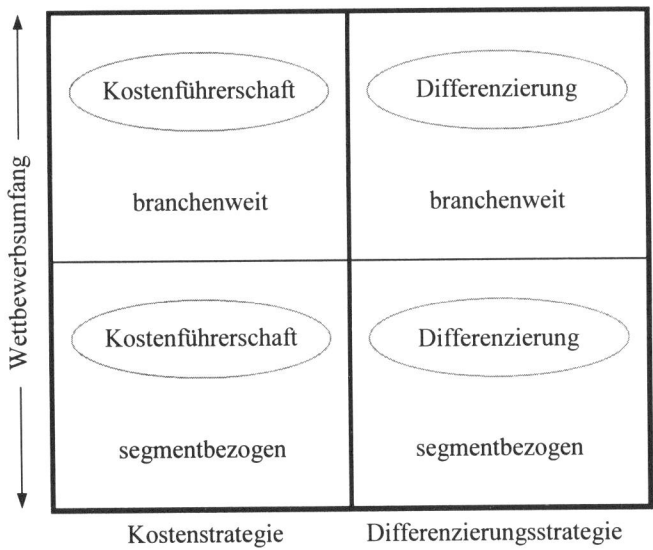

Abbildung 86: Die Wettbewerbsmatrix von Porter

Jedes durch Porter untersuchte Unternehmen muß sich kompromißlos für einen der vier Quadranten entscheiden. Je näher sich ein Unternehmen dem Fadenkreuz in der Mitte der Matrix befindet - unabhängig davon, in welchem der vier Quadranten - desto schwieriger ist seine Situation.

Der Ansatz von Porter bildet einen nahtlosen Übergang zur **Marketing-Planung und -Organisation**, da nach umfangreichen Analysen - die der Marketing-Forschung zuzurechnen sind - strategische Empfehlungen ausgesprochen werden, die als Entscheidungsgrundlage für die **strategische Planung** dienen sollen.

3.3 Anhang Marketing-Forschung

3.3.1 Übungsfragen zur Marketing-Forschung

1. Beschreiben Sie das BCG-Portfolio inklusive seiner Entstehungsgeschichte, seiner Basis und seiner Normstrategien.
2. Beschreiben Sie das McKinsey-Portfolio inklusive seiner Entstehungsgeschichte, seiner Basis und seiner Normstrategien.
3. Beschreiben Sie das Little-Portfolio inklusive seiner Basis und seiner Normstrategien.
4. Beschreiben Sie das Kraljic-Portfolio inklusive seiner Normstrategien.
5. Wofür steht PIMS, und was umfaßt diese Analyse?
6. Beschreiben Sie das Konzept der Kostenerfahrungskurve.
7. Beschreiben Sie die Wettbewerbsstrategie von Porter.
8. Beschreiben Sie die drei verschiedenen Arten von Netzplänen.
9. Was ist der Gesamtpuffer, und was ist der kritische Puffer?
10. Beschreiben Sie die Gap-Analyse.
11. Beschreiben Sie die Cross impact-Analyse.
12. Was ist eine ABC-Analyse, und wofür läßt sie sich verwenden?
13. Was ist der Unterschied zwischen Feld- und Laborerhebungen?
14. Worin unterscheidet sich die Primär- von der Sekundärforschung?
15. Wie hängen die Stärken-Schwächen-Analyse, die Umweltanalyse und die Chancen-Risiken-Analyse zusammen?
16. Was bedeutet Konsumerismus?
17. Welches sind die Komponenten der Mikro- und welches die der Makro-Umwelt?
18. Wodurch unterscheidet sich die Marktforschung von der Marketing-forschung?
19. Beschreiben Sie die bewußten Auswahlverfahren.
20. Beschreiben Sie Zufallsfehler und systematische Fehler.
21. Beschreiben Sie die verschiedenen Typen der Zufallsauswahlverfahren.

22. Was ist der Unterschied zwischen Vollerhebungen und Teilerhebungen, und inwiefern spielt die Repräsentativität bei Teilerhebungen eine Rolle?

23. Beschreiben Sie die vier Skalenniveaus.

24. Beschreiben Sie die drei skalierungsähnlichen Verfahren.

25. Wodurch unterscheidet sich die ökoskopische von der demoskopischen Marketing-Forschung?

26. Beschreiben Sie den Unterschied zwischen explorativer, deskriptiver und kausaler Forschung.

27. Welche Vor- und Nachteile hat die Fremdforschung gegenüber der Eigenforschung?

28. Beschreiben Sie die eindimensionalen Skalierungsverfahren.

29. Beschreiben Sie die mehrdimensionalen Skalierungsverfahren.

30. Was sind Gliederungszahlen, Beziehungszahlen und Indizes?

31. Beschreiben Sie den Unterschied zwischen dem Laspeyres- und dem Paasche-Index.

32. Wodurch unterscheidet sich die qualitative von der quantitativen Marktforschung?

33. Beschreiben Sie die Begriffe Reliabilität und Validität.

34. Beschreiben Sie die selektive Zuwendung, selektive Wahrnehmung und selektive Erinnerung.

35. Wodurch unterscheiden sich Pretest und Posttest?

36. Beschreiben Sie die verschiedenen Typen der Beobachtung.

37. Was ist eine Omnibusbefragung?

38. Nennen und beschreiben Sie die fünf Typen qualitativer Befragungsverfahren.

39. Was ist der Interviewereinfluß?

40. Welche fünf Arten von Fragen finden in Fragebögen Verwendung?

41. Was ist der Unterschied zwischen direkten, indirekten, offenen und geschlossenen Fragen?

42. Wodurch unterscheiden sich bipolare Fragen von Mehrfachauswahlfragen?

43. Beschreiben Sie folgende Begriffe im Zusammenhang mit Panels: Mortalität, statistische Zwillinge, Panelrotation, Lerneffekte, Freezing-Effekte, Panelpflege, Turnover.

44. Nennen Sie einige Typen von Panels.

45. Beschreiben Sie die folgenden apparativen Verfahren: Messung der Hautleitfähigkeit, Blickaufzeichnung, Tachistoskopverfahren, Schnellgreifbühne.

46. Beschreiben Sie den Unterschied zwischen standardisierten und strukturierten Fragebögen und freien Interviews.
47. Beschreiben Sie den Unterschied zwischen persönlichen, schriftlichen und
telefonischen Interviews.
48. Wodurch unterscheiden sich Storetest, Markttest und Mini-Markttest.
49. Was bedeuten im Zusammenhang mit dem Copytest unaided und aided
recall?
50. Beschreiben Sie den Starchtest und den damit zusammenhängenden Begriff
der recognition.
51. Beschreiben Sie die im Zusammenhang mit Experimenten wichtigen
Begriffe UV, AV, Kausalität, Hypothesen und Theorien.
52. Beschreiben Sie die Korrelations-Analyse.
53. Beschreiben Sie im Zusammenhang mit der Normalverteilung die Lagemaße
und die Streuungsmaße.
54. Beschreiben Sie den F-Test und den t-Test.
55. Beschreiben Sie die Regressionsanalyse und die Faktorenanalyse.
56. Wozu dient der Chi²-Test im Zusammenhang mit der Normalverteilung?
57. Was sind α-Fehler und was β-Fehler?
58. Beschreiben Sie die Delphi-Prognose.
59. Wie ist der Ablauf bei einem Szenario?
60. Beschreiben Sie die Methode der gleitenden Durchschnitte.
61. Beschreiben Sie die Methode der exponentiellen Glättung.
62. Beschreiben Sie die Methode der Trendextrapolation.
63. Kann man anhand des Regressionsmodells Prognosen erstellen?
64. Was besagt die Gompertzkurve?
65. Welches sind die vier Komponenten von Trends?

3.3.2 Lösungshinweise zu den Übungsfragen

1. Kapitel 3.2.6.2
2. General Electric und die GE-Matrix mit erwähnen; Kapitel 3.2.6.2
3. Kapitel 3.2.6.2
4. Kapitel 3.2.6.2
5. Profit impact of market strategies; ROI und cash flow sind die AV; Kapitel
3.2.6.2
6. Auf BCG verweisen; Kapitel 3.2.6.2

7. Alle drei Grundlagen beschreiben und die konsequente Entscheidung für einen Quadranten betonen; Kapitel 3.2.6.2

8. MPM, CPM und Pert beschreiben; Kapitel 3.2.6.2

9. Kapitel 3.2.6.2

10. Beide Lücken beschreiben; Kapitel 3.2.6.2

11. Kapitel 3.2.6.2

12. Für nahezu alles, z.B. Umsätze, Kunden, Produkte; Kapitel 3.2.6.2

13. Kapitel 3.2.1

14. Kapitel 3.2.1

15. Kapitel 3.1

16. Kapitel 3.1

17. Kapitel 3.1

18. Die Marktforschung ist heutzutage Teilgebiet der Marketing-Forschung; das war früher nicht so; Kapitel 3.1

19. Kapitel 3.2.2

20. Kapitel 3.2.2

21. Kapitel 3.2.2

22. Kapitel 3.2.2

23. Kapitel 3.2.3

24. Kapitel 3.2.3

25. Kapitel 3.2.1

26. Kapitel 3.1

27. Kapitel 3.2.1

28. Kapitel 3.2.3

29. Kapitel 3.2.3

30. Kapitel 3.2.3

31. Kapitel 3.2.3

32. Kapitel 3.2.1 und Kapitel 3.2.4.2

33. Kapitel 3.2.4

34. Kapitel 3.2.4.1

35. Beginn von Kapitel 3 und Kapitel 3.2.4.1

36. Teilnehmend/nichtteilnehmend, offen/verdeckt, systematisch/unsystematisch; alle beschreiben; Kapitel 3.2.4.1

37. Eine Mehrthemenbefragung; Kapitel 3.2.4.2

38. Tiefeninterview, TAT usw.; Kapitel 3.2.4.2

39. Kapitel 3.2.4.2

40. Kontakt- und Eisbrecherfragen etc.; Kapitel 3.2.4.2

41. Kapitel 3.2.4.2

42. Kapitel 3.2.4.2

43. Kapitel 3.2.4.4

44. Haushaltspanels etc.; Kapitel 3.2.4.4

45. Kapitel 3.2.4.4

46. Kapitel 3.2.4.2

47. Kapitel 3.2.4.2

48. Kapitel 3.2.4.4

49. Kapitel 3.2.4.4

50. Auch auf die Begriffe noted, seen associated und read most eingehen; Kapitel 3.2.4.4

51. Kapitel 3.2.4.5

52. Kapitel 3.2.5

53. Kapitel 3.2.5

54. Kapitel 3.2.5

55. Kapitel 3.2.5

56. Man überprüft mit diesem Test, ob empirisch erhobene Daten einer theoretischen Verteilung entsprechen. Interessiert die Normalverteilung, so überprüft man mit ihm, ob und wie gut empirisch erhobene Daten normalverteilt sind; Kapitel 3.2.5

57. Kapitel 3.2.5

58. Kapitel 3.2.6.1

59. Kapitel 3.2.6.1

60. Kapitel 3.2.6.1

61. Kapitel 3.2.6.1

62. Kapitel 3.2.6.1

63. Ja; die Prognosemethode ist jedoch nur für kurzfristige Prognosen bis zu einem Jahr sinnvoll, weil sie bei längerfristigeren Prognosen zu ungenau wird; Kapitel 3.2.6.1

64. Kapitel 3.2.6.1

65. Saisonale Komponente, Konjunktur-Komponente, irreguläre Restkomponente und die sich aus diesen drei Komponenten ergebende langfristige Trendentwicklung; Kapitel 3.2.6.1

4 Marketing-Planung und -Organisation

Organisationsstrukturen sind eng mit der Planung verbunden, daher werden beide Bereiche unter einer gemeinsamen Überschrift behandelt. Innerhalb dieses Kapitels erfolgt die Aufteilung in

• Planung (Kapitel 4.1)
• Organisation (Kapitel 4.2)

4.1 Planung

Planung ist eine Systematik zur Sicherung von Unternehmenszukunften auf der Basis von **Entscheidungsgrundlagen**, die aus der **Marketing-Forschung** stammen. In einen Planungsprozeß fließen außerdem die **Wertvorstellungen** der Entscheider mit ein. Wenn beispielsweise ein neues, in der Planung befindliches Produkt nur umweltunfreundlich produziert werden kann und dies den Wertvorstellungen der Entscheider zuwiderläuft, so wird ein solcher Planungsprozeß nicht weiter verfolgt werden, d.h. es kommt gar nicht erst zu einem Plan als Endresultat eines Planungsprozesses.

4.1.1 Allgemeine Grundlagen der Planung

Bei der Planung handelt es sich um ein **System**, das vor allem die **Elemente Information, planende Personen** bzw. **Planungsträger**, den **Planungsprozeß** und - als Endresultat - **Pläne** beinhaltet. Informationen werden durch die Marketing-Forschung in Entscheidungsgrundlagen (Analysen und Prognosen) verarbeitet, die den Planungsträgern präsentiert werden. Diese führen daraufhin die Planung durch (Planungsprozeß), und das Ergebnis wird in Form eines Planes schriftlich fixiert.

Planung hat mehrere **Funktionen**, die sich in die beiden Funktionenblöcke Zielfunktion und Prozeßfunktionen aufteilen lassen.

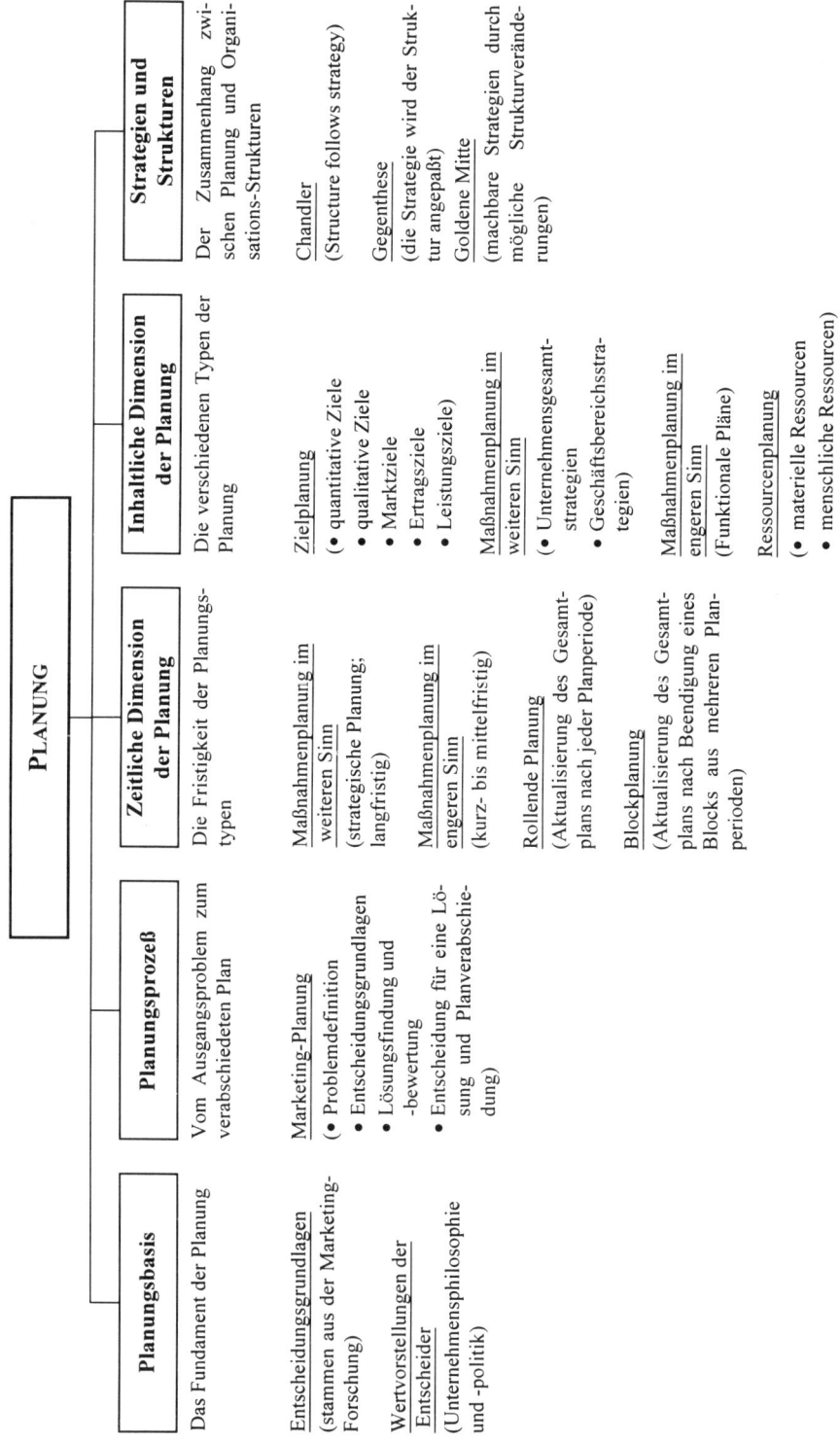

Abbildung 87: Die Komponenten der Planung

Die **Zielfunktion der Planung** ist die

• Sicherung der Unternehmenszukunft

Die **Prozeßfunktionen der Planung** sollen die Zielfunktionen ermöglichen. Bei den Prozeßfunktionen lassen sich vor allem die folgenden unterscheiden:

• Ordnungsfunktion (Planung „ordnet", indem aus Einzelbausteinen ein Planungssystem entsteht)
• Kreative Funktion (Planung ist ein kreativer Prozeß auf der Suche nach der bestmöglichen Lösung für eine Problemstellung)
• Flexibilitätsfunktion (die Umweltgegebenheiten ändern sich heutzutage schnell, daher muß man sich als Planungsträger darauf einstellen, daß Bewährtes veraltet, d.h. Alternativen müssen im Planungsprozeß bedacht werden, oder anders ausgedrückt: Planung ist ein Prozeß, der sich nicht auf eine statische, sondern auf eine dynamische Umwelt bezieht)

Eine weitere wichtige Funktion der Planung ist die **Motivationsfunktion**, die streng genommen gar nicht zur Planung gehört, sondern Folge der Planung ist und ebenfalls die Zielfunktion der Planung unterstützt. Sofern Planvorgaben realistisch sind, d.h. menschlich wie technisch erreichbar, wirken sie in der Regel motivierend. Die Planvorgaben schaffen einen Anreiz, das gesetzte Ziel zu erfüllen. Wer allerdings nach der Erreichung einer hochgesteckten Planvorgabe innerhalb einer vorgegebenen Zeit nicht in adäquater Form belobigt wird (z.B. durch öffentliche Erwähnung einer Abteilungsleistung auf einer Betriebsversammlung, durch Prämien oder andere **Incentives**, wie Betriebsausflüge etc.), bei dem wird die Motivation in der Folgezeit deutlich geringer ausfallen.

Nach dieser Darstellung allgemeiner Grundlagen sollen die einzelnen Komponenten der Planung vorgestellt werden, die im Überblick in Abbildung 87 zu sehen sind.

4.1.2 Die Komponenten der Planung

Die Planung läßt sich in die folgenden Komponenten aufteilen:

• Planungsbasis (Kapitel 4.1.2.1)
• Planungsprozeß (Kapitel 4.1.2.2)

• Zeitliche Dimension der Planung (Kapitel 4.1.2.3)
• Inhaltliche Dimension der Planung (Kapitel 4.1.2.4)
• Strategien und Strukturen (Kapitel 4.1.2.5)

4.1.2.1 Planungsbasis

Die **Planungsbasis** wird durch die folgenden beiden Bereiche gebildet:

• Entscheidungsgrundlagen (siehe 1.)
• Wertvorstellungen der Entscheider (siehe 2.)

1. Die **Entscheidungsgrundlagen** liefert die **Marketing-Forschung**. In der Regel gibt das Top-Management auf der Grundlage einer Problemdefinition einen Auftrag an die Marketing-Forschung, die darauf Analysen und Prognosen erstellt. Die entsprechenden Verfahren wurden im Kapitel Marketing-Forschung vorgestellt.

2. Die **Wertvorstellungen der Entscheider** spiegeln sich in der **Unternehmensphilosophie** wieder. Sie ist ein Leitbild für das jeweilige Unternehmen, das sich sowohl auf den Umgang mit der Umwelt (Kunden, Konkurrenten, natürliche Ressourcen, Erhaltung der Umwelt) als auch auf den Umgang der Mitarbeiter untereinander (Beteiligung an Entscheidungsprozessen, Anreizsysteme etc.) bzw. auf den Umgang mit Mitarbeitern bezieht (möglichst langfristige Arbeitsplatzsicherung etc.). Die Unternehmensphilosophie ist ein normatives Leitbild, das vor allem der Motivation und Identifikation mit dem betreffenden

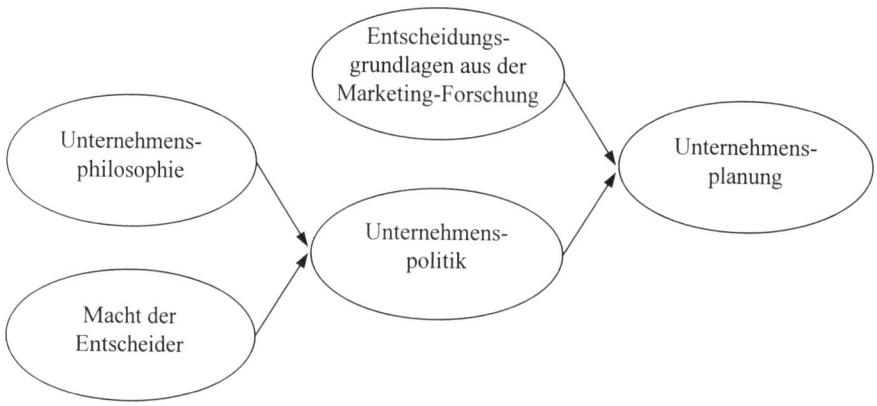

Abbildung 88: Die Basis der Unternehmensplanung

Unternehmen dienen soll. Die Entscheider übersetzen die Unternehmensphilosophie durch ihre Macht in Unternehmenspolitik. Zwischen Philosophie und Politik klafft oft eine Lücke, d.h. Anspruch und Realität unterscheiden sich. Wo so etwas absichtlich geschieht, spielt die Unternehmensphilosophie lediglich die Rolle einer PR-Maßnahme. Eine unabsichtliche Lücke sollte den Anreiz bilden, sie zu schließen.

Die in diesem Kapitel skizzierten Zusammenhänge werden in Abbildung 88 wiedergegeben.

4.1.2.2 Planungsprozeß

Der **Planungsprozeß** wird in Abbildung 89 wiedergegeben. Die Rückkopplungen - dargestellt durch die Pfeile - geben an, wo steuernd eingegriffen wird, wenn sich bei der Kontrolle Soll-/Ist-Abweichungen herausstellen. Dann werden die Teilpläne besser aufeinander abgestimmt und Optimierungen bei der Durchführung angestrebt. Sich rasant wandelnde Umweltbedingungen, die zudem immer komplexer werden, erfordern einen solchen dynamischen Planungsprozeß. Auch **Frühwarnsysteme** werden in einer solchen Umwelt immer wichtiger. Im Rahmen der Erkennung zukünftiger Probleme wird auch von der **Früherkennung schwacher Signale** gesprochen - ein Begriff, der auf Ansoff zurückgeht.

Bei der Entscheidungsfindung ist **vollkommene Information** über Umweltentwicklungen heutzutage ein nur noch in seltenen Fällen gegebener Ausnahmefall. In der Regel handelt es sich um **Risiko-Entscheidungen**, d.h. Entscheidungen, die auf Wahrscheinlichkeitsberechnungen des Eintritts, des Eintrittszeitpunktes und der Stärke von Umweltentwicklungen beruhen. Manchmal ist man jedoch auch gezwungen, **Entscheidungen unter Unsicherheit** zu treffen, d.h. man kann keine solchen Wahrscheinlichkeiten angeben.

4.1.2.3 Zeitliche Dimension der Planung

Bei der Planung wird zwischen kurz-, mittel- und langfristiger Planung unterschieden. In der Regel werden für diese Fristigkeiten jedoch die Begriffe **operative Planung** (bis zu einem Jahr), **taktische Planung** (ein bis drei Jahre) und **strategische Planung** (drei bis zehn Jahre) verwendet, obwohl die inhaltliche Dimension dieser Begriffe wichtiger ist als die zeitliche Dimension. Darüber

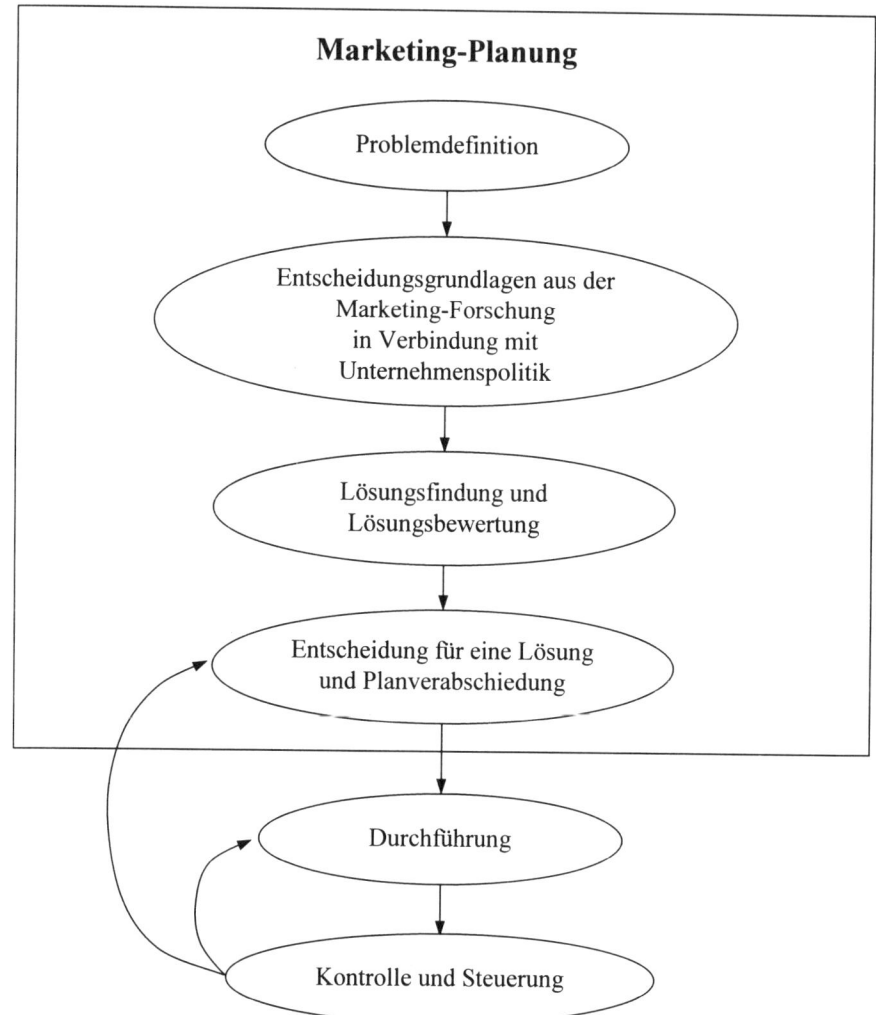

Abbildung 89: Der Planungsprozeß und die sich anschließende Durchführung
mit Kontrolle und Steuerung

hinaus ist die Gleichsetzung der jeweiligen Begriffspaare (z.B. langfristig und
strategisch) nicht in jedem Fall gerechtfertigt, denn manchmal gibt es auch
kurzfristigere Strategien. Vereinfachend werden die drei Fristigkeiten fast immer
auf zwei reduziert: man spricht dann von der **Maßnahmenplanung im weiteren**
Sinn (strategische Planung; langfristig) und der **Maßnahmenplanung im**
engeren Sinn (kurz- bis mittelfristig). Die strategische Planung wird dabei in
Planungseinheiten zerlegt, die entweder gleichlang oder unterschiedlich lang
sein können. Man unterscheidet dabei das **Prinzip der Reihung** und das
Prinzip der Staffelung, die in Abbildung 90 wiedergegeben werden:

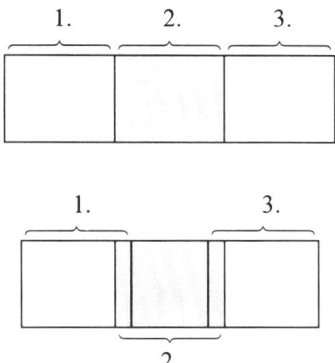

Abbildung 90: Das Prinzip der Reihung (oben) und der Staffelung (unten) für drei Planungsperioden gleicher Fristigkeit

Bei der Reihung werden die einzelnen Planperioden hintereinandergehängt, d.h. die jeweils nachfolgende Periode beginnt erst, wenn die vorhergehende beendet ist. Überlappen sich die Planperioden, so spricht man von Staffelung. Bei beiden Prinzipien können Planperioden gleicher oder unterschiedlicher Fristigkeiten miteinander gekoppelt werden.

Eine weitere Unterscheidung läßt sich hinsichtlich des Zeitpunktes der **Planrevision** treffen:

Bei der **Blockplanung** findet eine Aktualisierung erst dann statt, wenn der jeweilige Planungszyklus beendet ist - bei unserem Beispiel aus Abbildung 90 also nach Abschluß der drei Planperioden. Vor dem Beginn eines eventuellen nachfolgenden Blocks wird auf diese Weise die Gesamtplanung einer Revision unterzogen und bei Bedarf entsprechend korrigiert. Bei der **rollenden Planung** wird jede Planperiode sofort nach ihrem Abschluß aktualisiert und dann jeweils - falls nötig - die Gesamtplanung entsprechend angepaßt. Sowohl die Block-planung als auch die rollende Planung folgen den Prinzipien der Reihung und der Staffelung.

4.1.2.4 Inhaltliche Dimension der Planung

Was den Inhalt betrifft, so unterscheidet man die folgenden Typen der Planung:

• Zielplanung (siehe 1.)
• Maßnahmenplanung im weiteren Sinn (siehe 2.)

• Maßnahmenplanung im engeren Sinn (siehe 3.)
• Ressourcenplanung (siehe 4.)

1. Bei den **Marketingzielen** lassen sich **quantitative** und **qualitative Ziele** differenzieren. **Quantitative Marketingziele (ökonomische Marketingziele)** sind vor allem:

• Umsatz
• Absatz
• Gewinn
• Return on investment (ROI)
• Deckungsbeitrag (DB)
• Marktanteil und relativer Marktanteil

Qualitative Marketingziele (psychographische Marketingziele) sind vor allem:

• Bekanntheitsgrad
• Einstellung
• Unternehmens- und Produkt-Image
• Produkt-Präferenz
• Kaufabsicht

Die quantitativen Marketingziele lassen sich auch in **Marktziele** (Umsatz, Absatz, Marktanteil und relativer Marktanteil) und **Ertragsziele** (Gewinn, ROI und DB) aufteilen. Darüber hinaus gibt es **Leistungsziele** (vor allem die Sicherung der Unternehmenszukunft, die Erhaltung der Arbeitsplätze und der Selbständigkeit und die ständige Verbesserung der Angebotsqualität).

Man unterscheidet bei den Marketingzielen zwischen

• Zielharmonie
• Zielkomplementarität
• Zielkonflikt

Eine Zielharmonie liegt z.B. vor, wenn gleichzeitig höherer Umsatz und höherer Gewinn angestrebt werden, d.h. wenn beide Ziele entweder ökonomisch oder psychographisch sind. Zielkomplementarität besteht dann, wenn höherer Umsatz und höherer Bekanntheitsgrad angestrebt werden, d.h. wenn ein Ziel ökonomischer und das andere psychographischer Natur ist. Von Zielkonflikt spricht man, wenn ein Ziel die Erreichung eines anderen Zieles ausschließt, und zwar unabhängig davon, ob beide Ziele ökonomisch, beide psychographisch oder eines ökonomisch und das andere psychographisch ist. So widerspricht beispielsweise das Ziel einer Erhöhung des Marktanteils durch Senkung der Preise dem gleichzeitigen Ziel eines hohen Gewinns.

2. Die **Maßnahmenplanung im weiteren Sinn** bzw. **Strategienplanung** ergibt sich als Konsequenz aus der Zielplanung. Wenn als Ziel beispielsweise festgelegt wurde, der Umsatz solle in den kommenden fünf Jahren um 20 Prozent gesteigert werden, so müssen anschließend Strategien festgelegt werden, um dieses Ziel erreichbar zu machen.

Auf der Ebene von diversifizierten Unternehmen lassen sich die folgenden zwei Gruppen von Strategien unterscheiden:

• Unternehmensgesamtstrategien (siehe a.)
• Geschäftsbereichsstrategien (siehe b.)

a. **Unternehmensgesamtstrategien** sind in erster Linie **Portfolio-Normstrategien**, d.h. Investieren, Abschöpfen, Halten und Desinvestieren. Darüber hinaus gibt es aber eine ganze Reihe weiterer Unternehmensgesamtstrategien:

• Ansoff-Strategien (Marktdurchdringung, Produktentwicklung, Marktentwicklung, Diversifikation)
• Quantitative Strategien (Wachstum, Halten, Konsolidieren, Schrumpfen)
• Spezialisten- bzw. Generalisten-Strategie (entweder Beschränkung auf wenige Stärken oder breites Angebot)
• Strategie der Eigenständigkeit bzw. Kooperationsstrategie
• Werkstofforientierte Strategie (z.B. Verwendung eines neuen revolutionären Kunststoffes anstelle sonst üblicher Metallegierungen)
• Technologieorientierte Strategien

Bei den technologieorientierten Strategien unterscheidet man zwischen **Basistechnologien** (gängige Technologien, die allen zur Verfügung stehen), **Schlüsseltechnologien** (neue Technologien, die nur wenigen zur Verfügung stehen), **Schrittmachertechnologien** (Technologien in der Entwicklungsphase) und **Zukunftstechnologien** (Technologien auf dem Reißbrett).

b. **Geschäftsbereichsstrategien** beziehen sich auf **strategische Geschäftseinheiten (SGE)**. Auf dieser Ebene kommen die **Strategien der Marktseg-**

mentation und **Produkt-** und **Produktprogrammstrategien** zum Tragen. Das gängigste Instrument der Festlegung strategischer Marschrichtungen ist hier die **Wettbewerbsstrategie** von Porter.

3. Die **Maßnahmenplanung im engeren Sinn** detailliert die Geschäftsbereichsstrategien. Man spricht auch von **funktionalen Plänen**. Die unternehmerischen Funktionsbereiche (z.b. Marketing, Finanzen, Forschung und Entwicklung) weisen jeweils eigene funktionale Pläne auf, die miteinander koordiniert werden müssen. In diesen Typ von Planung fällt z.b. die **Festlegung von Budgets** für die Funktionsbereiche und die weitere Aufteilung auf Abteilungsebene sowie die Bestimmung bestmöglicher **Marketing-Mixes**.

4. Die **Ressourcenplanung** wird aus der Zielplanung und der Maßnahmenplanung abgeleitet. Unter Ressourcen versteht man zum einen **materielle Ressourcen** und zum anderen **menschliche Ressourcen**. Im Bereich der materiellen Ressourcen gilt es, die Versorgung eines Unternehmens mit Rohstoffen und Zulieferteilen bestmöglich und so preisgünstig wie möglich langfristig sicherzustellen. Hier spielt das **Beschaffungsmarkt-Portfolio** von Kraljic eine große Rolle. Für den Bereich menschlicher Ressourcen ist die Personalabteilung im Rahmen der **Personalplanung** zuständig: Sie sorgt dafür, daß die bestmögliche Ausstattung mit Arbeitskräften auf allen Hierarchieebenen gewährleistet wird.

An den Hierarchieebenen orientiert sich auch die Entscheidungsbefugnis: Zielplanung und Maßnahmenplanung im weiteren Sinn sind Aufgaben des Top-Managements, die Maßnahmenplanung im engeren Sinn liegt in den Händen der Funktionsbereichsleiter. Im Bereich der materiellen Ressourcen obliegt die Planung in der Regel den Funktionsbereichsleitern, die Planung des Bedarfs an menschlichen Ressourcen regelt die Leitung der Personalabteilung in Zusammenarbeit mit den jeweils betroffenen Hierarchieebenen.

4.1.2.5 Strategien und Strukturen

Für die Planung und Durchführung von Strategien benötigt man Personal, das den jeweiligen Anforderungen gewachsen ist. Chandler hat in diesem Zusammenhang die Sequenz *„die Struktur wird der Strategie angepaßt" („Structure follows strategy")* postuliert, d.h. man muß die jeweilige Organisationsstruktur (personelle Ausstattung und Art der Hierarchie) den speziellen Anforderungen, die eine Strategie stellt, anpassen. In der Praxis sieht es jedoch so aus, daß Strategien oft verhindert werden, weil deren Durchsetzung eine Erweiterung der Kompetenz auf vielen Ebenen erfordert. Wenn beispielsweise in einem Unternehmen bisher in Form starrer Hierarchie von oben herab befohlen wird und von unten nach oben der Dienstweg einzuhalten ist, so wird eine solche Organisationsstruktur bei dynamischen Marktverhältnissen, d.h. vor allem bei kurzen Produktlebenszyklen, schnell an ihre Grenzen stoßen. Eine Strategie, die solchen Marktverhältnissen gerecht werden will, erfordert die Umstellung der Organisationsstruktur, beispielsweise die Beteiligung der Leiter verschiedener funktionaler Bereiche und Abteilungsleiter am Entscheidungsprozeß. Eine solche Umstellung wird oft von oben wie von unten blockiert: Das Management möchte sich nicht in Entscheidungen reinreden lassen, und z.B. Abteilungsleiter scheuen die erweiterte Kompetenz, weil sie davon ausgehen, daß sie ihnen lediglich ein Mehr an Arbeit einbringt.

Als Gegenthese zu Chandler könnte daher formuliert werden: *„die Strategie wird der Struktur angepaßt"*, was allerdings die Starrheit von Organisationsstrukturen überbewertet. Der gangbare Weg ist somit die Mitte zwischen den beiden polarisierten Standpunkten: Bei der Strategieformulierung müssen die Möglichkeiten und Grenzen der Anpassung der Organisationsstruktur bereits mitbedacht werden. Ist das der Fall und werden auch weitergehende Unternehmens-Umweltbeziehungen neben einer rein marktbezogenen Strategie mitbedacht (z.B. die Sicherung von Arbeitsplätzen, der Schutz der Umwelt usw.), so spricht man nicht mehr von strategischer Planung, sondern von **strategischem Management**.

4.2 Organisation

Zu Beginn des 20. Jahrhunderts waren die Absatzmärkte stabil, d.h. man konnte die Zukunft im Hinblick auf Produkte planen. Die Organisationsstrukturen waren starr und auf Dauer ausgelegt, von oben nach unten herrschte der Befehlsweg und von unten nach oben der Dienstweg. Das Funktionieren der Organisationsstrukturen wurde durch dauerhafte Regeln bestimmt. Am Übergang in ein neues Jahrtausend ist eine ganz andere Art von Organisationsstruktur und Management gefragt. Produktlebenszyklen sind im Mittel viel kürzer geworden als früher, und es ist sehr viel schwieriger, die Marktentwicklungen frühzeitig zu durchschauen. Unvorhersehbare Überraschungen lassen sich oft nicht vermeiden und erfordern ein hohes Maß an Flexibilität.

4.2.1 Allgemeine Grundlagen der Organisation

Die Effizienz einer Organisation hängt zum einen von der Art der Organisationsstruktur ab und zum anderen von den Menschen, die diese Struktur bilden und sich in ihr bewegen. Dabei lassen sich **Führungs-** und **Basissystem** unterscheiden. Jedes System ist nur so gut wie seine Elemente und deren Zusammenwirken. Es stellt sich die Frage, wie sich diese Qualität beurteilen und beeinflussen läßt.

Im Bereich der Führung gibt es zur Beurteilung von Führungspersönlichkeiten zwei Hauptmethoden: **Selbstbeobachtungen** und **Verhaltensbeschreibungen durch Mitarbeiter**, letztere vor allem mit dem **LBDQ (Leader behavior description questionaire)**. Der LBDQ stammt aus der **Ohio State-Studie** und umfaßt 150 Fragen, die mittels Faktorenanalyse auf zwei Hauptfaktoren reduziert werden konnten: **Beziehungsorientierung** und **Aufgabenorientierung**. Eine erfolgreiche Führungspersönlichkeit zeichnet sich demnach dadurch aus, daß er/sie bei beiden Faktoren hohe Werte aufweist.

Basissysteme bestehen aus den der jeweiligen Führung untergeordneten Stellen. Erste Analysen, allerdings ausschließlich im Bereich der Produktion, stammen von Taylor, der um die Wende vom 19. zum 20. Jahrhundert Arbeitsabläufe mit der Stoppuhr maß, um für erhöhte Arbeitseffizienz durch vorgegebene Taktzeiten, z.B. am Fließband, zu sorgen. Daraus resultierten einfache Aufgaben: etwa immer nur ein Teil an einer bestimmten Stelle zu befestigen, was zu Langeweile und schließlich zu Unzufriedenheit führt. Die Folgen sind in der Regel eine niedrige Arbeitsmotivation und hohe Fehlzeiten. Nach dem 2. Weltkrieg begann man sich intensiv mit diesem Problem auseinanderzusetzen. Es entstanden die Konzepte des **Job enlargement**, d.h. einer Ausweitung des Tätigkeitsbereiches, und der **Job rotation**, d.h. eines Arbeitsplatzwechsels: Eine Woche lang baut ein Mitarbeiter z.B. Lichtmaschinen komplett zusammen, in der darauffolgenden Woche Elektromotoren usw. Neben diesen quantitativen Aspekten der Arbeitserweiterung entstand das qualitative Konzept des **Job enrichment**, d.h. der Sinnfüllung von Arbeit durch die Integration der Aufgaben Planung und Kontrolle. Diese drei Konzepte führen zu einer ganzheitlichen Erfahrung von Arbeit und sind heute nicht mehr nur im Produktionsbereich anzutreffen, sondern auch im administrativen Bereich.

Die Arbeitsorganisation kann auf drei Arten gestaltet werden: Beim **Top down-Ansatz** wird erst das technische System durchrationalisiert, und dann werden die Mitarbeiter an die sich aus diesem System ergebenden Anforderungen angepaßt. Beim **Bottom up-Ansatz**, der auch **Human relations-Ansatz** genannt wird, werden zuerst die Qualifikationen und Bedürfnisse der Mitarbeiter ermittelt, und dann wird unter Berücksichtigung der Ergebnisse rationalisiert, d.h. die Interessen der Mitarbeiter werden beachtet. Die Verbindung aus beiden Ansätzen ist der **sozio-technische Systemansatz**, d.h. man versucht, beide Seiten bestmöglich miteinander zu kombinieren.

Nach dieser Darstellung allgemeiner Grundlagen sollen die einzelnen Komponenten der Organisation vorgestellt werden, die im Überblick in Abbildung 91 zu sehen sind.

4.2.2 Die Komponenten der Organisation

Die Organisation läßt sich in die folgenden Komponenten einteilen:

• Strukturkriterien der Organisation (Kapitel 4.2.2.1)
• Organisationsformen (Kapitel 4.2.2.2)
• Managementtechniken (Kapitel 4.2.2.3)

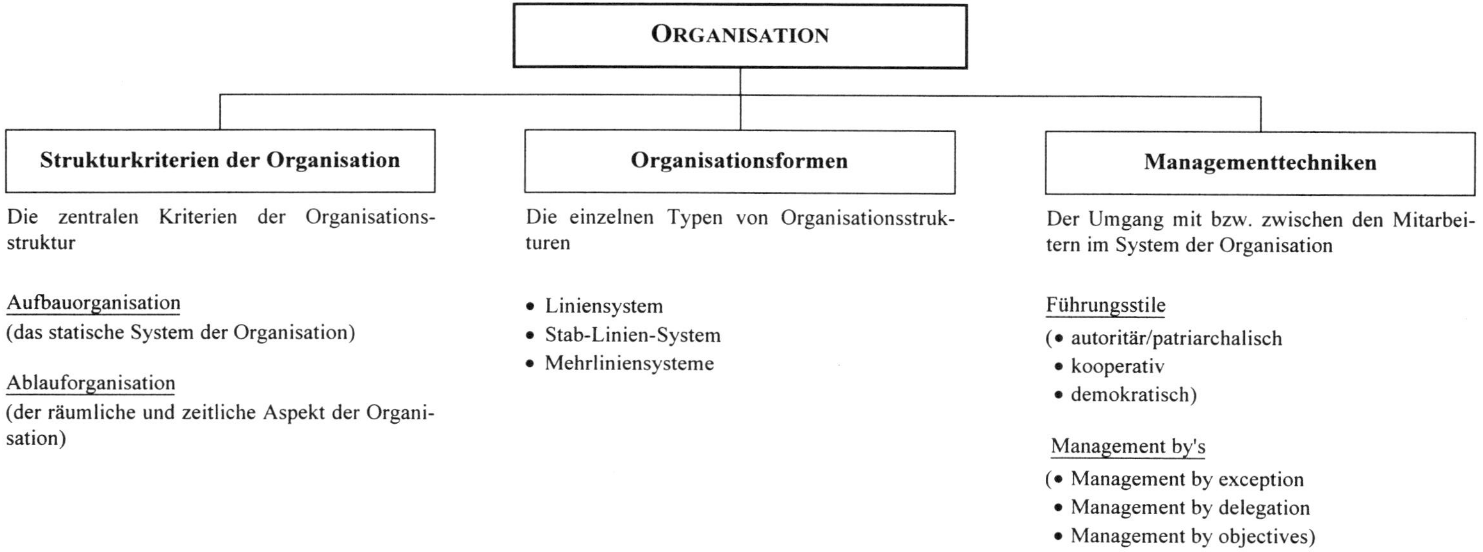

ORGANISATION

Strukturkriterien der Organisation

Die zentralen Kriterien der Organisationsstruktur

Aufbauorganisation
(das statische System der Organisation)

Ablauforganisation
(der räumliche und zeitliche Aspekt der Organisation)

Organisationsformen

Die einzelnen Typen von Organisationsstrukturen

• Liniensystem
• Stab-Linien-System
• Mehrliniensysteme

Managementtechniken

Der Umgang mit bzw. zwischen den Mitarbeitern im System der Organisation

Führungsstile
(• autoritär/patriarchalisch
• kooperativ
• demokratisch)

Management by's
(• Management by exception
• Management by delegation
• Management by objectives)

Abbildung 91: Die Komponenten der Organisation

4.2.2.1 Strukturkriterien der Organisation

Die **Strukturkriterien der Organisation** sind die

• Aufbauorganisation (siehe 1.)
• Ablauforganisation (siehe 2.)

1. Die **Aufbauorganisation** ist der statische Teil der Organisationsstruktur. Sie umfaßt die Funktionen-, Abteilungs- und Stellenbildung, die Regelung der horizontalen Verbindungen zwischen den funktionalen Bereichen (z.B. Marketing zu Finanzen etc.), zwischen den Abteilungen und zwischen den Stellen, die Regelung der vertikalen Verbindungen (Hierarchie) zwischen funktionalen Bereichen, Abteilungen und Stellen (horizontale und vertikale Verbindungen stellen das kommunikative Beziehungsnetz dar) und die Regelung der jeweiligen Kompetenzen in allen Bereichen.

2. Die **Ablauforganisation** bezieht sich auf die Abstimmung aller Arbeitsabläufe innerhalb einer Organisation. Man ist hier also damit befaßt, *„was, wo und wann gemacht werden muß“*, d.h. es geht um die Abstimmung räumlicher und zeitlicher Beziehungen innerhalb und zwischen den Arbeitsprozessen.

4.2.2.2 Organisationsformen

Eine erste Differenzierung innerhalb der **Organisationsformen** läßt sich hinsichtlich der **Zentralisation** bzw. **Dezentralisation** von Kompetenz und Verantwortung treffen. Zentral gesteuerte Unternehmen werden von einer Leitung aus gesteuert. Bei kleinen und mittleren Unternehmen ist das kein Problem, aber große Unternehmen mit zentraler Leitung sind zu unflexibel. Je mehr Produkte bzw. Produktgruppen ein Unternehmen herstellt, desto schwieriger wird es, den Überblick zu behalten. Solche Unternehmen haben in der Regel verschiedene **strategische Geschäftseinheiten** (SGE) mit jeweils eigener Leitung, d.h. sie sind dezentral organisiert. Die Dezentralisation hat den Vorteil kleinerer, gut steuerbarer Einheiten (SGE), wodurch die Flexibilität gegenüber Umweltveränderungen (z.B. Änderungen der Konsumenten-Präferenzen) deutlich gegenüber zentral gesteuerten Unternehmen zunimmt.

Die SGE-Bildung wird auch als **Spartenbildung** bzw. als **Profit center-Bildung** bezeichnet. **Sparten** bzw. **Divisions** haben einen niedrigeren Grad an Unabhängigkeit gegenüber der Konzernleitung als **Profit center**. Letztere

haben lediglich die Aufgabe, schwarze Zahlen zu schreiben, während sich
Sparten in ihre Entscheidungen hineinreden lassen müssen, d.h. sie müssen
einige festgelegte Entscheidungsbereiche mit der Konzernleitung abstimmen.

Bei den Organisationsformen lassen sich verschiedene **Leitungssysteme**
unterscheiden:

• Liniensystem (siehe 1.)
• Stab-Linien-System (siehe 2.)
• Mehrliniensysteme (siehe 3.)

1. Das **Liniensystem** ist die älteste Organisationsform (es stammt von der
Wende vom 19. zum 20. Jahrhundert). Von oben nach unten herrscht der
Befehlsweg vor, und von unten nach oben ist der **Dienstweg** einzuhalten. Zu
Beginn des 20. Jahrhunderts waren die Entwicklungen auf den Absatzmärkten
langsam und gut durchschaubar. Entsprechend konnten die Organisationsstrukturen auf Dauerhaftigkeit ausgelegt sein. Schon bald zeigte sich jedoch, daß
kürzere Kommunikationswege innerhalb der Organisationsstruktur einen Vorteil
boten, was zur Einführung sogenannter **Fayolscher Brücken** führte, die in der
folgenden Abbildung 92 als gestrichelte Querverbindungen zu sehen sind:

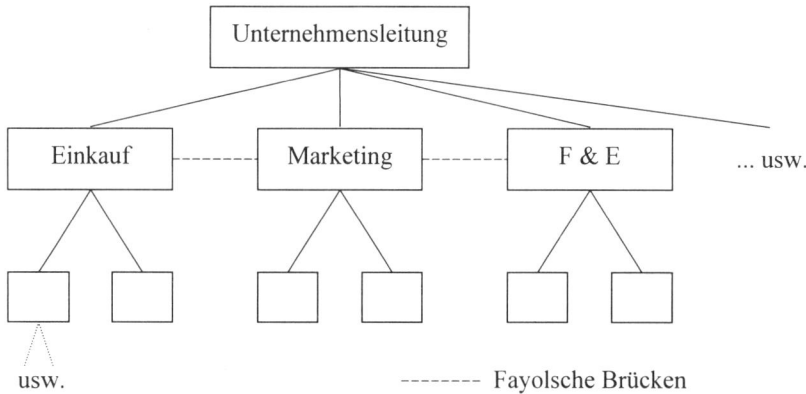

Abbildung 92: Das Liniensystem mit Fayolschen Brücken

2. Je komplexer ein Liniensystem wird, desto schwieriger wird die Entschei-
dungskoordination und desto größer wird die Anforderung an die Kompetenz der
Unternehmensleitung. In solchen Fällen werden **Stäbe** gebildet, die aus kom-
petenten Mitarbeitern verschiedener Bereiche eines Unternehmens bestehen.
Stäbe haben eine beratende Funktion, d.h. sie tragen durch ihr spezielles Wissen
zu Entscheidungen bei, haben aber selbst keine Entscheidungsbefugnis. Stäbe

finden sich üblicherweise nur in den obersten zwei Hierarchieebenen. Abbildung 93 gibt ein **Stab-Linien-System** wieder:

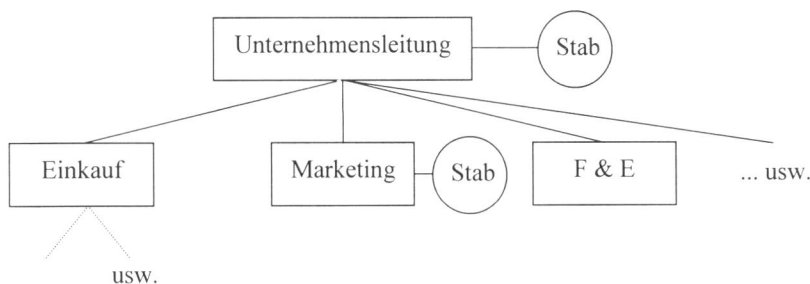

Abbildung 93: Das Stab-Linien-System

Während Stäbe dauerhaften Charakter haben, werden oft auch sogenannte **Projektgruppen** aus Spezialisten verschiedener Unternehmensbereiche zusammengezogen, um gemeinsam ein zeitlich begrenztes Projekt zu bearbeiten. Dabei kann es sich um eine beratende Tätigkeit handeln - sozusagen um einen temporären Stab - aber auch um eine Projektgruppe, in der die nötigen Entscheidungen getroffen werden können, weil die maßgeblichen Entscheider am entsprechenden Projekt beteiligt sind. Im Bereich der Planung spricht man bei temporärer Zusammenarbeit solcher Spezialisten auch von **Planungs-Komittees**.

3. Das erste **Mehrliniensystem** war das **Funktionsmeistersystem** vom Beginn des 20. Jahrhunderts, das ursprünglich ausschließlich für den Bereich der Produktion gedacht war, heute aber vor allem im administrativen Bereich zu finden ist. In der Werksfertigung gab es damals sogenannte Universalmeister,

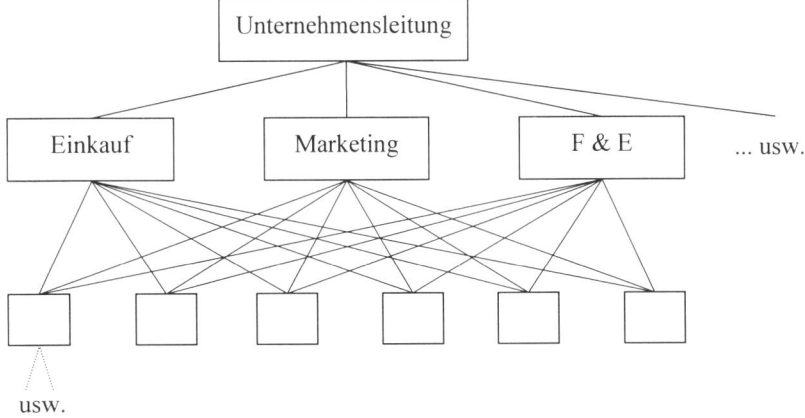

Abbildung 94: Das klassische Mehrliniensystem

deren Aufgaben auf 8 Funktionsmeister verteilt wurden. Abbildung 94 gibt dieses System in der heutigen Fassung wieder.

Die modernste aller Organisationsformen ist gleichzeitig ein modernes Mehrliniensystem: die **Matrixorganisation**. Während alle bisher besprochenen Organisationsformen eindimensional sind, handelt es sich bei der Matrixorganisation um eine mehrdimensionale Organisationsform (genau genommen, um eine zweidimensionale Organisationsform). Sie wird in Abbildung 95 wiedergegeben:

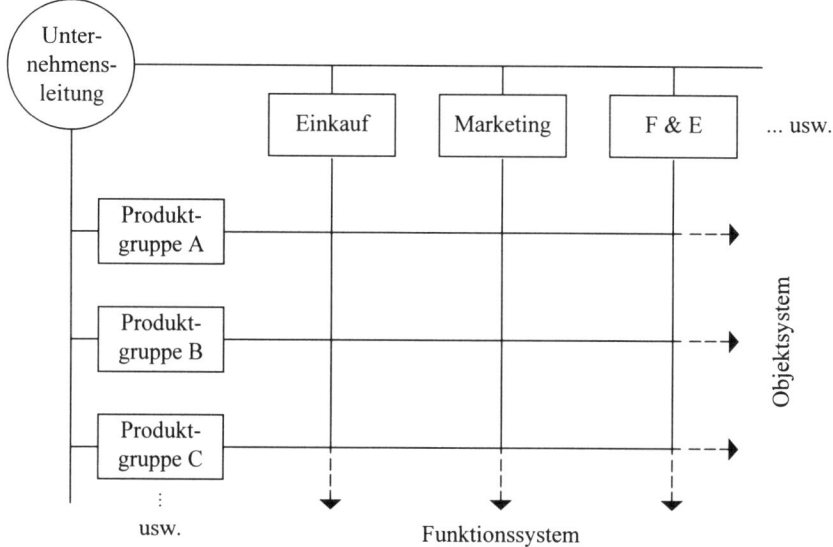

Abbildung 95: Die Matrixorganisation

Das **Funktionssystem** ist verrichtungsorientiert. Die klassischen **Verrichtungen** sind Einkauf, Marketing, Forschung und Entwicklung (F&E), Produktion, Finanzen und Personalwesen. Das **Objektsystem** ist meistens nach Produkten bzw. Produktgruppen, in seltenen Fällen auch nach Kunden oder regionalen Kriterien (Verkaufsbezirke) aufgeteilt. Jede Abteilung und jede Stelle innerhalb einer Matrix untersteht jeweils zwei Weisungsinstanzen: einer funktionsorientierten und einer objektorientierten. Durch diese Kompetenzüberschneidung wird die Qualität der jeweils zu treffenden Entscheidung verbessert. Dem steht aber leider oft ein gegenüber Entscheidungen in eindimensionalen Organisationsformen verlängerter Entscheidungszeitraum entgegen. Auch die häufig auftretenden Konflikte zwischen den beiden Dimensionen nehmen oft viel Zeit in Anspruch. Da diese Konflikte gemeinsam gelöst werden müssen, wird in ihnen jedoch ein kreatives Potential gesehen, d.h. Konflikte haben in Matrixorganisationen grundsätzlich innovativen Charakter (manchmal müssen jedoch auch Schlichtungsinstanzen gebildet werden, wenn die Positionen unvereinbar scheinen). Matrixorganisationen werden in der Regel in Stab-Linien-Organisationen in Sparten- oder Profit center-Form integriert, und zwar unterhalb der Führungsinstanzen der Sparten bzw. Profit center. Im Vergleich zu anderen Organisationsformen weist die Matrixorganisation die kürzesten und direktesten Wege auf, d.h. sie hat die geringste **Leitungsspanne** bzw. **Kontrollspanne**.

4.2.2.3 Managementtechniken

Bei den **Managementtechniken** lassen sich die folgenden beiden Typen unterscheiden:

- Führungsstile (siehe 1.)
- Management by's (siehe 2.)

1. Führungsstile lassen sich vor allem in drei Kategorien differenzieren:

- Autoritär-patriarchalisch (siehe a.)
- Kooperativ (siehe b.)
- Demokratisch (siehe c.)

a. Der **autoritär-patriarchalische Führungsstil** entstammt dem klassischen Liniensystem und ist bei den heutigen Marktgegebenheiten höchstens noch bei Kleinunternehmen angemessen. Dieser Führungsstil ist dadurch gekennzeichnet, daß Vorgesetzte allein entscheiden und anordnen, was ihre Untergebenen zu tun haben, ohne letztere in den Entscheidungsprozeß miteinzubeziehen.

b. Beim **kooperativen Führungsstil** treffen Vorgesetzte ebenfalls allein ihre Entscheidung, aber im Gegensatz zum autoritär-patriarchalischen Führungsstil bitten sie ihre Untergebenen um deren Stellungnahme, um auf diesem Weg deren Standpunkte zu ermitteln und gegebenenfalls in ihre Erwägungen miteinzubeziehen. Dieser Führungsstil ist etwas zeitgemäßer als der obige und in allen Unternehmensformen mit Ausnahme von Matrixorganisationen anzutreffen.

c. Der **demokratische Führungsstil** bezieht die Mitarbeiter der Vorgesetzten in den Entscheidungsprozeß mit ein. Der Vorgesetzte definiert zuerst den Entscheidungsspielraum. Anschließend entscheidet die am Entscheidungsprozeß beteiligte Gruppe gemeinsam, wobei auch der Vorgesetzte nur eine Stimme hat, d.h. der Vorgesetzte ist kein sogenannter „Primus inter pares". Der demokratische Führungsstil findet sich vor allem in Matrixorganisationen, auch wenn viele Vorgesetzte in dieser Organisationsform nach wie vor davon ausgehen, Primus inter pares, also Erster unter Gleichen zu sein. Nach einem deutlichen Demokratisierungsschub in den 70er und 80er Jahren kann man in den 90er Jahren bestenfalls von einer Stagnation der Entwicklung, wenn nicht gar von einer Rückkehr zu überholten Führungsstilen sprechen.

2. Bei den **Management by's** lassen sich vor allem drei Typen unterscheiden, bei denen der Entscheidungsspielraum der Gruppe ebenfalls von oben nach unten zunimmt:

- Management by exception (siehe a.)
- Management by delegation (siehe b.)
- Management by objectives (siehe c.)

a. Das **Management by exception** ist die Managementtechnik der klassischen Linienorganisation und wird bei den heutigen Marktgegebenheiten höchstens noch Kleinunternehmen gerecht. Exception bedeutet *Ausnahme* und entsprechend handelt es sich um eine Managementtechnik, bei der von einer Kontinuität von Entscheidungsprozessen und Marktabläufen ausgegangen wird, was im Grunde genommen schon seit den 20er Jahren nicht mehr gegeben ist. Alles ist durch Richtlinien geregelt, und nur bei Abweichungen vom vorgegebenen Soll wird das Management aktiv (heutzutage wäre ein solches Management in mittleren und großen Unternehmen somit daueraktiv) und greift steuernd ein.

b. Das **Management by delegation** stellt einen Versuch aus den späten 60er Jahren dar, die Nachteile des Management by exception auszuräumen. Es ist auch als sogenanntes **Harzburger Modell** bekannt geworden. Ziel dieser Managementtechnik ist die Miteinbeziehung der Mitarbeiter in den Entscheidungsprozeß, indem die Vorgesetzten Aufgabenbereiche delegieren. Wichtig ist dazu die Definition des Entscheidungsspielraumes für alle Stellen. Autoritäres Führungsverhalten und starre Hierarchien galten in den späten 60er Jahren nicht nur als nicht mehr zeitgemäß, sie waren und sind nach wie vor den heutigen Marktgegebenheiten nicht mehr angemessen. Diese Managementtechnik entstand parallel zur Objektgliederung, d.h. der Aufteilung vor allem in Produkte/Produktgruppen, aber auch der Gliederung von Unternehmen nach Kundengruppen oder Absatzgebieten. Heute kann man davon ausgehen, daß das Modell als gescheitert gelten muß, weil sich in der Praxis gezeigt hat, daß Vorgesetzte im Bestreben der vermeintlichen Erhaltung ihrer Macht nur uninteressante Aufgaben delegieren.

c. Das **Management by objectives**, das *Management durch Zielvorgabe*, ist die Managementtechnik moderner divisionalisierter Unternehmen, d.h. Unternehmen in Spartenform bzw. Profit center-Form, vor allem, wenn es sich um Matrixorganisationen handelt. Bei dieser modernsten aller Managementtechniken wird den jeweiligen Abteilungen der Zielrahmen vorgegeben, die Entscheidung ist jedoch jeweils selbständig innerhalb der Gruppe demokratisch zu treffen, d.h. der korrespondierende Führungsstil ist der demokratische. Wie das jeweilige Ziel zu erreichen ist, wird in keiner Weise vorgegeben, sondern liegt im Ermessen der entsprechenden Entscheider. In der Praxis zeigt sich, daß diese Managementtechnik sehr gute Ergebnisse hervorbringt, obwohl sie den Nachteil hat, in der Regel zeitaufwendiger zu sein, als die beiden vorher besprochenen Managementtechniken.

4.3 Anhang Marketing-Planung und -Organisation

4.3.1 Übungsfragen zur Marketing-Planung und -Organisation

1. Was sind Fayolsche Brücken?
2. Beschreiben Sie die Funktion von Stäben.
3. Beschreiben Sie die drei Führungsstile.
4. Beschreiben Sie die folgenden Management by's und ordnen Sie sie den entsprechenden Organisationsformen zu: Management by objectives, Management by exception, Management by delegation.
5. Welches sind die Elemente von Planungssystemen?
6. Welche Funktionen hat die Planung?
7. Welche These hat Chandler formuliert und welchen Realitätsbezug hat sie?
8. Was versteht man unter Reihung und was unter Staffelung in Verbindung mit der rollenden Planung und der Blockplanung?
9. Woraus besteht die Zielplanung?
10. Was ist die Maßnahmenplanung im weiteren Sinn?

11. Was versteht man unter Maßnahmenplanung im engeren Sinn?
12. Was versteht man unter Ressourcenplanung?
13. Skizzieren Sie den Planungsprozeß.
14. Was haben die Wertvorstellungen der Entscheider mit Unternehmens-Philosophie und -Politik zu tun und wie hängt letztere mit den Entscheidungen zusammen?
15. Was unterscheidet die Aufbau- von der Ablauforganisation?
16. Beschreiben Sie das Liniensystem.
17. Beschreiben Sie das Stab-Linien-System.
18. Beschreiben Sie die Mehrliniensysteme.

4.3.2 Lösungshinweise zu den Übungsfragen

1. Querverbindungen kommunikativer Art zwischen Abteilungen der gleichen Hierarchieebene; Kapitel 4.2.2.2
2. Kompetenz ohne Entscheidungsbefugnis; Kapitel 4.2.2.2
3. Kapitel 4.2.2.3
4. Kapitel 4.2.2.3
5. Kapitel 4.1.1
6. Kapitel 4.1.1
7. Kapitel 4.1.2.5
8. Kapitel 4.1.2.3
9. Kapitel 4.1.2.4
10. Kapitel 4.1.2.4
11. Kapitel 4.1.2.4
12. Kapitel 4.1.2.4
13. Kapitel 4.1.2.2
14. Kapitel 4.1.2.1
15. Kapitel 4.2.2.1
16. Kapitel 4.2.2.2
17. Kapitel 4.2.2.2
18. Kapitel 4.2.2.2

5 Marketing-Kontrollen

Alles, was bisher in diesem Buch besprochen wurde, läßt sich Kontrollen unterziehen: die einzelnen Instrumente und ihr Verbund als Marketing-Mix, die Durchführung der Marketing-Forschung und die Anpassung von Organisationsstrukturen an strategische Erfordernisse inklusive der davon betroffenen Umstellung der Managementtechniken (Management by ...).

Bei den **Marketing-Kontrollen** unterscheidet man folgende Arten:

• Erfolgsorientierte bzw. ergebnisorientierte Marketing-Kontrollen (siehe 1.)
• Marketing-Audit (systemorientierte Kontrolle; siehe 2.)

1. Die **erfolgsorientierte Marketing-Kontrolle** (auch **ergebnisorientierte Marketing-Kontrolle**) basiert ausschließlich auf quantitativen Erfolgsgrößen, die sich auf unterschiedliche Marketing-Ziele beziehen. Man unterscheidet dabei

• Ökonomische Marketingziele (siehe a.)
• Psychographische Marketing-Ziele (siehe b.),

deren Erreichung es zu kontrollieren gilt (letztere sind qualitative Ziele, sie lassen sich aber in der Regel quantitativ darstellen).

a. Ökonomische Marketing-Ziele (quantitative Marketing-Ziele) sind vor allem:

• Umsatz
• Absatz
• Gewinn
• Return on Investment
• Deckungsbeitrag
• Marktanteil und relativer Marktanteil

Der **Umsatz (U)** stellt das gesamte Verkaufsergebnis als Geldbetrag dar, der **Absatz (X)** ist die abgesetzte Menge als Stückzahl. Der **Gewinn (G)** ist die Differenz zwischen Umsatz und Kosten.

Der **Return on Investment (ROI)** ist eine erfolgswirtschaftliche Größe, die folgendermaßen errechnet wird:

$$ROI = \frac{Gewinn}{Umsatz} \times \frac{Umsatz}{investiertes\ Kapital}$$

Der **Deckungsbeitrag (DB)** ist das Ergebnis aus der Differenz zwischen Erlös und den direkt zurechenbaren Kosten. Der **Marktanteil(MA)** ist unser Anteil am Gesamtmarkt in Prozent, der **relative Marktanteil (RMA)** unser Marktanteil dividiert durch den Marktanteil unseres größten Konkurrenten.

Die obige ROI-Formel stammt aus dem **DuPont-Kennzahlensystem**, das in den 30er Jahren entwickelt wurde und eine Aufgliederung der Rentabilität in einzelne Komponenten ermöglicht. Auf diese Weise läßt sich kontrollieren, wodurch ein nicht zufriedenstellender ROI verursacht wurde (z. B. durch zu niedrige Gewinne bei hohen Umsätzen, was auf zu hohe Kosten zurückzuführen ist; da die Kosten separat aufgeführt werden, läßt sich bestimmen, welche Kostenart zu den niedrigen Gewinnen geführt hat). Eine Weiterentwicklung des Du Pont-Kennzahlensystems stellt das **Kennzahlensystem des ZVEI** (Zentralverband der elektrotechnischen und elektronischen Industrie) dar, bei dem es sich um eine Hierarchie von 60 Haupt- und 70 Hilfskennzahlen handelt, an dessen Spitze die **Eigenkapitalrentabilität** steht, die sich aus dem Verhältnis zwischen dem ROI und dem Eigenkapitalanteil ergibt.

Eine weitere Möglichkeit quantitativer Kontrolle bieten **Verkaufs- und Reklamations-Statistiken**. Verkaufs-Statistiken enthalten in der Regel folgende Angaben:

• Zahl der Anrufe pro Kunde pro Auftrag

• Zahl der Besuche pro Kunde pro Auftrag

• Zeitaufwand pro Besuch

• Gefahrene Kilometer pro Besuch

• Kosten pro Besuch und Auftrag

• Umfang pro Auftrag (Umsatz, Absatz etc.)

• Auftragsumfang pro Periode pro Verkäufer

• Gesamterfolg pro Periode

Verkaufs-Statistiken dienen als Planungs-Grundlage für den Einkauf, die Produktion, die Lagerhaltung, die Finanzen und den Absatz.

Reklamations-Statistiken enthalten in der Regel folgende Angaben:

• Reklamierender Kunde
• Zeit der Reklamation (Anfang, Mitte oder Ende einer Periode)
• Höhe der Reklamation (in Prozent vom Absatz)
• Das betreffende Produkt
• Das defekte Teil am Produkt
• Art des Defektes
• In welcher Abteilung hergestellt
• Relation zwischen dem Ausfall und der Wahrscheinlichkeit des Ausfalls

Anhand von Reklamations-Statistiken läßt sich der derzeitige Qualitäts-Standard kontrollieren. Sie repräsentieren die Kundeneinstellung, und sie geben Hinweise auf eventuell notwendige Qualitätsanpassungen.

b. **Psychographische Marketing-Ziele (qualitative Marketing-Ziele)** sind vor allem:

• Bekanntheitsgrad
• Einstellung
• Unternehmens- und Produkt-Image
• Produkt-Präferenz
• Kaufabsicht

Diese Größen sind sehr viel schwieriger zu ermitteln als die ökonomischen Größen, die oben vorgestellt wurden. Sie werden meist mit Hilfe verschiedener Befragungstechniken ermittelt. Gute Untersuchungen liefern aber auch hier relativ verläßliche quantitative Größen, die in erfolgsorientierte Marketing-Kontrollen miteinbezogen werden können (z.B. die Feststellung, der Bekanntheitsgrad betrage 80 Prozent).

Anhand von **Soll-/Ist-Vergleichen** stellt man fest, wie gut prognostizierte Vorgaben erfüllt wurden. Gibt es starke Abweichungen - die man sich in der Regel nur schwer erklären kann - so kommt die folgende Kontroll-Methode zum Tragen:

2. Der **Marketing-Audit:** Audit ist lateinisch und bedeutet *hören* oder *zuhören*. Ein Audit ist damit sozusagen eine Anhörung: Der gesamte Marketing-Mix wird von der ersten Produktidee bis zum Auftrag für den Audit auf eventuelle Schwachstellen und auf Fehler durchleuchtet. Man hört sich an, was die

Entscheider auf jeder Stufe verabschiedet haben und beurteilt den Grad der Richtigkeit der jeweiligen Entscheidung. Man spricht deshalb auch von **systemorientierter Marketing-Kontrolle**. Marketing-Audits lassen sich in vier Komponenten unterteilen:

- Prämissen-Audit (siehe a.)
- Ziel- und Strategie-Audit (siehe b.)
- Maßnahmen-Audit (siehe c.)
- Prozeß- und Organisations-Audit (siehe d.)

a. Im **Prämissen-Audit** werden Güte und Auswahl der Unternehmens- und Umweltdaten sowie die daraus entwickelten Ideen und Ideenbewertungen untersucht. Ziele, Strategien und Maßnahmen stellen eine zeitliche Abfolge dar. Das läßt sich am besten an einem Beispiel verdeutlichen: Ein Automobilkonzern hat Wachstum durch neue Produkte, verbunden mit einer Image-Kampagne zur deutlichen Verbesserung des Unternehmens-Images zum Ziel. Die daraus abgeleiteten Strategien sind der Einstieg in den Formel 1-Zirkus und die Entwicklung eines edlen Sportwagens bis zur Marktreife innerhalb von drei Jahren. Ein Jahr später soll eine teure Limousine im Top-Segment folgen. Zur Realisation werden die Strategien in Maßnahmen-Bündel aufgegliedert, die in sich stimmig und zueinander konsistent sein müssen.

b. Entsprechend werden mit dem **Ziel- und Strategien-Audit** die gewählten Ziele und Strategien überprüft.

c. Mit dem **Maßnahmen-Audit** werden die einzelnen Maßnahmen bzw. Maßnahmenbündel einer Überprüfung unterzogen.

d. Im **Prozeß- und Organisations-Audit** werden die Güte der Organisations-Struktur und die Entscheidungs- und Informationsflüsse innerhalb der gewählten Organisations-Struktur (**Aufbau-Organisation**) sowie der zeitliche und räumliche Aspekt (**Ablauf-Organisation**) untersucht.

Diese Form der Kontrolle umfaßt somit die Informationssuche und -verdichtung, die Ideenfindung und -bewertung, den gesamten Marketing-Mix und die Prozeß- und Organisations-Struktur. Findet man während der Kontrolle Fehler, so greift man steuernd an der Fehlerstelle bzw. -ursache ein. Kontrolle und Steuerung zusammengenommen nennt man **Marketing-Controlling**.

5.1 Anhang Marketing-Kontrollen

5.1.1 Übungsfragen zu den Marketing-Kontrollen

1.   Was sind ökonomische Marketing-Ziele?
2.   Welches sind die psychologischen Marketing-Ziele?
3.   Kann man psychographische Marketing-Ziele anhand der erfolgsorientierten Marketing-Kontrollen kontrollieren?
4.   Wie definiert man den ROI, den DB, den Marktanteil und den RMA?
5.   Was ist das Du Pont-Kennzahlensystem?
6.   Was ist das Kennzahlensystem des ZVEI?
7.   Was beinhalten und wozu dienen Verkaufsstatistiken?
8.   Was beinhalten und wozu dienen Reklamationsstatistiken?
9.   Worum geht es bei einem Marketing-Audit?
10. Nennen und beschreiben Sie die vier Komponenten von Marketing-Audits.

5.1.2 Lösungshinweise zu den Übungsfragen

Alle Antworten ergeben sich aus Kapitel 5

Anmerkung zu Frage 3: Nur wenn sie sich quantitativ darstellen lassen, z.B. Erhöhung des Bekanntheitsgrades um 20 Prozent

Literatur

Aberle, G.: Wettbewerbstheorie und Wettbewerbspolitik. 2. Aufl. Stuttgart 1992

Allwitt, L. F. & Mitchell, A. A.: Psychological Processes and Advertising Effects. Hillsdale 1985

Anderson, B. F.: Cognitive Psychology - The Study of Knowing, Learning and Thinking. New York 1975

Anderson, R. E. & Jolson, M. A.: Technical Wording in Advertising: Implications for Market Segmentation. In: Journal of Marketing, Vol. 44 (1980), No. 4, S. 57 - 66

Ansoff, H. J.: Corporate Strategy. New York u. a. 1987

Arminger, G.: Specification and Estimation of Mean Structures. Regression Models. In: Arminger, G., Clogg, C. C. & Sobel, M. E.: Handbook of Statistical Modelling for the Social and Behavioral Sciences. New York 1995

Arminger, G.: Skriptum für die Vorlesung Statistik I und II im Studienjahr 1997/98 (Fachbereich Wirtschaftswissenschaften der Universität/Gesamthochschule Wuppertal)

Arnold, W., Eysenck, H. J. & Meili, R.: Lexikon der Psychologie. Freiburg 1980

Asanger, R. & Wenninger, G.: Handwörterbuch der Psychologie. 5. Aufl. München 1994

Backhaus, K.: Investitionsgütermarketing. 4. Aufl. München 1995

Backhaus, K., Erichson, B., Plinke, W. & Weiber, R.: Multivariate Analysemethoden. 8. Aufl. Berlin u. a. 1996

Bamberg, G. & Baur, F.: Statistik. 10. Aufl. München 1998

Bauer, E.: Produkttests in der Marketingforschung. Göttingen 1981

Bauer, H. H.: Die Entscheidung des Handels über die Aufnahme neuer Produkte. Berlin 1980

Bauer, H. H.: Das Erfahrungskurvenkonzept - Möglichkeiten und Problematik der Ableitung strategischer Handlungsalternativen. In: WiSt, 15. Jg. (1986), S. 1 - 10

Bauer, H. H.: Marktabgrenzung - Konzeption und Problematik von Ansätzen und Methoden zur Strukturierung von Märkten unter besonderer Berücksichtigung von marketingtheoretischen Verfahren. Berlin 1989

Baumgart, M.: Die Sprache der Anzeigenwerbung. Heidelberg 1992

Bausch, T.: Stichprobenverfahren in der Marktforschung. München 1990

Becker, J.: Marketing-Konzeption - Grundlagen des strategischen Marketing-Managements. 5. Aufl. München 1993

Behrens, G.: Konsumentenverhalten. 2. Aufl. Heidelberg 1991

Behrens, G.: Werbung. München 1996

Berekoven, L.: Grundlagen des Marketing. 5. Aufl. Herne 1993

Berekoven, L., Eckert, W. & Ellenrieder, P.: Marktforschung. 7. Aufl. Wiesbaden 1996

Berndt, R. & Hermanns, A.: Handbuch Marketing-Kommunikation. Strategien - Instrumente - Perspektiven. Wiesbaden 1993

Bernhard, U.: Blickverhalten und Gedächtnisleistung beim visuellen Werbekontakt unter besonderer Berücksichtigung von Plazierungseffekten. Inauguraldissertation. Saarbrücken 1978

Best, J. B.: Cognitive Psychology. St. Paul 1986

Birbaumer, N.: Physiologische Psychologie. Berlin 1975

Birkigt, K., Stadler, M. M. & Funck, H. J.: Corporate Identity. 7. Aufl. Landsberg/Lech 1994

Bleicher, K.: Organisation - Strategien, Strukturen, Kulturen. 2. Aufl. Wiesbaden 1991

Bleymüller, J., Gehlert, G. & Gülicher, H.: Statistik für Wirtschaftswissenschaftler. 10. Aufl. München 1996

Blumenthal, A. L.: The Process of Cognition. Englewood Cliffs 1977

Böcker, F.: Ganzheitliche Marketing-Kontrolle. In: WiSt, 20. Jg. (1991), S. 106 - 113.

Böcker, F.: Marketing-Kontrolle. Stuttgart u. a. 1988

Böcker, F.: Marketing. 5. Aufl. Stuttgart 1994

Böhler, H.: Marktforschung. 2. Aufl. Stuttgart u. a. 1992

Borg, I. & Staufenbiel, T.: Theorien und Methoden der Skalierung. 3. Aufl. Bern u. a. 1997

Bösel, R.: Physiologische Psychologie. Berlin 1981

Boucsein, W.: Elektrodermale Aktivität. Berlin 1988

Brauckschulze, U.: Die Produktelimination. Münster 1983

Brockhoff, K.: Produktpolitik. 3. Aufl. Stuttgart 1993

Bromann, P.: Strategische Organisationsentwicklung in Marketing und Vertrieb. Landsberg/ Lech 1990

Brown, J.: An analysis of recognition and recall and of problems in their comparison. In: Brown, J.: Recall and Recognition. London 1976

Bruhn, M.: Handbuch des Marketing. München 1989

Buckley, K. W.: Mechanical Man. New York 1989

Bungard, W.: Die „gute" Versuchsperson denkt nicht - Artefakte in der Sozialpsychologie. München 1980

Buzzell, R. D. & Gale, B. T.: Das PIMS-Programm. Wiesbaden 1989

Carlsmith, M. J., Ellsworth, P. C. & Aronson, E.: Methods of Research in Social Psychology. Reading 1976

Chandler, A. D. jr.: Strategy and Structure. Cambridge, Mass. 1962

Craik, F. I. M. & Blankenstein, K. R.: Psychophysiology and Human Memory. In: Venables, P. H. & Christie, M. J.: Research in Psychophysiology. London u.a. 1975

Dallmer, H.: Handbuch Direct Marketing. 7. Aufl. Wiesbaden 1997

Dawes, R. M.: Grundlagen der Einstellungsmessung. Weinheim 1977

Dichtl, E.: Die Beurteilung der Erfolgsträchtigkeit eines Produktes als Grundlage der Gestaltung des Produktionsprogramms. Berlin 1970

Dichtl, E., Andritzky, K. & Schobert, R.: Ein Verfahren zur Abgrenzung des *relevanten Marktes* auf der Basis von Produktperzeption und Präferenzurteilen. In: WiSt, 6. Jg. (1977), S. 290 - 301

Dichtl, E. & Schobert, R.: Mehrdimensionale Skalierung. München 1979

Dichtl, E., Raffée, H. & Niedetzky, H.-M.: Reisende oder Handelsvertreter. München 1981

Dichtl, E. & Eggers, W.: Marke und Markenartikel als Instrumente des Wettbewerbs. München 1992

Dichtl, E. & Issing, O.: Exportnation Deutschland. 2. Aufl. München 1992

Dieren, W. van: Mit der Natur rechnen - Der neue Club of Rome Bericht. Basel 1995

Dilger, F.: Budgetierung als Führungsinstrument: Budgetierungsinstrumente und ihre spezifischen Anwendungsgebiete. Köln 1991

Diller, H. (Hrsg.): Vahlens Großes Marketinglexikon. München 1992

Diller, H.: Marketingplanung. 2. Aufl. München 1998

Diller, H.: Preispolitik. 2. Aufl. Stuttgart 1991

Diller, H.: Key Account Management: Alter Wein in neuen Schläuchen? In: thexis, 10. Jg., 1993, H. 3, S. 6 - 16

Droege, W. P. J.: Marketing-Audit. In: Raffée, H. & Wiedmann, K.-P.: Strategisches Marketing. 2. Aufl. Stuttgart 1989, S. 169 - 185

Dultzig, K. von: Erfolgskontrolle von Fernsehwerbespots. Lohmar 1997

Ehrmann, H.: Marketing-Controlling. 2. Aufl. Ludwigshafen 1995

Engel, J. F., Kollat, D. T. & Blackwell, R. D.: Consumer Behavior. 1. Aufl. New York 1968

Engel, J. F., Blackwell, R. D. & **Miniard, P. W.**: Consumer Behavior. 8. Aufl., Fort Worth, Tex. 1995

Erdtmann, S. L.: Sponsoring und emotionale Erlebniswerte. Wiesbaden 1989

Eysenck, M. W.: A Handbook of Cognitive Psychology. London 1984

Festinger, L.: Laboratory Experiments. In: Festinger, L. und Katz, D.: Research Methods in the Behavioral Sciences. New York 1953

Festinger, L.: A theory of cognitive dissonance. Stanford 1957

Frese, E.: Grundlagen der Organisation. Die Organisationsstruktur der Unternehmung. 6. Aufl. Wiesbaden 1995

Freter, H. W.: Mediaselektion. Informationsgewinnung und Entscheidungsmodelle für die Werbeträgerauswahl. Wiesbaden 1974

Friedrichs, J.: Methoden der empirischen Sozialforschung. 14. Aufl. Opladen 1990

Gabler Wirtschafts Lexikon. 14. Aufl. Wiesbaden 1998

Gaul, W. & Baier, D.: Marktforschung und Marketing-Management: Computerbasierte Entscheidungsunterstützung. 2. Aufl. München 1994

Geise, W.: Einstellung und Marktverhalten. Frankfurt/Main 1984

Goehrmann, K. E.: Verkaufsmanagement. Stuttgart u. a. 1984

Graham, R. B.: Physiological Psychology. Belmont 1990

Graumann, C. F.: Aktualgenese. In: Zeitschrift für experimentelle und angewandte Psychologie, 6. Jg. (1959), S. 410 - 448

Graumann, J.: Die Dienstleistungsmarke - Charakterisierung und Bewertung eines neuen Markentypus aus absatzwirtschaftlicher Sicht. München 1983

Green, P. E. & Tull, D. S.: Methoden und Techniken der Marketingforschung. 4. Aufl. Stuttgart 1982

Grögl, P.: Marketing-Controlling. Wien 1988

Größer, H.: Der klassische Markenartikel - Versuch einer Wesensbestimmung. In: Markenartikel, 53. Jg. (1991), S. 200 - 207

Gutenberg, E.: Grundlagen der Betriebswirtschaftslehre. Bd. 2: Der Absatz. 17. Aufl. Berlin u. a. 1984

Gutjahr, G.: Markt- und Werbepsychologie. Bd. 1: Verbraucher und Produkt. Heidelberg 1972

Gutjahr, G.: Markt- und Werbepsychologie. Bd. 2: Verbraucher und Werbung. Heidelberg 1974

Haberman, P.: Fernsehen und Informationsverarbeitung - Perspektiven psychologischer Medienforschung. Media Perspektiven, 1, 1984

Haedrich, G.: Preisfestsetzung mit Hilfe von Competitive Bidding-Modellen. In: Haedrich, G.: Operationale Entscheidungshilfen für die Marketingplanung. Berlin 1977

Hambrick, D. C.: The executive effect - concepts and methods for studying top managers. Greenwich, Conn. 1988

Hambrick, D. C., McMillan, I. C. & Day, D. L.: Strategic Attributes and Performance in the BCG Matrix - A PIMS-Based Analysis of Industrial Product Business. In: Academy of Management Journal, Vol. 25 (1982), Nr. 3, S. 510 - 531

Hammann, P., Lohrberg, W. & Schuchard-Ficher, C.: Ein adaptiver Ansatz zur empirischen Ermittlung von Preisobergrenzen für Konsumgüter. In: Die Unternehmung, 35. Jg. (1981), S. 73 - 87

Hammann, P. & Lohrberg, W.: Beschaffungsmarketing. Stuttgart 1986

Hammann, P. & Erichson, B.: Marktforschung. 3. Aufl. Stuttgart - New York 1994

Hammer, R. M.: Unternehmensplanung. 6. Aufl. München 1995

Hansen, F.: Consumer Choice Behavior. A Cognitive Theory. New York 1972

Hansen, H. R.: Wirtschaftsinformatik I. Einführung in die betriebliche Datenverarbeitung. 6. Aufl. Stuttgart - Jena 1992

Hansen, U. & Schoenheit, I.: Verbraucherzufriedenheit und Beschwerdeverhalten. Frankfurt/Main - New York 1987

Hasitschka, W. & Hruschka, H.: Nonprofit-Marketing. München 1982

Heckhausen, H.: Motivation und Handeln. 2. Aufl. Berlin 1989

Henderson, B. D.: Die Erfahrungskurve in der Unternehmensstrategie. 2. Aufl. Frankfurt/ Main - New York 1984

Henning-Bodewig, F. & Kur, A.: Marke und Verbraucher - Funktionen der Marke in der Marktwirtschaft. Bd. 1 und 2. Weinheim 1989

Herrmann, A.: Produktwahlverhalten: Erläuterung und Weiterentwicklung von Modellen zur Analyse des Produktwahlverhaltens aus marketingtheoretischer Sicht. Stuttgart 1992

Heurer, G. F.: Elemente der Werbeplanung. Köln 1968

Hinterhuber, H.: Strategische Unternehmensführung. 6. Aufl. Berlin u. a. 1996

Hinterhuber, H.: Strategisches Handeln. 6. Aufl. Berlin u. a. 1997

Hoffmann, H.-J.: Werbepsychologie. Berlin 1972

Hofstätter, P. R.: Psychologie. Frankfurt/Main 1973

Holland, H.: Direktmarketing. München 1993

Hörschgen, H., Gaiser, B. & Strobel, K.: Die Werbeerfolgskontrolle in der Industrie. Stuttgart 1981

Hörschgen, H., Kirsch, J., Käßer-Pawelka, G. & Grenz, J.: Marketing-Strategien - Konzepte zur Strategienbildung im Marketing. 2. Aufl. Ludwigsburg - Berlin 1993

Hossinger, H.-P.: Pretest in der Marktforschung. Würzburg - Wien 1982

Howard, J. A. & Sheth, J. N.: The Theory of Buyer Behavior. New York u.a. 1969

Huth, R. & Pflaum, D.: Einführung in die Werbelehre. 6. Aufl. Stuttgart 1996

Hüttel, K.: Produktpolitik. 3. Aufl. Ludwigshafen 1998

Jacobi, H.: Werbepsychologie. Wiesbaden 1963

Jacobs, S.: Strategische Erfolgsfaktoren der Diversifikation. Wiesbaden 1992

Jeck-Schlottmann, G.: Visuelle Informationsverarbeitung bei wenig involvierten Konsumenten - eine empirische Untersuchung zur Anzeigenbetrachtung mittels Blickaufzeichnung. Inauguraldissertation. Saarbrücken 1987

Jeck-Schlottmann, G.: Anzeigenbetrachtung bei geringem Involvement. Marketing. ZFP, 10, H. 1, 1988, S. 33 - 44

Kaas, K. P.: Diffusion und Marketing. Das Konsumentenverhalten bei der Einführung neuer Produkte. Stuttgart 1973

Kaas, K. P.: Empirische Preisabsatzfunktionen bei Konsumgütern. Berlin u. a. 1977

Kaas, K. P.: Thurstone's „Law of Comparative Judgement". In: WiSt, 9. Jg. (1980), S. 233 - 235

Kassarjian, H. H. & Robertson, T. S.: Perspectives in Consumer Behavior. 4. Aufl. Englewood Cliffs, N. J. 1991

Katz, E., Gurevitch, M. & Haas, H.: On The Use Of The Mass Media For Important Things. American Sociological Review, 38. Jg. (1973), S. 164 - 181

Keitz, Beate von: Wirksame Fernsehwerbung - Die Anwendung der Aktivierungstheorie auf die Gestaltung von Werbespots. Würzburg 1983

Kieser, A. & Kubicek, H.: Organisation. 3. Aufl. Berlin u. a. 1992

Kirsch, W., Kutschker, M. & Lutschewitz, H.: Ansätze und Entwicklungstendenzen im Investitionsgütermarketing. 2. Aufl. Stuttgart 1980

Koesters, P.-H.: Ökonomen verändern die Welt. 4. Aufl. Hamburg 1989

Kotler, P.: Marketing-Management - Analysis, Planning, Implementation, and Control. 9. Aufl. Upper Saddle River, N. J. 1997

Kotler, P., Gregor, W. & Rodgers, W.: The Marketing Audit Comes of Age. In: Sloan Management Review, Vol. 30 (Winter 1989), S. 42 - 62

Kreikebaum, H.: Strategische Unternehmensplanung. 6. Aufl. Stuttgart u. a. 1997

Kreutzer, R.: Global Marketing: Konzeption eines länderübergreifenden Marketing. Erfolgsbedingungen, Analysekonzepte, Gestaltungs- und Implementierungsansätze. Wiesbaden 1989

Kroeber-Riel, W.: Strategie und Technik der Werbung. 4. Aufl. Stuttgart 1993

Kroeber-Riel, W.: Konsumentenverhalten. 6. Aufl. München 1996

Kroeber-Riel, W. & Meyer-Hentschel, G.: Werbung. Würzburg 1982

Kuhlmann, E.: Effizienz und Risiko der Konsumentenentscheidung. Stuttgart 1978

Kuß, A.: Käuferverhalten. Stuttgart 1991

Lasswell, H. D.: The Structure and Function of Communication in Society. In: Schramm, W.: Mass Communications. 2. Aufl. Urbana, Ill., 1960

Legewie, H. & Ehlers, W.: Knaurs Moderne Psychologie. 2. Aufl. München 1992

Liebl, W. F.: Marketing-Controlling: Theorie, Praxis, Möglichkeiten. Wiesbaden 1989

Linder, A. & Berchtold, W.: Elementare statistische Methoden. Basel 1979

Lingenfelder, M. & Schneider, W.: Die Kundenzufriedenheit. Bedeutung, Meßkonzept und empirische Befunde. In: Marketing. ZFP, 13. Jg. (1991), S. 109 - 119

Ludwig, L. & Becker-Carus, C.: Psychophysiologische Meßverfahren. In: Brickenkamp, R.: Handbuch apparativer Verfahren in der Psychologie. Göttingen 1986

Mayer, H.: Werbewirkung und Kaufverhalten. Stuttgart 1990

Mayer, H.: Werbepsychologie. 2. Aufl. Stuttgart 1993

Mayer, R.: Strategien erfolgreicher Produktgestaltung - Individualisierung und Standardisierung. Wiesbaden 1993

Meffert, H.: Marketing. 8. Aufl. Wiesbaden 1998

Meffert, H.: Marketingforschung und Käuferverhalten. 2. Aufl. Wiesbaden 1992

Meffert, H.: Marketing Management. Wiesbaden 1997

Meldau, R.: Zeichen, Warenzeichen, Marken. Bad Homburg 1967

Meyer, P. W.: Markt- und Meinungsforschung. Augsburg 1987

Meyer, P. W. & Mattmüller, R.: Strategische Marketingoptionen. Stuttgart u. a. 1993

Meyer-Hentschel, G.: Erfolgreiche Anzeigen. Wiesbaden 1988

Müller-Hagedorn, L.: Handelsmarketing. 2. Aufl. Stuttgart 1993

Neubauer, F. F.: Das PIMS-Programm und Portfolio-Management. In: Hahn, D. & Taylor, B.: Strategische Unternehmensplanung - Strategische Unternehmensführung: Stand und Entwicklungstendenzen. 7. Aufl. Heidelberg 1997

Nieschlag, R., Dichtl, E. & Hörschgen, H.: Marketing. 18. Aufl. Berlin 1997

Oehme, W.: Handels-Marketing. 2. Aufl. München 1992

Oesterle, M. J.: Joint Ventures in Rußland: Bedingungen - Probleme - Erfolgsfaktoren. Wiesbaden 1993

Packard, V.: Die geheimen Verführer. Düsseldorf 1958

Panne, F.: Das Risiko im Kaufentscheidungsprozess des Konsumenten. Zürich 1977

Peemöller, V. H.: Controlling, Grundlagen und Einsatzgebiete. 3. Aufl. Herne 1997

Pepels, W.: Strategieentwicklung im Marketing. Augsburg 1992

Pfeiffer, W., Metze, G., Schneider, W. & Amler, R.: Technologie-Portfolio zum Management strategischer Zukunftsgeschäftsfelder. 6. Aufl. Göttingen 1991

Porter, M. E.: Wettbewerbsvorteile - Spitzenleistungen erreichen und behaupten. 4. Aufl. Frankfurt/Main 1996

Porter, M. E.: Wettbewerbsstrategie: Methoden zur Analyse von Branchen und Konkurrenten. 9. Auflage. Frankfurt/Main 1997

Poth, G. & Poth, L.: Marketing. München 1986

Potucek, V.: Produkt-Lebenszyklen. In: WiSt, 13. Jg. (1984), S. 83 - 86

Pümpin, C.: Management der Unternehmensentwicklung. Frankfurt/Main 1991

Pümpin, C.: Strategische Erfolgspositionen - Methodik der dynamischen strategischen Unternehmensführung. Bern u. a. 1992

Raffée, H., Fritz, W. & Wiedmann, K. P.: Marketing für öffentliche Betriebe. Stuttgart 1994

Reibnitz, U. von: So können auch Sie die Szenario-Technik nutzen. In: Marketing Journal, 14. Jg. (1981), H. 1, S. 37 - 41

Riebel, P.: Einzelkosten und Deckungsbeitragsrechnung. 7. Aufl. Wiesbaden 1994

Rosenstiel, L. von & Kirsch, A.: Psychologie der Werbung. Rosenheim 1996

Roth, E.: Einstellungen als Determinanten individuellen Verhaltens. Göttingen 1967

Roventa, P.: Portfolio-Analyse und strategisches Management. 2. Aufl. München 1981

Runow, H.: Zur Theorie und Messung der Verbraucherzufriedenheit. Frankfurt/Main 1982

Schandry, R.: Lehrbuch der Psychophysiologie - Körperliche Indikatoren psychischen Geschehens. 3. Aufl. München 1996

Schanz, G.: Organisationsgestaltung - Management von Arbeitsteilung und Koordination. 2. Aufl. München 1994

Scheuch, F.: Dienstleistungsmarketing. München 1982

Schmalen, H.: Preispolitik. 2. Aufl. Stuttgart 1995

Schmelzer, H. J.: Organisation und Controlling von Produktentwicklungen: Praxis des wettbewerborientierten Entwicklungsmanagement. Stuttgart 1992

Schulz, T., Muthig, K.-P. & Koeppler, K.: Theorie, Experiment und Versuchsplanung in der Psychologie. Stuttgart 1981

Simon, H.: ADPULS: An Advertising Model with Wearout and Pulsation. In: Journal of Marketing Research, Vol. 19 (1982), S. 352 - 363

Simon, H.: Preismanagement. 2. Aufl. Wiesbaden 1992

Smith, A.: Der Reichtum der Nationen. Leipzig 1910

Specht, G.: Portfolioansätze als Instrument zur Unterstützung strategischer Programmentscheidungen. In: Corsten, H.: Handbuch Produktionsmanagement. Wiesbaden 1994

Staehle, W. H.: Management. 7. Aufl. München 1994

Steiger, A.: Computergestützte Aktivierungsmessung in der Marketingforschung. Frankfurt/Main 1988

Steinmann, H. & Schreyögg, G.: Management - Grundlagen der Unternehmensführung, Konzepte, Funktionen, Fallstudien. 3. Aufl. Wiesbaden 1993

Stoffels, J.: Der elektronische Minimarkttest. Wiesbaden 1989

Strobel, K.: Die Anwendbarkeit der Telefonumfrage in der Marktforschung. Frankfurt/Main 1983

Sturm, H.: Wahrnehmung und Fernsehen: Die fehlende Halbsekunde. Media Perspektiven, 1, 1984, S. 58 - 65

Thomas, L.: Der Einfluß von Kindern auf die Produktpräferenzen ihrer Mütter. Berlin 1983

Tietz, B.: Binnenhandelspolitik. 2. Aufl. München 1993

Tölle, K.: Das Informationsverhalten des Konsumenten: Zur Nutzung und Wirkung von Warentestinformationen. Frankfurt/Main - New York 1983

Trommsdorff, V.: Konsumentenverhalten. 2. Aufl. Stuttgart 1993

Überla, K.: Faktorenanalyse. 2. Aufl., Berlin u. a. 1977

Ulrich, P. & Fluri, P.: Management. 6. Aufl. Bern u.a. 1992

Vogel, R.: Der Prozeß der Produktelimination aus entscheidungsorientierter Sicht. Frankfurt/Main 1989

Voigt, K.-I.: Strategische Planung und Unsicherheit. Wiesbaden 1992

Watson, J. B.: What Cigarette Are You Smoking And Why? J. Walter Thompson Company News Bulletin, 88, 1922, S. 1 - 15; abgedruckt in: Buckley, K. W.: Mechanical Man. New York 1989

Weis, H. C. & Steinmetz, P.: Marktforschung. 3. Aufl. Ludwigshafen 1998

Weis, H. C.: Marketing. 10. Aufl. Ludwigshafen 1997

Welge, M. K.: Unternehmensführung. Bd. 2: Organisation. Stuttgart 1987

Welge, M. K. & Holtbrügge, D.: Internationales Management. Landsberg/Lech 1998

Wellhöfer, P. R.: Grundstudium Sozialwissenschaftliche Methoden und Arbeitsweisen. Stuttgart 1984

Wiedmann, K. P. & Kreutzer, R.: Strategische Marketingplanung - Ein Überblick. In: Raffée, H. & Wiedmann, K. P.: Strategisches Marketing. 2. Aufl. Stuttgart 1989

Wimmer, R. M.: Wiederholungswirkungen der Werbung - eine empirische Untersuchung von Kontaktwiederholungen bei emotionaler Werbung. Hamburg 1980

Zimmermann, E.: Das Experiment in den Sozialwissenschaften. Stuttgart 1977

Stichwortverzeichnis

E

- Eigenentwicklung, 16
- Eigenmarke, 17 f.
- Eigenschaftsliste, 24 f.
- Eigenschaftsname, 17
- Einfluß, signifikanter, 145
- Einführungsphase, 31
- Einführungsrabatt, 69
- Einkaufsgemeinschaft, 84
- Einstellung, **34 f.**, 94, 100 f., 111, 151, 208
- Einstellungsforschung, 151
- Einthemenbefragung, 151
- Einzelhandel, 84
- Einzelkosten, 49
- Eisbrecherfragen, 154
- Elimination, 32, siehe auch Desinvestition
- Endverbraucherwerbung, 17
- Engpaßsektor, 76
- Entscheider, Macht, 204
- Entscheider, Wertvorstellungen, 204
- Entscheidungen unter Unsicherheit, 205
- Entscheidungsgrundlagen, 201, **204**, 206
- Entwicklung, exponentielle, 176
- Entwicklung, lineare, 176
- Entwicklung, wahrscheinliche, 173
- Entwicklung, wahrscheinlichste, 172 f.
- Entwicklungskosten, 47
- Erfolgsobjekte, 185
- Erhebungs-Design, 145
- Erhebungsarten, 125, **128 ff.**
- Erhebungsmethoden, 126, **145 ff.**
- Erhebungsmethoden, spezielle, 127, 147, **159 ff.**
- Erinnern, selektives, 147 f.
- Erinnerung, gestützte, 163
- Erinnerung, ungestützte, 163
- Ertragsziele, 208
- ex ante, 31
- ex post, 31
- Experiment, 3, 127, 147, **158 f.**
- Experimentalgruppe, 160, siehe auch Testgruppe
- Experimentalpanel, 159
- Expertenbefragung, 172
- Export, direkter, 85
- Export, indirekter, 85

F

- F-Test, 169
- Fachhandel, 88
- Factor, 70
- Factoring, 70
- Faktoren, 165
- Faktorenanalyse, **164 f.**, 172
- Falsifizierung, 158
- Fayolsche Brücken, 216
- Fehler, 135, 169
- Fehler, erster Art, 169, siehe auch Alpha-Fehler
- Fehler, systematische, 135
- Fehler, zweiter Art, 169, siehe auch Beta-Fehler
- Feldforschung, **130 f.**, 147, 150
- Fernsehwerbespot, 100
- Field research, 131, siehe auch Feldforschung
- Finanzplan, 48
- Firmenmarke, 17, **19**
- Firmenname, 17
- Firmenwerbung, 99
- Fixum, 82
- Flächenstichprobenverfahren, 132, **134**
- Follow the leader, 103
- Follow the leader-Strategie, 56
- Forschung, deskriptive, 122 f.
- Forschung, explorative, **122 f.**, 149 f.
- Forschung, kausale, 122
- Fragebogen, 154
- Fragebogen, standardisierter, 157
- Fragebogen, strukturierter, 157

Das Standardwerk in Neuauflage:

Von Prof. Dr. Jochen Becker
6., vollständig überarbeitete und
erweiterte Auflage. 1998
XVII, 961 Seiten. Gebunden DM 98,–
ISBN 3-8006-2116-9

Becker
Marketing-Konzeption

Grundlagen des strategischen
und operativen
Marketing-Managements

Die Marketing-Konzeption ist die Grundlage für erfolgreiches Handeln im Wettbewerb. Die Neuauflage des Standard-
werks, das den konzeptionellen Ansatz im Marketing begründet
hat, behandelt differenziert, konsequent und vollständig
- Marketingziele
- Marketingstgrategien
- Marketingmix
- Marketingmanagement
einschließlich des gesamten Marketinginstrumentariums.

Dieses bewährte Lehr- und Handbuch basiert auf fun-
dierten Analysen und stellt die einzelnen Handlungsschritte im
Marketing anhand zahlreicher und teilweise bebilderter Erfolgs-
beispiele aus verschiedenen Unternehmen und Branchen dar.

Es ist damit nicht nur ein Lehrbuch des modernen Marketing-Managements, sondern auch eine praxisorientierte kon-
zeptionelle Grundlage für unternehmerisches Handeln.

Aus der Presse:

*»Das in Wissenschaft und Praxis bewährte Standardwerk basiert auf
Analysen und Untersuchungen zahlreicher Konzeptbeispiele aus
unterschiedlichen Unternehmen und Märkten. Es bietet anwendbare
Analyse- und Problemlösungsmuster für die drei zentralen Konzep-
tionsebenen: Marketingziele, Marketingstrategien, Marketingmix.«*
Handelsblatt vom 18.10.1994 zur 5. Auflage

VERLAG VAHLEN

80791 MÜNCHEN

Fax: (089) 3 81 89-402 · E-Mail: bestellung@beck.de

103820 VA 559